国家社科基金重点项目《身份秩序视阈中农民工的尊严诉求与社会政策建构研究》（14ASH009）

方向新 ■ 等著

农民工尊严感与社会政策建构

基于身份秩序视角

中国社会科学出版社

图书在版编目（CIP）数据

农民工尊严感与社会政策建构：基于身份秩序视角／方向新等著．
—北京：中国社会科学出版社，2022.8
ISBN 978 - 7 - 5227 - 0097 - 7

Ⅰ.①农…　Ⅱ.①方…　Ⅲ.①民工—身份—研究—中国
Ⅳ.①D422.64

中国版本图书馆 CIP 数据核字（2022）第 062122 号

出 版 人	赵剑英
责任编辑	刘　艳
责任校对	陈　晨
责任印制	戴　宽

出　　版	中国社会科学出版社
社　　址	北京鼓楼西大街甲 158 号
邮　　编	100720
网　　址	http://www.csspw.cn
发 行 部	010 - 84083685
门 市 部	010 - 84029450
经　　销	新华书店及其他书店

印　　刷	北京明恒达印务有限公司
装　　订	廊坊市广阳区广增装订厂
版　　次	2022 年 8 月第 1 版
印　　次	2022 年 8 月第 1 次印刷

开　　本	710×1000　1/16
印　　张	21.25
插　　页	2
字　　数	309 千字
定　　价	118.00 元

目　　录

第一章 绪论

农民工市民化的进程，不仅要求其逐步实现社会身份的转变、与城市市民的和谐共生，更为关键的是获得公民权，通向体面工作和有尊严的生活。高度重视农民工从寻求生存到实现权利、保障尊严的诉求转变，不断完善农民工社会政策体系，进而实现经济—政治—社会—文化政策的有机结合，不仅关系到农民工市民化的质量提升和内涵式城市化发展道路的实现，也是政府实现"让人民生活得更有尊严"承诺的必然要求。本书力图从身份秩序的视野，对农民工的尊严保障与社会政策建构进行系统的探讨。

第一节 选题背景与研究意义

一 问题的提出

我国城市化正处于快速发展的阶段。据国家统计局统计，到 2018 年我国城镇常住人口为 83137 万人，按此计算的常住人口城市化率达 59.58%，户籍人口城市化率也达到了 43.37%，常住人口城市化率与户籍人口城市化率之间的差距由 2013 年的 18% 缩小到 16.21%。据国务院发展研究中心等部门联合组预测，我国与常住人口城市化率口径相同的城市化率到 2030 年为 68.38%，2040 年为 75.37%，2050 年达到 81.63%。①

---

① 李善同、吴三忙、高春亮：《中国城市化速度预测分析》，《发展研究》2017 年第 11 期。

（一）农民工市民化步入新阶段

国际经验表明，当城市化水平超过50%后，将迎来农民变市民的浪潮，尽管我国农业转移人口的市民化具有明显的中国特色，也依然呈现出共同的演变趋向，并在三个方面呈现出来：

第一，从个人流动转向举家流动。国家卫生和计划生育委员会组织的流动人口动态监测数据表明，"十二五"时期举家外出农民工持续增加，近九成的已婚新生代流动人口是夫妻双方一起流动，与配偶、子女共同流动的约占60%；流动人口在流入地的家庭规模，2015年达到2.61人，较2013年提高了0.11人。[①]家庭式流动作为我国城市化进程中所出现的一个重要现象，在两个方面对农村转移人口市民化产生影响：一是流动过程；二是流动结果。总体上看，家庭式流动是农民工稳定定居的前提，它能够促进农民工的移民选择，奠定农民工城市融入的根基，推动农民工在城市落户的进程。

第二，从"流动"转向"定居"。"流动"与"定居"对于西方发达国家移民来说是一个同步发生的过程，但对于中国的农民工来说，从"流动"到"定居"的实现却是一个历尽艰辛的目标。由于不是作为一个迁移群体来适应城市生活，农民工的城市融入更多地表现为一种"进入者"的融入，而非"定居者"的融入。只有具有移民性质的"定居者"愈益增多，才能使城市化真正成为一个农民非农化、人口城市化、农民市民化相互交织和相互影响的深刻过程。从国内一些调查数据来看，农民工市民化的定居意愿较过去更为强烈。毛丰付等人通过对已有文献及相关数据的分析，得出农民工有较强留城意愿的人数比例为35%~40%。[②]宁光杰等人的调查表明，2014年样本地区农民工市民化意愿平均为0.464，市民化能力指标为

---

① 国家卫生和计划生育委员会人口司：《中国流动人口发展报告2016》，中国人口出版社2016年版，第8、23页。

② 毛丰付、卢晓燕、白云浩：《农民工城市定居意愿研究述评》，《西北农林科技大学学报》（社会科学版）2017年第5期。

0.538。[1] 无疑，以"进入者"为主逐渐转变为以"定居者"为主，这将成为农民工市民化的一个极大的转折。

第三，从"农民工第二代"转向"移民的第二代"。改革开放以来，经过数十年的流动，早期进城定居的农民工已转化为新一代移民，并且已经有第二代移民的出现。尽管农民工的整体队伍仍以第二代农民工（即人们通称的"新生代农民工"）为主，但属于移民的第二代队伍不断扩大当为不争的事实。尽管我们找不到移民第二代增长的准确数字，但从国家有关部门的相关调查数据中也可见一斑。据国家卫生和计划生育委员会调查，2013 年流动人口子女在现居住地出生的比例达到 58%，与 2010 年相比还上升了 23%。[2] 0～17 岁子女随同流动的比例基本保持在 65% 左右，到 2016 年还达到了 65.6%。[3] 国外经验研究证明，移民的城市融入需要几代人的时间。继定居者（第一代移民）之后，真正实际意义上的城市融入将在移民的后代身上受到考验，他们会面临着更为复杂的问题。亨廷顿（Samuel Huntington）等提出，有关第二代假设是否确认的关键，取决于移民后代能否获得职业流动。[4] 汉德林（Oscar Handlin）根据美国经验甚至认为，移民的"第二代人是不稳定的因素"[5]。但无论怎样，移民第二代的增长，将成为农民工市民化的一个重要表征。

从总体上看，我国农民工市民化业已发生阶段性变化，这既体现于个体之中，也体现于整体之上。在西方发达国家，农村人口市民化也是难以一步到位的。英国学者安东尼·里奇蒙（Anthony

---

① 宁光杰、李瑞：《城乡一体化进程中农民工流动范围与市民化差异》，《中国人口科学》2016 年第 4 期。

② 国家卫生和计划生育委员会人口司：《中国流动人口发展报告 2016》，中国人口出版社 2016 年版，第 9 页。

③ 国家卫生和计划生育委员会人口司：《中国流动人口发展报告 2017》，中国人口出版社 2017 年版，第 6 页。

④ ［美］塞缪尔·亨廷顿、琼·纳尔逊：《难以抉择——发展中国家的政治参与》，汪晓寿、吴志华、项继权译，华夏出版社 1989 年版，第 119 页。

⑤ 参见［美］塞缪尔·亨廷顿《变化社会中的政治秩序》，王冠华等译，三联书店 1989 年版，第 258 页。

H. Richmond）曾指出，移民自身需经历两个转变：一是从相对狭小的同质性的农村社会进入更加集中的人口异质性非常突出、生活节奏更快的城市社会；二是移民进入新的国家后首先从社会底层开始，然后逐渐向上流动。[①] 而我国农民工流动的阶段性变化则更为突出，从流动到定居，再到移民，这一渐进的基本过程构成了农民工城市化的时间框架：一是流动阶段，也即进入初期，追求经济收入和稳定就业是进城农民工的首要目标；二是初步定居阶段，在就业与居所基本稳定后，农民工开始寻求较高程度的城市适应；三是移民阶段，农民工已经在城市中沉淀下来，与城市的互动增加，且面临着文化心理等深层次城市适应问题。三个阶段有一定的时间序列，后一阶段建立在前一阶段的基础之上。从整体上来看，农民工业已在"量"的增长中孕育着"质"的提升。国务院研究室调研组早就作出判断，进入 21 世纪，我国农民工已发生三大转变：由亦工亦农向全职非农转变，由城乡流动向融入城市转变，由谋求生存向追求平等转变。[②] 冷向明等则在将农民工市民化划分为四个维度的基础上，提出从改革开放伊始到 20 世纪末为农民工市民化的第一阶段，以地域市民化和职业市民化为主要特征；从 21 世纪开始到 2030 年左右为第二阶段，以身份市民化和职业市民化为主要特征；从 2031 年左右开始到 2070 年左右为第三阶段，其主要特征是价值观念市民化和地域市民化。[③]

农民工市民化所发生的阶段性变化，实际上表明农民工的城市融入业已从"进入者"层次的融入，向"定居者"层次的融入以及"移民"层次的融入转变，这三个层次之间所构成的是一种质的跨越，它不仅是一个十分漫长的过程，同时也是一个异常复杂的问题。农民工城市融入所具有的多阶段性，不仅造就了融入的突出性质，而

---

① 参见梁茂信《现代欧美移民与民族多元化研究》，商务印书馆 2011 年版，第 11 页。

② 国务院研究室课题组：《中国农民工调研报告》，中国言实出版社 2006 年版，第 10—11 页。

③ 冷向明、赵德兴：《中国农民工市民化的阶段性特征与政策转型研究》，《政治学研究》2013 年第 1 期。

且在不同的阶段会提出不同的目标、要求和制度特征。影响农民工融入城市的因素较多，最为突出的至少有三个方面：一是农民工的市民化能力与意愿是否匹配；二是职业身份与社会身份的转换是否合一；三是心理、观念、行为层面的变化是否协调。也就是说，农民工要完全融入城市社会，需经历城乡迁移和职业转变，获得城镇永久居住身份，平等享受城镇居民各项社会福利和政治权利，按次序分类解决"农业转移人口的经济市民化"和"从经济市民化到人的市民化"两个问题。① 不难看出，农民工市民化及其城市融入，是其公民身份的现实拓展，更是获得社会承认、实现在城市稳定地生活和工作的具体体现。

（二）保障农民工尊严必须放在更为突出的位置

尊严作为一个有着悠久历史的概念，内涵丰富多样。"尊严"一词来源于拉丁文 dignus（"值得"），意即"一种有价值或荣耀的品质、价值、优越感"。经过历史的浸润，"尊严"一词逐渐成为了"代表着道德的尺度，蕴含着伦理的规则，体现着人的价值"的名词。② 特别是经历过对第二次世界大战的反思后，在 1945 年制定的《联合国宪章》、1948 年出台的《普遍人权宣言》中，尊严和人权并列处置；到了 1966 年颁布的两个人权国际公约中，尊严作为权利的基础更是得到更为清晰的表达。据统计，自 1945 年至 1997 年，有超过 37 个国家的宪法中写进"人的尊严"一词。③ 以撰写《历史研究》一书著称于世的历史学家汤因比（Arnold J. Toynbee）更是明确宣称：人的尊严至高无上。尊严并不是相对的，而是绝对的，任何有价值的

---

① 齐红倩、席旭文：《分类城市化：破解农业转移人口市民化困境的关键》，《经济学家》2016 年第 6 期。

② 李贵成：《人的尊严视域下的新生代农民工利益表达机制研究》，《东南学术》2013 年第 5 期。

③ 程新宇：《西方文化中人的尊严的涵义及其演化》，《贵州大学学报》（社会科学版）2015 年第 4 期。

东西都不能代替尊严。① 尊重和维护人的尊严，逐渐成为了一个社会文明程度的重要体现，成为现代法治社会的基本原则和价值诉求。

在我国，维护和实现人的尊严也摆在了十分突出的位置。1982年修订的《宪法》明确规定：中华人民共和国公民的人格尊严不受侵犯。2004年则以宪法修正案的方式将"国家尊严和保障人权"明文规定在《宪法》之中。在中国特色社会主义的建设进程中，实现人的尊严也已成为共享发展的内在要义，成为和谐社会建设重要的价值目标。特别是在2010年《政府工作报告》中还庄严宣布："我们所做的一切都是要让人民生活得更加幸福、更有尊严，让社会更加公正、更加和谐。"② 其中，"一切为了人民生活得更加幸福、更有尊严"是继"为人民服务"之后，党和政府执政理念和宗旨的又一次生动具体的凝练表达。毫无疑问，在新型城市化和农业转移人口市民化的过程中，必须把维护和保障农民工的尊严放在突出的位置，尤其是要达成两个目标：

其一，维护和保障农民工的劳动尊严。法国学者薇依（Simone Weil）曾指出："兴许只有劳动的尊严才是充分合理的。"③ 劳动尊严亦即人们常说的"体面劳动"。1999年，国际劳工组织在第87届国际劳工大会上首次提出了"体面劳动"的概念，提出国际劳工组织"当前的首要目标是促进男女在自由、公正、安全和具有人格尊严的前提下，获得体面的、生产性的工作机会"④。按照国际劳工组织的倡议，体面劳动有四个维度或四个战略目标：（1）促进工作中的基本原则和权利；（2）促进就业，包括充分就业和生产性就业；（3）社会保护与社会保障；（4）社会对话，在政府、雇主、工会组

---

① ［英］阿诺德·约瑟夫·汤因比、［日］池田大作：《展望21世纪——汤因比与池田大作对话录》，荀春生、朱继征、陈国梁译，国际文化出版社1997年版，第416页。

② 中共中央文献研究室编：《十七大以来重要文献选编》（中），中央文献出版社2011年版，第582页。

③ ［法］西蒙娜·薇依：《扎根：人类责任宣言绪论》，徐卫翔译，生活·读书·新知三联书店2003年版，第75页。

④ 参见丁开杰《社会排斥与体面劳动问题研究》，中国社会出版社2012年版，第123页。

织之间形成三方谈话的对话机制。佛罗伦斯·博内（Florence Bonnet）等认为，体面劳动的内涵实际上有宏观、中观、微观之分。在宏观层面，由国家制定相应的法律法规，建立相关的机构和制度，以确保全社会劳动者在没有压迫、有合理安全保障的环境下工作；在中观层面，要求企业在估计自身利益高效运转的过程中，也要保护劳动者的体面权益；在微观层面，体面劳动即要求劳动者要获得平等的就业机会和安全的工作环境。[①] 体面劳动，不仅有美丽的"体"的劳动，更要有荣耀的"面"的劳动。[②] 体面劳动实际上就是劳动者的尊严底线，它构成了尊严生活的前提和基础，这对农民工来说尤为重要。农民工作为一个既不同于传统意义的农民，又不同于城市市民的新的社会阶层，是一个在劳动中亟须实现体面劳动的阶层。从已有一些调查成果来看，农民工体面劳动缺失主要表现在：人格尊严得不到尊重，劳动权益得不到保障，社会保障权利缺乏，社会话语权缺失，等等。农民理性扩张创造中国奇迹的过程，也是劳动者与社会付出巨大代价和成本的过程，不体面"劳动"就是这种代价和成本的集中体现。[③] 使农民工群体能实现体面劳动，获得劳动尊严，这是马克思主义劳动价值理论的内在要求，也是构建社会主义和谐社会的重要基础。党和政府对此非常关切，提出了维护和保障包括农民工在内的劳动者体面劳动的明确目标，这在时任中共中央总书记胡锦涛的讲话中有过完整的阐述："要切实完善社会保障体系，健全就业帮扶、生活救助、医疗互助、法律援助等帮扶制度，着重解决困难劳动群众生产生活问题，在经济发展的基础上不断提高广大劳动群众生活水平和质量，使他们不断享受到改革发展成果。要切实发展和谐劳动关系，建立健全

---

① 参见张鹏雁《我国体面劳动研究的最新进展与未来展望》，《中国劳动》2017年第1期。

② 李雪、曹根记：《关于体面劳动与尊严生活的思考》，《漯河职业技术学院学报》2012年第4期。

③ 马用浩：《"让广大劳动群众实现体面劳动"的理论和现实意义——以农民工为主要分析对象》，《学习与实践》2010年第9期。

劳动关系协调机制，完善劳动保护机制，让广大劳动群众实现体面劳动。"① 实现体面劳动也已成为社会的共识，达致这一目标依然任重道远。

其二，维护和保障农民工有尊严地生活。体面劳动与有尊严地生活，两者之间相互联系、相互依存，密不可分。对每一个个体来说，有尊严的生活是每个人的内在规定和现实需要；对社会来说，有尊严的生活是社会运行的价值方向。② 有尊严的生活一般包含两个方面：其一是确信自己的生活理想是有价值的；其二是自信有能力实现自己的意图。③ 人活得有尊严，应具备两个必要条件：个人提升自己的价值和品质的努力；社会给予个人的独特人格和努力以恰当的承认。④ 就是说，有尊严的生活包括个体责任和社会责任两个方面。但正如穆罕默德·萨瓦多哥（Mahamadé Savadogo）所指出的那样，尊严的给予应先于改善生活条件的所有努力，无论是个体生活还是集体生活都是这样。只有改变形形色色的社会不公，才能既在主观又在客观、既在物质又在象征层面为有尊严地践行创造条件。⑤ 对于我国众多的农民工来说，要享有有尊严的生活，个人的努力固然重要，但当务之急仍然是社会环境的改善和优化，其中涉及两个关键性的要件：一是权利平等；二是机会均等。权利平等，农民工才能获取参与城市发展的必要条件；机会平等，农民工才能获得尊严生活的起点公平。正因为如此，就社会整体而言，"有尊严的生活意味着社会公平与正义以及人与人之间相互尊重、相互承认的良好社会秩序"⑥。正是基于这样的理念，曾任国务院总理的温家宝在谈及"要让老百姓活得更有尊

① 《胡锦涛文选》第 3 卷，人民出版社 2016 年版，第 369—370 页。

② 刘佑生：《论有尊严的生活》，《伦理学研究》2012 年第 2 期。

③ 张贤明、高光辉：《公正、共享与尊严——基本公共服务均等化的价值定位》，《吉林大学学报》（社会科学版）2012 年第 4 期。

④ 程新宇：《活得有尊严：个人的责任和社会的责任》，《哲学动态》2014 年第 4 期。

⑤ ［布基纳法索］穆罕默德·萨瓦多哥：《尊严与参与》，《第欧根尼》2018 年第 1 期。

⑥ 柯敏、张志伟：《论有尊严的生活及其实现路径》，《武汉理工大学学报》（社会科学版）2018 年第 5 期。

严"时，明确提出要在三个方面努力：第一，每个公民在宪法和法律规定的范围内，都享有宪法和法律赋予的自由和权利；第二，国家发展的最终目的是满足人民群众日益增长的物质文化需求；第三，整个社会的全面发展必须以每个人的发展为前提，要给人的自由和全面发展创造有利的条件，让他们的聪明才智竞相迸发。①

"尊严就像一面明亮清晰的透镜，人们能够通过它感受到整个世界的奇妙非凡。"② 但实现尊严之路并非一马平川，它需要社会文化、舆论氛围发挥引导作用，需要制度创新、物质文明建设等发挥外在的保障和基础作用。高兆明提出，在讨论"有尊严的生活何以可能"时，主要不是立足于个体心理精神层面，而是立足于社会关系层面。即是说，当尊严成为社会规范性要求时，尊严就"首先不是一个人的内在精神心理意识问题，而是社会价值精神、社会关系与社会结构及其制度体制问题"③。非常明显的是，在社会公平正义环境尚未优化之时，更有一个如何发挥政府的责任，特别是社会政策功能的问题。

社会学家吉登斯（Anthony Giddens）指出：要最大限度地发挥弱势个体和社群的行动潜能，社会政策可以扮演重要的角色。④ 社会政策研究学者迪恩（Hartley Dean）强调，社会政策的解决方法并不是要操纵人们，而是要巩固那些能够增进人类福祉的社会结构因素，并且消除那些损害人类福祉的社会结构因素。⑤ 我国社会政策的制定与实施，自改革开放以来，尤其是科学发展观提出以来，有了较大的发展，社会政策核心议题包括教育问题、就业问题、医疗问题、养老问题、住房问题、个人社会服务问题等。但社会政策的大量出现，并不

---

① 新华社总编室编：《信心与希望——温家宝总理访谈实录》，新华出版社 2010 年版，第 10 页。

② ［美］唐娜·希克斯：《尊严》，叶继英译，中国人民大学出版社 2016 年版，第 115 页。

③ 高兆明：《论尊严：基于权利维度》，《桂海论丛》2016 年第 3 期。

④ ［英］安东尼·吉登斯：《社会学》，李康译，北京大学出版社 2009 年版，第 292 页。

⑤ ［英］哈特利·迪恩：《社会政策学十讲》，岳经纶、温卓毅、庄文嘉译，格致出版社 2009 年版，第 3 页。

意味着完全可以满足人们对社会政策的需求。对农民工的市民化和城市融入来说，既需要普惠性政策，也需要针对其身份转换的差异性政策；既需要解决当前面临问题的生存型政策，也需要着眼长远的发展型政策；既需要自身一代的就业、住房、养老等政策，也需要下一代在城市生活及其融入的政策；等等。有研究者曾提出过农民工社会融入的政策内涵，应主要包括平等的参与机会、享受基本的社会福利、积极的社会关系、改善发展能力等①，确有启迪之功效。

二 研究的意义

本书以城市融入中农民工身份秩序的变迁为背景，以农民工的尊严诉求和政策期盼为切入口，揭示身份秩序、尊严状况、社会政策之间的复杂关联，依据农民工群体身份转换的总体状况，探索社会政策体系建设在保障农民工尊严中的价值选择和模式抉择，研究农民工群体参与社会政策过程的推进方略和机制创新。高度重视农民工从寻求生存到要求实现权利、保障尊严的诉求转变，完善农民工社会政策体系，实现经济—政治—社会—文化政策的有机结合，进而构建改变社会结构的"大社会政策"，不仅关系到农民工城市融入的质量提升和内涵式城市化发展道路的实现，也是政府实现"让人民生活得更有尊严"承诺的必然要求，兼具重要的理论意义和实践意义：在理论层面，通过揭示身份秩序、农民工尊严以及社会政策的内在关联，探讨适合国情的社会政策建构及演变，有助于农民工问题和社会政策问题研究的深化；在实践层面，通过探究不同身份秩序下农民工的尊严诉求与政策期待，构建通向尊严生活的社会政策体系，合理选择政策推进的重点、路径，可为保障农民工尊严的制度设计与政策健全提供理论框架和操作模式。

---

① 刘建娥：《农民工融入城市的困境、政策及实务研究》，社会科学文献出版社 2015 年版，第 40 页。

第二节　国内外学术界研究概况

一　国外学术界的研究

就本书的研究主题，国外学术界虽然较少涉猎与农民工大致同口径的移民或农业转移人口，但就尊严本身以及与之相关的身份和社会政策之间有比较丰富的研究。

（一）尊严概念与解读模式的流变

尊严概念具有解读的多重性，这主要是尊严概念在漫长的历史流变中，其本身业已承载错综复杂的多重含义，成为一个具有多重规范性的观念集群。[①] 古典时期是有地位才有尊严，并将尊严理解为人值得炫耀的职务、身份、卓越等，包含"值得尊重"与"某东西被尊重"双重含义。[②] 在西方国家尊严概念也经历了三个大的阶段的变化：古希腊时期，以人在特定社会中的外在条件确立尊严；在中世纪、文艺复兴和宗教改革运动时期，以人的外在条件和内在价值确立尊严；在启蒙运动时期，则演变为以人的内在价值确定尊严。[③]

尊严概念所发生的转折性流变，使尊严的解读模式也发生了相应的变化。丹尼尔·苏尔麦斯（Daniel P. Sulmasy）认为"尊严"一词可作三种解读，即被赋予的尊严、内在的尊严和派生的尊严，其中被赋予的尊严指人们根据某人的贡献归结他的价值；内在的价值指仅仅因为某人是人，因而就具有的价值，不是根据任何社会地位、能力或特别的天才、技术或力量；派生的尊严是用来描述事物的过程或状态如何与人的内在尊严相一致的。[④] 迈克尔·罗森（Michael Rosen）持

---

① 李晓亮、庞正：《尊严诸观念及其法治意蕴》，《东南大学学报》（哲学社会科学版）2016 年第 6 期。

② 刘睿：《论人的尊严》，《科学社会主义》2012 年第 5 期。

③ 周力、刘住洲：《人的尊严之观念史考察——从开端到启蒙》，《中国人权评论》2014 年第 1 期。

④ 程新宇：《关于人的尊严之争论现状及其原因》，《华中科技大学学报》（社会科学版）2015 年第 6 期。

大致相同的看法,认为被感知的尊严意义可分为:作为社会地位的尊严、作为内在价值的尊严、作为良好的有尊严的行为和忍耐的尊严。①现代尊严含义也大体存在四种主要的解读模式。

1. 基于内在价值的尊严。在古希腊时期虽然占主流地位的是等级尊严观,但基于内在价值的尊严观也开始萌生,如苏格拉底(Socrates)强调个人价值的崇高性,柏拉图(Plato)强调善的至高无上地位,亚里士多德(Aristotle)将德性视作人的品质等。斯多亚学派(Stoicism)在人类思想史上最先提出了系统的平等思想和自由思想,突出德性和善,要求重视内在,抛开外在,强调人要有合适的行为,通过正义和自然法来获得和维持尊严②,成为人的尊严观念发展史上的一个里程碑。自皮科·米兰多拉(Pico della Mirandola)将对尊严的认识转换到属于人类总体上人人皆有的一个特征之后,马丁·路德(Martin Luther)、霍布斯(Thomas Hobbes)、斯宾诺莎(Baruch de Spinoza)、约翰·洛克(John Locke)、潘恩(Thomas Paine)、密尔(John Stuart Mill)、卢梭(Jean-Jacques Rousseau)等,从不同的侧面强调要认可每一个人的价值和尊严。康德(Immanuel Kant)关于"人是目的"的论述充分肯定了人之为人所拥有的尊严,提出"人性本身就是一种尊严"③,尊严具有一种"内在的"、"无条件的、无与伦比"的价值④,把人格尊严提高到了绝对的高度。托克维尔(Alexis de Tocqueville)所有思考的出发点,都在于如何实现人的自由和尊严,因此他提出人本身是问题的核心,而"尊严是所有价值中首要的

---

① [英]迈克尔·罗森:《尊严——历史和意义》,石可译,法律出版社 2015 年版,第 34 页。

② 周力、刘住洲:《人的尊严之观念史考察——从开端到启蒙》,《中国人权评论》2014 年第 1 期。

③ [德]伊曼努尔·康德:《道德形而上学》(注释本),张荣、李秋零译注,中国人民大学出版社 2013 年版,第 239 页。

④ [德]伊曼努尔·康德:《道德形而上学的奠基》(注释本),李秋零译注,中国人民大学出版社 2013 年版,第 56、58 页。

价值"①。岩崎允胤认为，人及其生存这个事实本身之中在本质上包含着是尊严的东西，"人应该具有尊严，这必须被当做伦理的最高原则"②。萨瓦多哥提出，尊严是用以表达人类生命的神圣性的价值，"尊严则是把人类境况置于一切其他目的之上的、至高无上的原则"③。劳曼（Georg Lohmann）对基于内在价值的尊严做了明确的规定：人类尊严是一种价值，又是一种特殊的价值，它是一种"绝对的、即从人类存在本身而来的、不可转让、同时也不可失去的"价值。④

2. 基于社会地位的尊严。西塞罗（Marcus Tullius Cicero）最早将"尊严"用于人并提出"人的尊严"的概念，但他的尊严观念含有身份、权势的成分，也形成了基于社会地位尊严观的源头。在他之后，阿圭那（Thomas Aquinas）强调法律只承认和保护社会等级秩序所设定的尊严；马基雅维利（Niccolò Machiavelli）强调统治者的权威和尊严；启蒙时期的思想家孟德斯鸠（Montesquieu）还主张贵族立法，提出社会地位卑微的人不应该享有选举权；社会学创始人孔德（Auguste Comte）也一再宣扬他的社会等级观念，主张维护人的等级性尊严；等等。这些论述也促成基于社会地位的尊严观的萌生，罗森将其概括为：尊严源自这样一个概念，"意指较高的社会地位，以及该地位给盘踞它的人带来的荣誉和尊敬"⑤。对此，不少思想家，尤其是社会学家有不少论述。马克斯·韦伯（Max Weber）比较早地指出了尊严感与身份集团密切相关。希尔斯（Edward Shils）指出，关于尊卑的观念，包括地位、尊敬、名声、荣誉等，和社会分层的"客观

---

① [法] 阿列克西·德·托克维尔：《政治与友谊——托克维尔书信集》，黄艳红译，上海三联书店 2010 年版，第 111 页。

② [日] 岩崎允胤主编：《人的尊严、价值及其实现》，刘奔译，当代中国出版社 1993 年版，第 171 页。

③ [布基纳法索] 穆罕默德·萨瓦多哥：《尊严与参与》，《第欧根尼》2018 年第 1 期。

④ [德] 格奥格·劳曼：《作为"社会想象"的人类尊严——论 1945 年后人权与人类尊严宣言的历史意义》，《当代国外马克思主义评论》2012 年卷。

⑤ [英] 迈克尔·罗森：《尊严——历史的意义》，石可译，法律出版社 2015 年版，第 10 页。

的"概念在联系中发展。① 阿伦特（Hannah Arendt）认为，被称为人的尊严或光荣的东西，"也许不是关于人类的，而是关于人之为人的地位的"②。舍勒（Max Scheler）甚至认为："可以改变的不是尊严，而是人们为其尊严设定的位置。"③ 布劳（Peter Michael Blau）指出尊严源于社会地位与社会交换有关："社会交换很可能把一个群体在资源上的明显优越性转化为群体成员资格本身赋予其成员个人的优越的声望地位，这些声望地位应该会得到社会的尊重。"④ 凡勃伦（Thorstein Bunde Veblen）正是基于社会地位在尊严中的位置而提出：尊严、价值、荣誉等诸多概念，对于阶级的界定和区分是极其重要的。⑤ 萨瓦多哥则基于社会地位有层级之分的缘故，指出尊严也可分为若干层级，每一个群体或个人都在努力争取最高一级的尊严，但尊严是一个需要物质条件来保证的挑战，"尊严的象征意义有相应的物质根基，否则尊严便毫无意义"⑥。

3. 基于社会承认的尊严。人的尊严也是一种被人们认可而被赋予的尊严。齐美尔（Simmel Georg）认为，尊严本身是一个关系概念，亦即一个人以其全部仪表和行为表现出来可以按照客观标准获取应领受的东西，有社会承认的意味在内。⑦ 迪尔凯姆（Emile Durkheim）将这种被人认可的尊严称为"一种他与所有的人分享的尊严"，一个人有权获得这份尊敬，正是他在人性方面有可取之处。"神圣不可冒

---

① ［美］爱德华·希尔斯：《社会的构建》，杨竹山、张文浩、杨琴译，南京大学出版社 2017 年版，第 147 页。

② ［美］汉娜·阿伦特：《反抗"平庸之恶"》，陈联营译，上海人民出版社 2014 年版，第 71—72 页。

③ ［德］马克斯·舍勒：《道德意识中的怨恨与羞感》，林克译，北京师范大学出版社 2014 年版，第 288 页。

④ ［美］彼得·布劳：《不平等和异质性》，王春光、谢圣赞译，中国社会科学出版社 1991 年版，第 215 页。

⑤ ［美］索尔斯坦·凡勃伦：《有闲阶级论》，程猛译，北京出版社 2012 年版，第 9 页。

⑥ ［布基纳法索］穆罕默德·萨瓦多哥：《尊严与参与》，《第欧根尼》2018 年第 1 期。

⑦ ［德］格奥尔格·齐美尔：《叔本华与尼采》，朱雁冰译，上海人民出版社 2009 年版，第 167 页。

犯和值得尊敬的正是人性。"① 福勒（Robert W. Fuller）明确地提出："尊严和认可是不可分割的。"② 德沃金（Ronald Myles Dworkin）则认为福勒提出的这一命题恰恰表明：尊严要求的是承认性尊重而不是评价性尊重。③ 福山（Francis Fukuyama）指出，寻求承认正是大多数政治聚集于人的尊严的原因，也就是说，"人类总是需要他人承认自己的尊严，这种尊严或是作为个人的，或者是作为宗教、种族、人种或其他群体一员"④。霍耐特（Axel Honneth）在《为承认而斗争》一书中提出了"尊严的承认"的概念，认为只要个人通过赋予权利而作为共同体成员得到承认，个人就被赋予了尊严。一个人的"荣誉"、"尊严"或现代意义上的"地位"，就是指他或她的自我实现方式在社会传统文化境域中受到社会重视的程度。⑤ 查尔斯·泰勒（Charles Taylor）认为对尊严的承认应该是相互的，我们的尊严就是我们要求尊重自己的感觉，而什么构成别人的尊严，则不可避免地关系到为什么我们应当尊重他人的权利。⑥

4. 基于能力成就的尊严。明确提出这种尊严观的是纳斯鲍姆（Martha C. Nussbaum），但在她之前也有这方面的思想萌芽。提出过"尊严是崇高思想的表现"、"尊严的最高程度是庄严"的席勒（Friedrich von Schiller），也曾明确表述过"尊严一定要以人对自己本能的支配为前提"的观点。⑦ 罗森认为席勒的这种思想，正是把具有

---

① ［法］埃米尔·迪尔凯姆：《迪尔凯姆论宗教》，周秋良等译，华夏出版社 2000 年版，第 56 页。

② ［美］罗伯特·W. 福勒：《尊严的提升》，张关林译，上海人民出版社 2008 年版，第 21 页。

③ ［美］罗纳德·德沃金：《刺猬的正义》，周望、徐宗立译，中国政法大学出版社 2016 年版，第 282 页。

④ ［美］弗兰西斯·福山：《我们的后人类未来——生物技术革命的后果》，黄立志译，广西师范大学出版社 2017 年版，第 149—150 页。

⑤ ［德］阿克塞尔·霍耐特：《为承认而斗争》，胡继华译，上海人民出版社 2005 年版，第 85、143 页。

⑥ ［加拿大］查尔斯·泰勒：《自我的根源：现代认同的形成》，韩震译，译林出版社 2012 年版，第 25 页。

⑦ ［德］弗里德里希·席勒：《秀美与尊严——席勒艺术和美学文集》，张玉能译，文化艺术出版社 1996 年版，第 138、153、146 页。

尊严的行为道德化，把它们变成某种所有的人类都有潜力达到的成就。① 舍勒也有类似的思想，他认为尊严实际上是社会位格的价值质。② 所谓位格，就是可运用的理性才能或能力，并非所有的人都是位格，只有满足这种认知能力条件的人才能称为位格。正是在这个意义上，舍勒也就指出过"尊严正是沿着爱的谦卑之路和自由服务之路而完善其身的"③。池田大作是从两个方面来看待人的生命尊严的：一是存在本身的尊严性，二是生命机能上的尊严性，他提出："为了使生命成为真正的事实上的尊严的东西，还需要个人的努力。应该说，自己的尊严要自己负责。"④ 纳斯鲍姆在吸取阿马蒂亚·森（Amartya Sen）的"能力理论"和"多元能力理论"基础上，提出了能力进路的尊严观。在纳斯鲍姆那里，"人具有尊严"与"让人过有尊严的生活"是既有联系又有区别的。纳斯鲍姆将尊严视作能力进路的出发点和目标旨归，提出一个正义社会为保障公民尊严所设定的底线是：公民在全部十种领域内都发展出最低限以上的能力，而具体所定的最低限应当是充裕的。⑤ 纳斯鲍姆所提出的能力进路的尊严观，其出发点"是一种对个体人类的平等尊严的承诺，无论他们的阶级、宗教、种姓、种族或者性别，而且该理论致力于实现所有人的符合平等尊严要求的生活"⑥。

（二）尊严与身份、社会政策的关联

1. 尊严与身份。韦伯比较早地指出了尊严与身份之间的关联，

---

① ［英］迈克尔·罗森：《尊严——历史和意义》，石可译，法律出版社 2015 年版，第 35 页。

② ［德］马克斯·舍勒：《道德意识中的怨恨与羞感》，林克译，北京师范大学出版社 2014 年版，第 286 页。

③ ［德］马克斯·舍勒：《爱的秩序》，林克等译，生活·读书·新知三联书店 1995 年版，第 87—88 页。

④ ［英］阿诺德·约瑟夫·汤因比、［日］池田大作：《展望 21 世纪——汤因比与池田大作对话录》，荀春生、朱继征、陈国梁译，国际文化出版社 1997 年版，第 417 页。

⑤ ［美］玛莎·C. 纳斯鲍姆：《寻求有尊严的生活——正义的能力理论》，田雷译，中国人民大学出版社 2016 年版，第 26 页。

⑥ ［美］玛莎·C. 纳斯鲍姆：《寻求有尊严的生活——正义的能力理论》，田雷译，中国人民大学出版社 2016 年版，第 128—129 页。

他不仅指出尊严感与身份集团密切相关，而且还指出牢牢掌握了社会荣誉和权力的阶层，通常还会以各种方式塑造身份传说，不断维持其尊严感。① 哈贝马斯（Jürgen Habermas）指出，尊严或者"社会荣誉"的具体概念曾属于等级划分的传统社会，那么平等适用于所有人的、普遍化的尊严，"也要求根植于某种公民身份中，即在空间和时间上隶属于某个组织起来的共同体"②。托克维尔认为："身份平等和我们所说的荣誉之间存在着密切的和必然的关系。"③ 克博（Harold R. Kerbo）发现，随着财富积累方式只是一种生活方式而不是名望认可，诸如幸福和自尊这样非常平常的心理状态就已发现与社会阶级有着某种重要关系，有的实证调查还证实两者之间存在着正相关关系，并且"自我价值或自我尊重这些重要状态除了本身对个体行为就有很大影响外，其与成年人之间的社会阶级也呈正相关关系"④。雷蒙·阿隆（Raymond Aron）对身份与尊严之间关系的变化进行了概括："社会平等意味着不存在地位的世袭差别，意味着人人都可以得到各种工作、各种职业、各种尊严和荣誉。"⑤

随着身份平等在尊严中的作用日益突出，拉兹（Joseph Raz）察觉到身份政治已经获得了突出的关注，人们对"尊重的象征性表达尤其敏感"⑥。鲍曼（Zygmunt Bauman）指出，由于自由与安全这两种价值为有尊严而幸福的生活所不可或缺，"对两者的追求，汇集于时

---

① ［德］马克斯·韦伯：《马克斯·韦伯社会学文集》，［美］格特、米尔斯编，阎克文译，人民出版社 2010 年版，第 259—260 页。

② ［德］尤尔根·哈贝马斯：《关于欧洲宪法的思考》，伍慧萍、朱苗苗译，上海人民出版社 2013 年版，第 10 页。

③ ［法］阿列克西·德·托克维尔：《论美国的民主》，董果良译，商务印书馆 1988 年版，第 787 页。

④ ［美］哈罗德·R. 克博：《社会分层与不平等》，蒋超等译，上海人民出版社 2012 年版，第 244 页。

⑤ ［法］雷蒙·阿隆：《社会学主要思潮》，葛智强、王沪宁、胡秉诚译，华夏出版社 2000 年版，第 149 页。

⑥ ［英］约瑟夫·拉兹：《价值、尊重和依系》，蔡蓁译，商务印书馆 2016 年版，第 161 页。

下对身份的探讨"①。哈丁（Russell Hardin）注意到个体更多地通过群体尊严来确定自己的身份。②福勒则断定，认可之于身份就像食物之于身体是不可或缺的，"认可肯定了我们的身份，确认了我们的尊严，从而保证我们在集团中的成员资格是安全的"③。正因为如此，史蒂文森（Nick Stevenson）呼吁，要将公民身份的概念予以延伸，把"有尊严的呈现"的权利纳入进来，这是确保那些目前被认为是残疾人拥有正式文化公民身份权利的一条至关重要的原则。④

2. 尊严与社会政策。国外学者比较多地从福利的角度来审视尊严与社会政策的关系。米勒（Jane Millar）明确地指出，保障与"体面的生活"和"有尊严的生活"密切相关，"保障是人的一种状态，而尊严是人的一种品质"⑤。有鉴于此，学者多强调要从维护和保障人的尊严的角度来探讨福利社会制度的建构。察赫（Hanz Zacher）认为，福利社会制度对抗的是"不合理的不平等"，因此，它的合理性"最终建立在我们最崇高的基本价值观之上，那就是人的尊严"⑥。阿马蒂亚·森指出，"福利成就"要求关注一个人目前正在做的或者感受到的各种重要事情，其中尤为关注实现个人尊严和满足创造欲望。⑦吉登斯提出，福利应从个人自主和自尊的角度重新定义，因为自尊的缺失已经表明与一系列社会问题有关，包括贫困、犯罪和健康，低自

---

① ［英］齐格蒙特·鲍曼：《流动的生活》，徐朝友译，江苏人民出版社 2012 年版，第 38—39 页。

② ［美］拉塞尔·哈丁：《群体冲突的逻辑》，刘春荣、汤艳文译，上海人民出版社 2013 年版，第 256 页。

③ ［美］罗伯特·W. 福勒：《尊严的提升》，张关林译，上海人民出版社 2008 年版，第 21 页。

④ ［英］尼克·史蒂文森：《文化与公民身份》，陈志杰译，吉林出版集团 2007 年版，第 246 页。

⑤ ［英］简·米勒：《解析社会保障》，郑飞北、杨慧译，格致出版社 2012 年版，第 102—103 页。

⑥ ［德］汉斯·察赫：《福利社会的欧洲设计——察赫社会法文集》，刘冬梅、张一帆译，北京大学出版社 2014 年版，第 285 页。

⑦ ［印度］阿马蒂亚·森：《伦理学与经济学》，王宇、王文玉译，商务印书馆 2000 年版，第 65 页。

尊限制了自主，也就限制了改善人们命运的能力。① 鲍曼指出"福利
国家"这一概念所传递的理念是：国家的责任和义务，旨在保障其所
有主体的"福利"，这个福利要比只是活着能享有更多的东西，就是
"在特定时代的特定社会中，有尊严地活着"②。

国外学术界对尊严与具体社会政策的关联，虽涉猎甚少，但还是
呈现出来一些带倾向性的看法。世界银行提出要对弱势身份人群实行
社会包容性政策，旨在提高其能力、机会和尊严，以及参与社会的过
程。③ 布儒瓦（Philippe Bourgois）认为，要使美国社会的边缘群体获
得主流社会出于自身利益需要而遵从的相互尊重，贫困政策就必须促
成在更大范围内非个人化的政治经济力量与快速变化着的性别和家庭
文化相呼应、相互动。④ 至于如何保障移民的尊严，学者们也有一些
分析。马尔蒂尼埃罗（Marco Martiniello）提出，身份政策绝非毫无意
义，必须使每个群体以各种各样方式的努力在公共空间得到确认。⑤
金里卡（W. Kymlicka）认为，针对移民的多元文化政策并不是与公
民身份相对立的，也不是公民身份的替代物，它只是对这一事实的认
可：新公民的归化像一条双向的马路。⑥ 塞尔斯（R. Sales）指出：管
理型的迁移政策视移民为相互分离的个体，只是当作劳动力单位，而
不是具有需求、渴望和社会关系的人，注定难以成功。⑦

---

① ［英］安东尼·吉登斯：《全球时代的欧洲》，潘华凌译，上海译文出版社 2015 年
版，第 91 页。

② ［英］齐格蒙特·鲍曼：《工作、消费、新穷人》，仇子明、李兰译，吉林出版集团
2010 年版，第 95 页。

③ 参见葛道顺《包容性社会发展：从理念到政策》，《社会发展研究》2014 年第 3 期。

④ ［美］菲利普·布儒瓦：《生命的尊严——透析哈莱姆东区的快克买卖》，焦小婷
译，北京大学出版社 2009 年版，第 247 页。

⑤ ［比利时］马可·马尔蒂尼埃罗：《多元文化与民主》，尹明明、王鸣凤译，社会科
学文献出版社 2015 年版，第 82 页。

⑥ ［加拿大］威尔·金里卡：《少数的权利——民族主义、多元文化主义和公民》，邓
红风译，上海译文出版社 2005 年版，第 180 页。

⑦ ［英］罗斯玛丽·塞尔斯：《解析国际迁移和难民政策——冲突和延续》，黄晨熹等
译，格致出版社 2011 年版，第 190 页。

（三）移民及弱势人群的尊严问题

索罗金（Pitirim A. Sorokin）曾经指出，移民的生活从来不是轻松的，在大城市社会中，移民永远是被排斥在社会交往基础之外的。[①]帕克（Robert Ezra Park）也说过，这些移动人口是挣脱那些将其束缚于家庭和邻里的本地联系而开始自己生涯的，他不仅是一个"无家可归的人"，也是一个没有事业、没有国家的人。[②]托马斯（William Isaac Thomas）等也认为，移民在和政府机构打交道时，往往有一种受屈辱感，要自愿或不自愿地服从。[③]针对移民的这种状况，贝克（Ulrich Beck）等提出，国家基本法若要保障人的尊严，就必须同时保障外来劳工及其家庭和子女的尊严。[④]当然，移民与母国所保持的联系，也会给他们增添尊严感。阿马蒂亚·森指出，印度海外移民社群乐于以祖国的文化和传统而自豪，还会因此而产生自尊感和尊严感。[⑤]布儒瓦也谈到，如果说波多黎各人的经历有什么非同寻常的话，那就是他们的文化形式不断扩展，并在第二代和第三代移民身上再生出尊严和自治这一一贯主题。[⑥]甚至移民不保持与原居住国的联系反而会败坏声名，比如不履行对家族忠诚的义务，拒绝来自家乡的婚嫁要求，会受到亲戚"藐视道德原则"的斥责，有损自身的尊严、声誉，乃至整个社会地位。[⑦]无论是移民还是有着相近地位的其他人群，

[①]　参见［美］刘易斯·科塞《社会思想名家》，石人译，上海人民出版社 2007 年版，第 450 页。

[②]　［美］罗伯特·E. 帕克：《城市——有关城市环境中人类行为研究的建议》，杭苏红译，商务印书馆 2016 年版，第 179—180 页。

[③]　［美］威廉·托马斯、［波兰］F. 兹纳涅茨基：《身处欧美的波兰农民》，张友云译，译林出版社 2000 年版，第 128 页。

[④]　［德］乌尔里希·贝克等：《世界主义的欧洲——第二次现代性的社会与政治》，章国锋译，华东师范大学出版社 2008 年版，第 160 页。

[⑤]　［印度］阿马蒂亚·森：《惯于争鸣的印度人》，刘建译，上海三联书店 2007 年版，第 56 页。

[⑥]　［美］菲利普·布儒瓦：《生命的尊严——透析哈勒姆东区的快克买卖》，焦小婷译，北京大学出版社 2009 年版，第 9 页。

[⑦]　［德］乌尔里希·贝克、伊丽莎白·贝克-格恩塞姆：《全球热恋》，樊荣译，北京大学出版社 2014 年版，第 111 页。

其尊严诉求往往是很强烈的。卡尔·波兰尼（Karl Polanyi）曾指出，对尊严与自立的坚持，一直是许多代英国工人的特征。[①] 但这些人群如果提高社会等级的欲望长期受挫，则会对尊严感尤其是自尊心的影响尤烈。曼海姆（Karl Mannheim）就明确指出，提高生活水平的无望，社会尊重遭到毁灭，随之而来的是自尊的丧失，无论他出于何种阶层，往往会采取自我惩罚的形式，甚至是心理上自我毁坏和放荡。[②]

二 国内学术界的研究

就本书研究主题，有多个学科参与其中，成果数量不少，但多对尊严、身份、社会政策问题分别展开研究，鲜见进行交互研究的成果。

（一）关于尊严概念及内在结构

1. 尊严概念及内在结构的区分。对尊严概念的界定，国外四种解读模式均有所使用，但一般采取以某种模式为主兼及其他的综合方式。如张品芳等将尊严界定为"具有一定社会身份或地位的人或具有人性特征对象所具有的、受到他人或其他具有人性特征的对象认同并尊重的、不容侵犯的权利"[③]，明显的是以地位模式为主兼及价值、认可的综合解读模式。文学平将尊严定义为一个人自己对自己的尊重、他人对我的认可以及我对他人的贡献这三重关系的复合，用公式表示为：尊严 = 贡献 + 认可 + 自尊。[④] 章道德则将尊严视为一种内在价值，离不开语言和承认，用公式表示为：尊严 = 语言媒介 + 社会承认 + 制度保障。[⑤]

---

① ［英］卡尔·波兰尼：《大转型：我们时代的政治与经济起源》，刘阳、冯钢译，浙江人民出版社 2007 年版，第 87 页。

② ［德］卡尔·曼海姆：《重建时代的人与社会》，张旅平译，生活·读书·新知三联书店 2002 年版，第 116 页。

③ 张品芳、李炳金、郑彬涛：《试论尊严内涵及其保护机制》，《战略决策研究》2012 年第 5 期。

④ 文学平：《论尊严的内涵及其类型》，《华中科技大学学报》（社会科学版）2012 年第 4 期。

⑤ 章道德：《尊严三题：概念、历史和现实》，《江汉大学学报》（社会科学版）2017 年第 2 期。

对尊严概念的内在结构进行分类、分层，是国内学术界讨论比较热烈之处。王泽应着眼于内在与外在、自我与社会、规范与道德性诸方面的有机结合，认为尊严体现于人性尊严、人道尊严、人品尊严、人格尊严和人权尊严五个方面。① 王福玲将尊严分为两大类，其中作为形式的尊严表现为人所具有的绝对的内在价值；作为质料的尊严，则与现实中具体的人联系在一起，根据人的属性还可再区分为角色尊严、成就尊严、德性尊严和生命尊严。② 实际上这是一种一般性尊严＋特殊性尊严的集合。韩德强将尊严分为秩序性尊严和人性尊严两大类，其中秩序性尊严指人在社会群体生活中基于人的身份、出身、财产、地位、权势等社会等级因素以及人个体的自然差异所具有的尊严；人性尊严是基于人的人性而具有的人之为人的尊严。③ 刘睿提出以人的存在方式为视角，可将人的尊严分为人类的尊严、群体的尊严和个体的尊严；以人的情感体验为视角，则可分为规范性尊严和尊严感。④ 韩跃红等则从学科意义上来区分人的尊严的内涵，其中在社会学意义上使用的则是基于社会关系而建立的价值承认和尊重。⑤ 代峰提出了二重性向度的观点：一方面，人的尊严是普遍性的，这是确保人的生存地位的基本尊严，是"人之为人"的根本标志；另一方面，人的尊严又是独特性的，是"我之为我"的特殊符号。⑥

2. 人的尊严与人性尊严、人格尊严的区分。林来梵指出，在用语上，参酌各国的宪法条文、宪法判例及宪法学说，在指人的尊严上相同或相近的用语甚多，包括"人的尊严"、"人性尊严"、"人类尊严"、"个人尊严"、"人格尊严"等。⑦ 这种状况的存在，既与尊严概

---

① 王泽应：《论人的尊严的五重内涵及意义关联》，《哲学动态》2012 年第 3 期。
② 王福玲：《作为形式的尊严和作为质料的尊严》，《哲学动态》2017 年第 4 期。
③ 韩德强：《论人的尊严——法学视角下人的尊严理论的诠释》，法律出版社 2009 年版，第 2 页。
④ 刘睿：《康德尊严学说及其现实启迪》，中国社会科学出版社 2013 年版，第 3—4 页。
⑤ 韩跃红、孙书行：《人的尊严和生命的尊严释义》，《哲学研究》2006 年第 3 期。
⑥ 代峰：《论人的尊严之向度》，《道德与文明》2011 年第 3 期。
⑦ 林来梵：《人的尊严与人格尊严——兼论中国宪法第 38 条的解释方案》，《浙江社会科学》2008 年第 3 期。

念的内涵模糊有关，也与尊严概念在应用上的主张纷杂有关。目前的争论点主要在两个方面：

一是人的尊严与人格尊严。刘睿认为，尊严作为一个被惯用的概念总是具有最低的共识，它首先意味着人类的一种更高的地位，其次还意指人性的最高价值与绝对价值。① 董疆则认为，人性尊严的本质包含着人的主体地位和人的最后目的性，自治与自决就是人性尊严的核心内涵。② 文学平指出人性尊严属于尊严这一多重关系复合体中不可缺少的一环。③

二是人的尊严与人格尊严。韩德强认为，人的尊严的外延远远大于人格尊严，人格尊严的内涵又远比人的尊严丰富。④ 刘娟、龚群等人的看法与之有别。刘娟认为，人格尊严是人的尊严的实质和核心。⑤ "最广义的人格尊严等同于人的尊严。"⑥ 龚群认为，人格尊严是在社会共同体中存在与实现的尊严，一般意义上的尊严指的就是人人都具有的平等的人格尊严。⑦ 胡玉鸿指出对于人格尊严，国内立法仅在用法上极不统一，对相关内涵的理解不尽一致，就已消解了人格尊严作为一个独立法律范畴的必要性，亟待确立人的尊严为基本的法律范畴。⑧

3. 尊严与权利的关系。对尊严与权利的关系，国外学术界本来也存在着两种截然对立的观点：一种看法认为，人的尊严作为一种绝对价值构成人权的根基与目的；另一种看法则是，人权构成尊严的基

---

① 刘睿：《论人的尊严》，《科学社会主义》2012 年第 5 期。

② 董疆：《人性尊严：秩序法制岂能无视?》，《民事程序法研究》2011 年卷。

③ 文学平：《论尊严的内涵及其类型》，《华中科技大学学报》（社会科学版）2012 年第 4 期。

④ 韩德强：《论人的尊严——法学视角下人的尊严理论的诠释》，法律出版社 2009 年版，第 271 页。

⑤ 刘娟：《人格尊严及其实现——道德与法的双重考量》，中国政法大学出版社 2014 年版，第 67 页。

⑥ 刘娟：《人格尊严的内涵剖析——基于伦理学和法学的双重视域》，《江西社会科学》2014 年第 2 期。

⑦ 龚群：《论人的尊严》，《天津社会科学》2011 年第 2 期。

⑧ 胡玉鸿：《我国现行法中关于人的尊严之规定的完善》，《法商研究》2017 年第 2 期。

础。就此问题，国内学术界也曾展开一场讨论。2008 年，甘绍平在《哲学研究》上刊文，提出尊严与自我和侮辱这两个概念相关，从本质上讲尊严就是不受侮辱的权利，因此，尊严只是人权的一部分，而不是人权的根基。① 对此，有些学者发表了一些不同的看法。成海鹰认为，尊严是指个体和共同体的存在所享有的权利，但不能把尊严仅仅理解为权利，尊严还是心灵的情感、感觉;② 从道德层面来说，尊严还是一项义务，它应当受到保护性的对待，每个人在捍卫尊严的同时也要尊重别人对尊严的内在要求。③ 比较多的学者强调了尊严在维护和保障权利中的极端重要性，例如:尊严是一项权利，但它是一项特殊的权利，是其他一切权利的基础;④ 尊严概念比权利更为重要，它是权利和义务的综合;⑤ 宪法中人之尊严条款，"它不是规则，是规则的规则;不是法益，而是法益赖以建立的基础;它拒绝衡量，但是引导着宪法中的衡量"⑥。

（二）尊严与身份、社会政策的关系

对尊严与身份的关系，国内学术界鲜有研究，比较少的研究成果主要是心理学界关于自尊与身份的实证分析。王中会的调查显示，在身份认同类型与自尊分析上，整合融入型的农民工二代的自尊水平显著高于同化城市认同和边缘型认同农民工二代的自尊水平。⑦ 董慧中等的实证分析表明，流动儿童自尊得分显著低于城市儿童。⑧

对尊严与社会政策的关系，翟翌提出，应围绕"人格尊严"来确

---

① 甘绍平:《作为一项权利的人的尊严》,《哲学研究》2008 年第 6 期。
② 成海鹰:《论尊严》,《伦理学研究》2012 年第 5 期。
③ 成海鹰、周燕:《尊严不只是一项权利》,《思想战线》2014 年第 5 期。
④ 高兆明:《论尊严:基于权利维度》,《桂海论丛》2016 年第 3 期。
⑤ 王福玲:《尊严:作为权利的道德基础》,《中国人民大学学报》2014 年第 6 期。
⑥ 王晖:《人之尊严的理念与制度化》,《中国法学》2014 年第 4 期。
⑦ 王中会:《农民工二代身份认同特点及对自尊的影响》,《中国特殊教育》2018 年第 10 期。
⑧ 董慧中、唐春芳、关明霞等:《流动儿童自尊特点及其与学校态度的相关研究》,《内蒙古师范大学学报》（教育科学版）2012 年第 2 期。

定福利权的底线，即首先从社会救济这一基础层次构建保障制度。[①]
石奎提出，社会政策应当在体面劳动转型的关键时刻做出合理的调
整。[②] 张新庆指出，尊重和维护人的生命尊严必须成为落实政策法规
的终极目标。[③] 马俊驹等提出，社会保障能够对身份差异做出制度性
弥补，这主要是通过立法与行政措施设立各种保证社会成员基本生活
安全项目。[④]

（三）农民工尊严及群体尊严问题

1. 农民工尊严问题研究。主要从三个大的方面展开：其一，关
于农民工尊严保障的意义。其见解有：从生存到尊严应成为农民工市
民化的一个维度的命题。[⑤] 把加强对农民工的社会保障放在突出位
置。[⑥] 通过培养积极的人格，以增加农民工的积极体验和自尊。[⑦] 其
二，关于农民工尊严保障研究。在这方面涉及的面主要有权利平等、
制度保障、政府责任等问题。有学者指出，人的城镇化表面上是一个
比较简单的"去身份"和"给身份"的运动，实际上它触碰的是人
的尊严问题，人本主义的城镇化必然要把农民尊严作为核心要素。[⑧]
维护农民工人性尊严的关键在于实现农民的平等权。[⑨] 要通过个体、
社会关系、社会参与等层面的增权，为维护农民工尊严提供可能性与
现实性。[⑩] 针对农民工目前在城市的生活和工作状况，学者们特别提

---

① 翟翌：《福利权的底线及社会保障权的扩张解释新方案——以人格尊严为视角》，
《东北大学学报》（社会科学版）2012 年第 4 期。

② 石奎：《推动"体面劳动"的社会政策分析》，《未来与发展》2015 年第 1 期。

③ 张新庆：《维护生命尊严应融入健康政策》，《中国卫生》2017 年第 3 期。

④ 马俊驹、童列春：《论私法上人格平等与身份差异》，《河北法学》2009 年第 11 期。

⑤ 祝军：《从生存到尊严——农民工市民化的一个维度》，《江汉论坛》2013 年第 8 期。

⑥ 曾煜：《让农民工享有社会保障、体面劳动和有尊严的生活》，《福建论坛》（人文
社会科学版）2011 年第 2 期。

⑦ 周宵、姚佳宁、张葵葵：《积极心理学视域中新生代农民工尊严的提升》，《中国石
油大学胜利学院学报》2011 年第 4 期。

⑧ 黄文秀、向勇、欧阳仁根：《尊严与权利——农民城镇化的核心要素》，《浙江工商
大学学报》2015 年第 1 期。

⑨ 龚向和、董宏伟：《人性尊严与农民平等权的保护》，《时代法学》2010 年第 2 期。

⑩ 李贵成：《增权理论视域下维护新生代农民工尊严问题研究》，《郑州大学学报》
（哲学社会科学版）2013 年第 3 期。

出要切实推进再就业、职业教育、职业安全与健康等方面的工作。

其三，关于农民工有尊严生活（幸福感）的研究。不少学者认为，有尊严的生活是个体在感受到幸福的基础上提升的，没有一定的幸福感，个体无以谈尊严。有人提出，提升农民工幸福感应着重在创新服务管理、完善政策制度、提供公共服务水平方面寻求新的突破。①有调查表明，新生代农民工幸福感指数与自尊呈显著正相关关系，与社会支持也呈正相关关系，表明新生代农民工非常关注对人的尊重，希望被他人尊重和认可。②

2. 其他群体尊严问题研究。国内学术界对其他群体的尊严问题研究甚少，目前有所涉猎的有：一是老年人群的尊严问题。韩跃红认为，必须根据社会阶层的不同需求帮助老年人实现尊严生活。③ 刘璐等人认为，维护养老机构老年人的尊严，可强化老年人生命的精神、自由的内心、提高自尊以及增加老年人成功应对生活事件的可能性。④二是学生人群的尊严状况。这方面的成果都是实证研究成果，其中主要有：李雪峰等人对大学生尊严感现状及研究⑤；关香丽等对西南高校农村大学生尊严感及其城市大学生尊严感的比较研究⑥；刘睿等人对青少年学生尊严观以及学生与教师、工人尊严观的比较研究⑦。由于这些调查基本上没运用相同的表格，因此难以进行比较和归纳。

---

① 杨秦：《在新型城市化进程中提升新生代农民工幸福感》，《广州大学学报》（社会科学版）2013 年第 2 期。

② 李晓东、汪元宏、林飞、刁春元：《新生代农民工主观幸福感与自尊、社会支持和归因的关系》，《蚌埠医学院学报》（社会科学版）2013 年第 1 期。

③ 韩跃红：《老龄人口的尊严保障》，《武汉科技大学学报》（社会科学版）2013 年第 6 期。

④ 刘璐、张云霞、杨芳：《养老机构中老年人尊严的研究进展》，《护理学杂志》2016 年第 11 期。

⑤ 李雪峰、关香丽：《大学生尊严感现状与对策的实证研究》，《山东商业职业技术学院学报》2013 年第 4 期。

⑥ 参见关香丽等《西南高校农村大学生的尊严感研究》，《佳木斯职业学院学报》2018 年第 6 期；《西南地区农村与城市大学生尊严感的比较研究》，《开封教育学院学报》2018 年第 3 期。

⑦ 参见刘睿等《青少年学生尊严观现状调查研究》，《新疆社科论坛》2016 年第 6 期；《学生、教师、工人的尊严现状研究》，《改革与开放》2014 年第 17 期。

三 国内外研究的简要评析

就本书的研究主题，国内外的研究从总体上说还是成果颇丰，但仍存在不少论述不足甚至薄弱之处，留有明显的理论拓展空间，择其要者体现在以下几个方面：

其一，就尊严问题本身，国外学术界研究的纵深感相对较深，从不同视角来解读和阐述尊严问题者甚多，但形成公认的理论范式（类似于康德的内在价值论、纳斯鲍姆的能力进路论）还不多见。由于对尊严概念缺乏一个统一完整的定义，以致多认为尊严概念"几乎没有人能够准确定义或解释它"①，这不仅导致在尊严的意涵规定和衡量要求上的认知差异性大，而且还有一些人公开否认"尊严"存在的价值和合理性。② 国内学术界目前比较注重对尊严含义的辨析和基本理论问题的阐释，但解读的味道更为浓厚。

其二，尊严问题是一个包括伦理学、心理学、法学、哲学、社会学等多学科展开研究的课题，但从国内外研究状况来看，社会学对此问题的研究明显处于较为弱势的地位。特别是国内学术界，连舍勒、希尔斯、查尔斯·泰勒等社会学家的尊严思想，也基本上无人提及。与此同时，对尊严及其相关联的问题研究，各个学科基本上处于自说自话的状况，很少有学科之间的交流，更不用说学科之间的交锋了。

其三，尊严问题的研究目前尚存在着重普遍性尊严（如人性尊严、人格尊严）而轻特殊性尊严（包括因身份、地位、成就等产生）的状况，各学科对尊严概念的解读尚五花八门，理解不一，由此展开的逻辑体系更是差距甚大。对尊严与身份秩序、权利、公平、社会福利、社会政策之间的关联问题，目前展开不够，尚缺乏首尾一贯的有力解释。

---

① ［美］弗朗西斯·福山：《我们的后人类未来——生物技术革命的后果》，黄立志译，广西师范大学出版社 2017 年版，第 149 页。

② 如布鲁诺奇就明确宣称："人类尊严的概念被证明是一个空洞的概念"，"尊严概念又显得有些多余"。（《人类尊严的道路》，《社会科学战线》2013 年第 5 期。）麦克林于2002 年在《不列颠医学杂志》上载文称："尊严是一个无用的概念。"（参见［英］迈克尔·罗森《尊严——历史和意义》，石可译，法律出版社 2015 年版，第 4 页。）

其四，对尊严问题的研究，目前尚存在着对应用研究重视不够的问题，国外的研究鲜见对群体尊严问题的探讨，国内除对农民工尊严问题研究稍多一点外，对其他群体尊严问题也是很少涉及，如何立足于新型城镇化推进和谐社会建设的大格局，重视对群体尊严的研究，还是一个值得注意的问题。

第三节　总体框架与研究方法

一　总体框架

本书以农民工市民化进程中城市身份秩序的变迁为背景，以农民工的尊严诉求和政策期盼为切入口，揭示身份秩序、尊严保障、社会政策之间的复杂关联，依据农民工群体身份转换的总体状况，探索社会政策体系建设在保障农民工尊严中的价值选择和模式抉择，研究农民工群体参与社会政策过程的推进方略和机制创新，以及农民工通向尊严生活中社会环境的优化。

全书共分八章：

第一章为绪论，主要阐述本书的背景和研究意义；以尊严问题为主线，对国内外研究状况进行概述，其内容包括尊严含义与结构、尊严解读模式的流变、尊严与身份和社会政策的关联、农民工及移民等群体性尊严问题等方面；提出本书的研究思路、框架结构与方法选择。

第二章从理论上阐述尊严保障与身份秩序、社会政策的关联。本章的基调是：尊严建立于权利本位之上，与公正也有着互为前提的关系，由此决定着它与身份秩序和社会政策之间存在着一种不可分割的逻辑链条关系。本章拟在界定身份秩序概念的内涵与外延的基础上，分析其在社会秩序以及其他类别秩序中的功能，厘清其与身份认同、身份建构的异同，深入剖析尊严保障与身份正义、权利平等、社会公正以及社会政策构建之间的内在关联。

第三章为城市身份格局中农民工的尊严诉求。尊严诉求是人们对尊严需求的有意识的表达，也是尊严感的一种外在表达形式，它与经济社会发展的进程和水平密切相关，也受到现行身份格局的影响。本章主要运用问卷调查和访谈调查材料，在分析农民工身份意识的基础上，揭示农民工对尊严的认知与尊严感，以及农民工在权利认知、身份认同、人格保护、情绪体验等方面所展现的尊严诉求。

第四章为城市身份格局中农民工的政策期待。凡政策必指向目标人群，社会政策要在农民工市民化进程中取得预期的成效，就必须将目标人群的政策需要与社会发展的要求结合起来，综合考虑社会整合与系统整合的问题。本章继续运用课题组的问卷和访谈调查资料，在现行城市身份格局的背景下，揭示农民工群体对社会政策的认知、接纳和期待，以及相关的社会态度，探讨社会政策的建构如何更好地回应农民工群体的利益诉求，协调不同群体之间的关系，以推动农民工的市民化和城市融入的进程。

第五章为农民工尊严保障与社会政策体系的构建。社会政策的制定和实施依赖于经济基础，而且伴随着社会进步而做出相应的调整。本章在回顾新中国成立以来社会政策所经历的阶段性变化的基础上，探讨社会政策在框架制定以及秩序确定上所应处理的价值关系，特别是公平与效率、人道与人权、重点人群与全民普惠的关系，剖析我国现阶段所建构的以民生为重心的社会政策体系，尤其是与保障农民工尊严高度相关的、亟待进一步完善的社会保障政策、子女受教育政策、教育培训政策、住房保障政策。

第六章为农民工通向尊严生活中社会政策的演进。农民工群体从流入城市到完成城市化，有一个流动者—定居者—融入者的身份转换过程。在农民工再身份化过程中，通过社会政策的建构来重组身份资源就显得尤为重要。本章力图依据农民工的尊严诉求和政策期盼，研究社会政策模式在递进式演进中，怎样与农民工群体身份转换主体状况相适应。重点探讨的内容有：尊严的能力进路与包容性社会政策的兴起；通向尊严生活与发展型社会政策的兴起；农民工的终结与社会政策的演变趋向。

第七章为农民工的尊严保障与政策过程的参与。问题与参与者是相互构建的。公众参与政策过程的主要目的是增强公众对政策的可接受程度，尤其是在政策执行过程特别依赖公众接受政策的情况下，吸收公众参与政策过程就显得尤为重要。本章在实证分析农民工参与社会政策过程的意愿、相关渠道与平台状况的基础上，探寻农民工参与社会政策过程的推进方略，包括规范政策参与程序、加强参与平台建设、创新组织参与机制、提升参与能力等。

第八章为农民工尊严保障与社会环境的优化。以尊严保障为主旨构建社会政策体系，在当前尤有一个进一步优化社会环境的问题。经济社会发展、城市化、制度环境和社会支持构成了农民工市民化及其城市融入的主要环境变量，尊严保障也就成为了对农民工研究由"生存—经济"叙事模式向"身份—政治"叙事模式转变的核心内容。本章拟从农民工身份转换过程的角度，探讨与农民工尊严保障密切相关的社会环境，包括制度机制、公民文化、社会心理、社会工作等环境的建设与优化问题。

二 资料收集方法

资料收集采用问卷调查法、深度访谈法、参与观察法、文献分析法相结合的方式。研究过程中，通过问卷调查、文献分析的定量方法来实现客观描述；同时，考虑到研究事实的丰富灵活性，辅之以自由访谈、参与观察，以推动对于社会事实的深入细致理解，从而最终达到"通过认同而达到的推广"或"通过理论而达到的推广"的效果。

（一）文献分析法。对相关学术文献进行了非常系统的搜集整理。按著作、论文两大类别，整理了包括尊严、身份、政策在内的参考文献目录，共计1200余条。阅读相关著作280本，论文700余篇，并按著作、论文两大类别，分尊严含义与意义、尊严思想源流、尊严生活、自尊、身份解读、身份认同、身份建构、公民身份、权利与公平、社会福利、社会政策、政策过程、相关问题研究等部分，对有关学术观点进行了系统的摘录、整理。

（二）问卷调查法。本课题组对农民工尊严问题的问卷调查，在湖南省长沙市、湘潭市、岳阳市和四川省南充市，对 1206 名农民工进行了问卷调查。由湘潭大学、湖南农业大学、湖南女子学院、湖南理工学院、川北医学院等院校社会学专业及相关专业的学生担任调查员（这些学生在校期间受过专门的社会调查训练），采取一对一的方式进行，以保证调查的有效性。调查内容主要包括尊严认知、尊严诉求、身份认知、身份认同、权利观、平等观、参与观、政策评价、政策需求等。

（三）深度访谈法。在以问卷调查法作为获取第一手资料的主要方法时，需要辅之以访谈调查法来收集定性资料，以弥补问卷法收集定量资料的缺陷。本课题组在进行问卷调查期间，采取由调查员根据受访者的经历、态度等，在问卷调查的基础上"搜寻"合适的访谈对象，即抽取典型个案作为访谈对象，采取"非结构性面谈"的形式，进行深度访谈，选择了 60 名有代表性的农民工进行了访谈调查，最终共获得访谈资料 49 份。

三 样本描述

问卷调查的样本概况如表 1－1 所示。值得指出的几点是：第一，新生代农民工所占比例已大为超过老一代农民工。并且，在新生代农民工中，比例最高的为 20—29 岁组，占 35.5%，19 岁及以下者数量不多，但也步入农民工行列，年龄最小者仅 16 岁；在老一代农民工中，比例最高的为 40—49 岁组，年龄最大者为 69 岁。第二，两代农民工的差异也更为明显。在受教育程度上，新生代农民工的受教育程度在高中、大专及以上者所占比重均较老一代农民工高，而受教育程度在初中、小学及以下者，则以老一代农民工为高。在职业分布上，新生代农民工在技术含量较高的职业中所占比例明显高于老一代农民工，其中公司职员高出 17.8 个百分点，专业技术人员高出 6.9 个百分点，企业管理人员高出 1.4 个百分点，就是民营企业主，也超出 0.5 个百分点。在经济收入上，5000 元以上收入者新生代农民工的所占比例高于老一代农民工，而 3000 元以下收入者，则是老一代农民工高于新生代农民工。第三，农民工处于流动状态者依然占主要比重。在调查对象中，已经获得城镇户口者只占 18.7%，占主要比重的仍然为持农村户口者。但农民工大多外出时间甚长，10 年以上达 62%，老一代农民工这一比例还达到了 93.0%。但家庭式外出形式达到了 61.9%，半家庭式也有 7.9%，意味着农民工定居意愿有增强的一面。

表 1 - 1　　　　　　　　　问卷调查样本概况

		总体		新生代农民工		老一代农民工	
		频数	比例（%）	频数	比例（%）	频数	比例（%）
性别	男性	680	56.4	391	51.5	289	64.7
	女性	526	43.6	368	48.5	158	35.3
年龄	19 岁及以下	24	2.0	24	2.0		
	20—29 岁	428	35.5	428	35.5		
	30—39 岁	307	25.5	307	25.5		
	40—49 岁	292	24.2			292	24.2
	50—59 岁	142	11.8			142	11.8
	60 岁及以上	13	1.0			13	1.1
婚姻状态	未婚	375	31.1	372	49.0	3	0.7
	已婚	778	64.5	366	48.2	412	92.2
	离婚	41	3.4	18	2.4	23	5.1
	丧偶	12	1.0	3	0.4	9	2.0
受教育程度	小学及以下	123	10.2	26	3.4	97	21.7
	初中	359	29.8	136	17.9	223	49.9
	高中或中专	633	52.5	506	66.7	127	28.4
	大专及以上	91	7.5	91	12.0	0	0
外出形式	家庭式	746	61.9	456	60.1	290	64.9
	半家庭式	96	7.9	51	6.7	45	10.1
	个人式	364	30.2	252	33.2	112	25.0

		总体		新生代农民工		老一代农民工	
		频数	比例（%）	频数	比例（%）	频数	比例（%）
外出时间	1—4 年	234	19.4	227	29.9	7	1.6
	5—9 年	224	18.6	200	26.4	24	5.4
	10—14 年	236	19.6	190	25.0	46	10.3
	15—19 年	157	13.0	94	12.4	63	14.1
	20—24 年	183	15.2	47	6.2	136	30.4
	25 年及以上	172	14.2	1	0.1	171	38.2
职业	建筑工人	202	16.7	53	7.0	149	33.3
	工厂工人	125	10.4	63	8.3	62	13.9
	商业服务人员	180	14.9	127	16.7	53	11.9
	机关事业单位临时工	94	7.8	53	7.0	41	9.2
	个体工商户	209	17.3	134	17.7	75	16.8
	公司职员	181	15.0	164	21.6	17	3.8
	专业技术人员	125	10.4	98	12.9	27	6.0
	企业管理人员	37	3.1	27	3.6	10	2.2
	民营企业主	9	0.7	7	0.9	2	0.4
	其他	44	3.7	33	4.3	11	2.5
月收入	2000 元以下	120	10.0	69	9.1	51	11.4
	2001—3000 元	223	18.5	127	16.7	96	21.5
	3001—4000 元	304	25.2	196	25.8	108	24.2
	4001—5000 元	218	18.1	130	17.1	88	19.7
	5001—6000 元	179	14.8	114	15.0	65	14.5
	6000 元及以上	162	13.4	123	16.3	39	8.7
户口类型	农村户口	981	81.3	597	78.7	384	85.9
	城镇户口	225	18.7	162	21.3	63	14.1

49 个访谈调查对象的基本概况如书末附表所示。

第二章　尊严保障与身份秩序、社会政策的关联

尊严建立于权利本位之上，与公正也有着互为前提的关系，由此决定着它与身份秩序和社会政策之间存在着一种不可分割的逻辑链条关系。本章拟在界定身份秩序概念的内涵与外延的基础上，分析其在社会秩序以及其他类别秩序中的功能，厘清其与身份认同、身份建构的认同，深入剖析尊严保障与身份正义、权利平等、社会公正以及社会政策建构之间的内在逻辑关联。

第一节　身份秩序与身份认同、身份建构

身份是一种社会联系，是在群体之中定位个体。身份群体的位置在社会秩序之中。身份秩序是一组对社会成员所处的位置和角色进行类别区分的社会安排，以便在群体的公共生活中形成"支配—服从"的社会秩序。身份秩序是身份制度的外在集中表现，它总是处于变动不居的状态之中。身份是社会建构的，身份秩序对身份认同与建构有着深刻的影响。

一　身份秩序析义

身份秩序的概念最早由韦伯提出，并将其与尊严的概念紧密地联系在一起，指出所谓身份秩序，就是在一个共同体中参与社会荣誉分

配的典型群体之间所形成的一种社会荣誉分配方式。① 并且他还明确指出："阶级的真正位置是在经济秩序之中，身份群体的位置是在社会秩序之中，即在'荣誉'的分配领域之中。"② 从韦伯的论述中不难看出，身份秩序属于社会秩序大的范畴之列，且与经济秩序、法律秩序之间存在着相互作用与影响。总体上看，身份秩序具有三个突出的特征。

（一）身份秩序是一组有力的社会安排

对于身份，《辞海》中的定义是指"人的出身、地位或资格"，其中"出身"是指血缘关系，"地位"是指在纵向的社会分层结构中的定位，"资格"既包括职业资格，也包括成员资格。用这种界定去解读传统社会中的"身份"相当贴切，也与韦伯认为身份具有传统意义的观点相符。如果从更为简化，适用面也更加广泛的角度来进行解读，现在社会学界一般将身份视为人置身于一定的社会关系之中而产生的定位或位置。如戈夫曼（Erving Goffman）将身份界定为"处于某种地位系统或地位模式中的一种位置"③。吉登斯则直接"把社会位置界定为社会身份"④。并且他们都认为在身份这一概念上，承载着相应的权利和义务（责任），以及与这一位置相联系的角色规定。张静将学界相对一致的观点归纳为："身份是社会成员在社会中的位置，其核心内容包括特定的权力、义务、责任、忠诚对象、认同和行事规则，还包括该权利、责任和忠诚存在的合法化理由。"⑤

---

① ［德］马克斯·韦伯：《经济与社会》第 2 卷上册，阎克文译，上海人民出版社 2010 年版，第 1063 页。

② ［德］马克斯·韦伯：《马克斯·韦伯社会学文集》，［美］格特、米尔斯编，阎克文译，人民出版社 2010 年版，第 186 页。

③ ［美］欧文·戈夫曼：《日常接触》，徐江敏等译，华夏出版社 1990 年版，第 71 页。

④ ［英］安东尼·吉登斯：《社会理论的核心问题》，郭忠华、徐法寅译，上海译文出版社 2015 年版，第 128 页。

⑤ 张静主编：《身份认同研究：观念、态度、理据》，上海人民出版社 2006 年版，第 4 页。

　　社会身份本质上是以特定社会标准为基础的一种范畴或者象征。[①]
鲍德里亚（Jean Baudrillard）甚至认为，在消费社会的架构里，身份
的概念，作为社会存在的决定标准，越来越倾向于简化，并和"地
位"的概念相合合。[②] 韦伯敏感地察觉到，身份是社会地位的反映，
一个身份群体也就必然成为因其生活方式的差异、获得正面或负面荣
誉的可能性以及合法垄断机会而社会化了的群体，身份状况与尊严状
况密切相连。[③]

　　由上述分析不难看出，身份业已成为社会结构的一个基础性概
念，"是对社会进行分类的重要尺度，同样也为社会分层体系的构筑
设置了核心界标"[④]。身份作为一种被规定、被建构、凝固的社会和
政治建筑物，成为个体或群体在一定社会制度和社会结构中所处的等
级地位的外在标志，并依据来源的不同，可区分为先赋性身份、自致
性身份、制度性身份等不同类别。[⑤] 由身份的地位所决定，发挥身份
秩序的基本功能，即对社会成员所处的位置和角色进行类别区分，是
必不可少的。只有通过身份秩序赋予不同类别及角色以不同的权利、
责任和义务，才能在群体的公共生活中形成"支配—服从"的社会秩
序。[⑥] 正是基于身份秩序具有依据特定位置配之相应利益份额和行为
规则的功能，在古代社会还建构了身份社会，并"以身份秩序整合社
会秩序"[⑦]。由此可见，身份是社会秩序的原点，同时又是社会秩序

---

　　① ［英］安东尼·吉登斯：《社会理论的核心问题》，郭忠华、徐法寅译，上海译文出
版社 2015 年版，第 128 页。

　　② ［法］让·鲍德里亚：《物体系》，林志明译，上海人民出版社 2001 年版，第 214 页。

　　③ ［德］马克斯·韦伯：《经济与社会》第 1 卷，阎克文译，上海人民出版社 2010 年
版，第 425—426 页。

　　④ 李金海：《身份政治——国家整合中的身份建构》，中国社会科学出版社 2011 年
版，第 217 页。

　　⑤ 余彬：《主权和移民——东南亚华人契约性身份政治研究》，暨南大学出版社 2014
年版，第 2 页。

　　⑥ 葛笑如：《农民工公民资格研究》，中山大学出版社 2010 年版，第 237 页。

　　⑦ 童列春：《身份权研究》，法律出版社 2018 年版，第 3 页。

的支持点和社会秩序的永恒要素。① 蒂利（Charles Tilly）准确地把握了身份秩序所具有的功能，明确指出："身份是一组有力的社会安排，在这种安排里，人们建构有关他们是谁、他们如何联系和对他们发生了什么的共享故事。"②

（二）身份秩序是身份制的外在集中展现

身份源于社会，存在于社会情景之中。一切身份都是社会规定，身份秩序也必然受身份制度体系的安排。所谓身份制，简而言之，是制度化了的有关身份规范体系；展开言之，则是指组织或社会按成员的身份，规约成员的行为方式和配置组织或社会资源，并形成等级阶序的规范体系。③ 至于身份制中的"制"的意义何在，与郭玉锦认为是"被约定俗成的惯习"有异议的是，孙频捷则提出这是指在身份基础上所建构的"一套由法律、法规、规范认可的制度体系"④。正是基于对"制"的意义的理解存在歧见，反映在身份制的内涵或要素构成上也存在一定的区别。郭玉锦提出，身份制通常包括的含义是：（1）身份的本身含义，它给予社会以秩序和结构；（2）与他人的关系定位，包括纵向的和横向的关系；（3）相关身份观念的行为规则；（4）阶序意识，包括资历、资格、等级级别等。⑤ 马俊驹等则认为，身份制是针对每一身份体的身份利益所设计的制度规则，旨在解决身份关系利益边界的划定、身份种类之间利益的冲突以及身份利益的实现，其框架结构应包括身份权利、身份义务、身份权力、身份责任等在内的基本要素。⑥

---

① 郭玉锦：《中国身份制及其潜功能研究——一个国企的实证分析》，黑龙江人民出版社 2002 年版，第 54 页。

② ［美］查尔斯·蒂利：《身份、边界与社会联系》，谢岳译，上海人民出版社 2008 年版，第 221 页。

③ 郭玉锦：《中国身份制及其潜功能研究——一个国企的实证分析》，黑龙江人民出版社 2002 年版，第 37 页。

④ 孙频捷：《市民化还是属地化——失地农民身份认同的建构》，上海社会科学院出版社 2013 年版，第 45 页。

⑤ 郭玉锦：《身份制与中国人的观念结构》，《哲学动态》2002 年第 8 期。

⑥ 马俊驹、童列春：《私法中身份的再发现》，《法学研究》2008 年第 5 期。

在人类发展的历史上，曾经普遍经历了身份社会时期。身份社会的存在，意味着整个社会存在着马克思所说的"人对人的依赖关系"，意味着等级和特权的存在，也意味着森严的宗法等级制度以及所限定的身份等级制的存在。由于经济上依附性在不同的国家和地区呈现出不同的特征，身份等级制也随之具有不同的形式。比较典型的形式有：西方中世纪基于契约的等级身份社会；日本二元分离式的等级社会（政治与经济分离、权力与财富分离）；等级制的典型——印度的种姓制；等等。① 这几种典型形式中，与中国古代身份社会比较靠近的是日本的身份等级制。日本人重视等级秩序，有着久远的历史。日本历史的一个重要特征，就是权力世袭和身份左右人们的社会生活。② 早在律令时代（公元 7 世纪中期至 10 世纪）以后，就设定了化内化外的良贱身份秩序。③ 政治与经济、权力与财富二元分离基础上的身份等级制，却是日本幕府的创举，所突出的是社会资源的多元分配。④ 由此所构成的身份等级制，身份即是等级，主要是指人们在一个社会中的法律地位、政治地位、社会地位上的权利等差。⑤

中国古代虽然在先秦时期存在过以血缘和世袭为主要特征的等级身份系统，但在中古以后存在的只是一种比较松散的"等级制"，即士、农、工、商的职业等级序列。⑥ 郭洪纪甚至将它称为"准身份制的结构样式"，并且"由于准身份结构的基础是权力，所以权力移易律对中国的身份秩序具有至关重要的影响，社会角色的分配和转移也

---

① 邵书龙：《等级的、文化的分层模式：中国社会结构变迁机制分析》，《社会科学战线》2012 年第 7 期。

② 刘文雄：《简论日本人的"各得其所"——身份等级社会浅探》，《日本研究论集》2005 年卷。

③ 章林：《日本律令时代的身份秩序》，《北华大学学报》（社会科学版）2014 年第 2 期。

④ 娄贵书：《身份等级制与多元价值观——德川身份等级制初探》，《贵州大学学报》（社会科学版）2001 年第 6 期。

⑤ 徐建新：《古代日本身份等级的产生》，《日本学刊》2001 年第 4 期。

⑥ 邵书龙：《等级的、文化的分层模式：中国社会结构变迁机制分析》，《社会科学战线》2012 年第 7 期。

是呈半流动的状态"①。另一个对维持既定的身份秩序有着重要影响的就是包括户籍、丁赋、铨选等典章制度的传承，特别是儒家身份学说制度化过程中所形成的，以王道三纲为主轴构筑的社会的等级结构和权力体系，由此铸造了中国近两千年君主集权制社会的主体结构，塑造了人们对政治领域乃至日常社会生活的思维方式和行为模式。②人类进步的一个必然趋势就是身份等级制的松弛乃至瓦解，身份等级意识的逐渐淡化。在改革的过程中，也产生了包括身份制、单位制、行政制这三种最基本的次级制度化结构，以此来确定社会成员的地位差异。③也有学者指出，我国社会分层结构有可能向韦伯所提出的家产身份制演变，亦即身份还会依附于行政体系，身份很难实现彻底的客观化，既会加大开放性，也有可能形成谋求不同利益的"身份集团"④。

（三）身份秩序总是会处于变动不居的状态之中

身份是静态的，在某种状态下，它又是流动的，既可能在某一领域中发生，也可能在多个领域中同时发生；既可能属于个体生命周期中的身份流动性现象，更可能属于宏观历史范畴的身份流动性现象。用霍华德·贝克尔（Howard Becker）的话来说，就是"身份是在连续不断的岔道前作抉择的结果"⑤。身份的变化，是身份秩序特别是身份制变化不居的结果。阿克洛夫（George A. Akerlof）等人指出："身份、规范以及它们所依赖的社会类型是变化多端的。身份的内涵可以是当下、某一天、一年、一生或是几代人。"⑥自古代以来，在

① 郭洪纪：《儒家的身份伦理与中国社会的准身份化》，《学术学刊》1997 年第 7 期。

② 韩进军：《王道三纲：董仲舒对社会等级结构的搭建》，《中国儒学》2016 年卷。

③ 张清：《从身份到契约：当代中国社会分层结构之变迁》，《江苏社会科学》2002 年第 9 期。

④ 李金：《走向家产身份制——简论中国社会分层秩序的演变及其问题》，《南京师大学报》（社会科学版）2006 年第 6 期。

⑤ 参见［法］菲利普·卡班、让－弗朗索瓦·多尔蒂耶主编《法国视角下的社会学史与社会学思想》，吴绍宜主译，北京大学出版社 2010 年版，第 85 页。

⑥ ［美］乔治·阿克洛夫、瑞秋·克兰顿：《身份经济学——身份如何影响我们的工作、薪酬和幸福感》，颜超凡、汪潇潇译，中信出版社 2013 年版，第 13 页。

社会转型和伦理精神的演化过程中，等级身份制不断瓦解，也不断催生出新的身份群体，这种发生在身份制以及身份秩序上的变化，被梅因（Sir Henry Sumner James Maine）概括为"从身份到契约"的运动："身份"这个字可以有效地用来制造一个公式以表示进步的规律，无论其价值如何，但是据我看来，这个规律是可以足够地确定的。如果我们依照最优秀著者的用法，把"身份"这个名词用来仅仅表示这一些人格状态，并避免把这个名词适用于作为合意的直接或间接结果的那种状态，则我们可以说，所有进步社会的运动，到此处为止，是一个"从身份到契约"的运动。①

　　梅因命题所产生的反响颇大，赞成者有之，反对者也不乏其人。准确地认识梅因论述的内涵，认真地反思身份制度及其身份秩序的变动方向，正是梅因命题的价值所在。

　　梅因命题中的"身份"无疑是传统概念上的身份，指个人对父权家族的固定不变的、先赋的隶属关系，具有一种等级、地位、特权的非现代性的含义；而梅因命题中的"契约"，则是指立约各方是平等的主体，具有一种积极主动的人格状态，也都具有一种直接或者间接的"合意"状态。从身份到契约，意味着以家族和特权为基础的不平等，向以个体和权利为基础的平等的变化。以身份关系为基础的社会和以契约关系为基础的社会是人类社会发展史上两种不同的社会类型。②"从身份到契约"的运动是一个私权平等化的过程，也是一个追求权力平等的过程。③总体上看，从身份到契约，是社会转型过程中从传统到现代不可逆的趋势，也是推进国家治理体系和治理能力现

---

① ［英］亨利·詹姆斯·萨姆耶·梅因：《古代法》，商务印书馆 2009 年版，第 111—112 页。

② 曲秀君、王松涛：《略论从身份到契约的转变——兼论其对中国身份社会的影响》，《枣庄师范专科学校学报》2003 年第 6 期。

③ 敖海静：《民法史上的"身份"：概念、分类及功能流变》，《江汉学术》2017 年第 2 期。

代化的客观保证。① 有专家指出，梅因命题的提出，与托克维尔在《论美国的民主》中把人类从传统到现代的转变和民主的进展概括为"身份平等"的社会进步运动，黑格尔（G. W. F. Hegel）在《历史哲学》中把人类历史进程说成是人类不断取得自由的过程一样，是"从不同角度对于同一伟大过程的不同表述"②。

　　"从身份到契约"，并不意味着运动的终结，也不意味着身份的消失，这正是在讨论梅因命题中人们做出的进一步的思考和探索。在"从身份到契约"的路上，现代社会提出了"从契约到身份"的要求，主要在于弥补契约社会有时无暇顾及人与人之间事实上不平等的缺陷。③ 从契约到身份，是对从身份到契约的弹性补充，以利于建构一种理性工具与文化基础兼容、效率优先与维护公正共进的发展模式。④"从契约到身份"中的"身份"指什么，目前尚存在不同的看法：一曰"有限身份"，无论是身份化的范围还是程度都是有限的；⑤ 二曰"后身份时代"，即在健全的市场经济环境中，人与人之间的关系更多的是通过契约形式联结起来的身份关系。⑥ 但不管怎样，依据梅因命题实现身份社会向契约社会的转化，意味着社会关系及其调节模式的根本变革，标志着一种由来已久的社会关系模式退出历史舞台，一种新的令人颇感陌生的社会关系模式得到全社会的普遍认同。⑦

---

　　① 鲁君：《全面深化改革的重要任务：实现"从身份到契约"的转变》，《理论导刊》2016 年第 11 期。

　　② 陈刚：《从身份社会到契约社会》，《南京师大学报》（社会科学版）2005 年第 1 期。

　　③ 余煜刚：《"从契约到身份"命题的法理解读》，《中山大学法律评论》2011 年第 1 期。

　　④ 刘颖、张英魁：《契约社会中的有限身份化——一种弱势群体保护的理论探讨》，《云南社会科学》2005 年第 4 期。

　　⑤ 刘颖、张英魁：《契约社会中的有限身份化——一种弱势群体保护的理论探讨》，《云南社会科学》2005 年第 4 期。

　　⑥ 张永和：《血缘身份与契约身份——梅因"从身份到契约"的现代思考》，《思想战线》2005 年第 1 期。

　　⑦ 蒋先福：《从身份社会向契约社会的转化及社会条件》，《湖南师范大学社会科学学报》1995 年第 1 期。

二 身份秩序对身份认同与建构的深层影响

身份认同和身份建构是两个有区别但又有密切联系的概念。身份认同是一个"求同"与"存异"同时发生的过程，用蒂利的话来说就是对"你们是谁"、"我们是谁"、"他们是谁"这些问题的集体性答案。① 身份建构是一个从一般性到特别类别的过程，既需要群体自身对其身份的主观认同，同时也需要客观外在于群体的社会性建构，用萨义德（Edward W. Said）的话来说，不仅"牵涉到与自己相反的他者身份的建构，而且总是牵涉到对与我们不同特质的不断阐释和再阐释"②。刘丹认为公民身份的建构，即是要"建构起各种自我观念，建构起个人的和社会的位置，建构起人们在事物秩序中的地位"③，这实际上也涉及了身份认同、身份建构、身份秩序之间的联系。概括地说，身份秩序对身份认同与建构的影响主要体现在以下三个方面。

（一）身份的认同建构与社会权力运作密切相关

美国社会学家福山指出，社会秩序的产生可以有一系列的来源，可以是各类存在等级、权力集中的政权，也可以来自彻底非集中和完全自发的个体之间的互动。而为身份等级展开竞争的社会秩序"常具有等级性质，这一点毋庸置疑"④。萨义德的论断是："身份的建构与每一社会中的权力运作密切相关，因此决不是一种纯学术的随想。"⑤ 用伯格（Peter Ludwig Berger）的话来说就是："身份是社会赋予，并

---

① ［美］查尔斯·蒂利：《欧洲的抗争与民主》，陈周旺、李辉、熊易寒译，格致出版社 2008 年版，第 55 页。
② ［美］爱德华·W. 萨义德：《东方学》，王宇根译，生活·读书·新知三联书店 2007 年版，第 426 页。
③ 刘丹：《全球化时代的认同问题与公民教育研究——基于公民身份的视角》，北京师范大学出版社 2013 年版，第 4 页。
④ ［美］弗朗西斯·福山：《大断裂——人类本性与社会秩序的重建》，唐磊译，广西师范大学出版社 2015 年版，第 148 页。
⑤ ［美］爱德华·W. 萨义德：《东方学》，王宇根译，生活·读书·新知三联书店 2007 年版，第 427 页。

由社会支撑和转换的。"①

　　身份具有社会性、独特性和建构性，它是自我连接社会的桥梁。身份是社会建构的，首先就表现在身份与社会结构有着密切的关联。蒂利曾经提出，集体认同本身有一个如何理解和处理"界限"的问题，实际上是指认同与社会结构的关系问题。由此，蒂利认为认同具有四个构成要素：（1）将我与你或我们与他们区分开来的界限；（2）界限之内的一系列关系；（3）超出界限的一系列的关系；（4）关于此种界限以及界限内外诸多关系的共同理解。② 卡斯特（Manuel Castells）则将认同区分为合法性认同、拒斥性认同、计划性认同，其中合法性认同为"由社会的支配性制度所引介，以拓展及合理化它们对社会行动者的支配"③，这里所指的实际上是社会结构性力量对认同的影响问题。刘春泽在讨论农民工政治认同问题时提出：身份认同与利益认同、制度认同和价值认同之间存在着一定的内在逻辑，即身份认同是政治认同构建的起点，利益认同、制度认同和价值认同则是在身份认同基础之上产生的。④ 从身份建构来看同样如此。建构主义理论认为，身份是由行动者在互动中形成的社会结构所决定的，但反过来又影响着建构的进程。⑤ 基于此，身份的建构既是自上而下的，又是自下而上的。所谓自上而下，主要是指制度—结构方面，国家在设计制度中包括法律和政策等方面，怎样在不同的社会成员中分配权利、责任和义务，从而以强制的途径秩序。⑥

　　身份是社会建构的，更突出地表现在身份与权力的关系上。身份

---

　　① ［英］彼得·伯格：《与社会学同游》，何道宽译，北京大学出版社 2008 年版，第 107 页。

　　② ［美］查尔斯·蒂利：《抗争政治》，李义中译，译林出版社 2010 年版，第 98—99 页。

　　③ ［美］曼纽尔·卡斯特：《认同的力量》，夏铸九、黄丽玲等译，社会科学文献出版社 2003 年版，第 4 页。

　　④ 刘春泽：《代际差异中的新生代农民工政治认同研究》，博士学位论文，吉林大学，2015 年。

　　⑤ 覃明兴：《移民的身份建构研究》，《浙江社会科学》2005 年第 1 期。

　　⑥ 黄倩云：《试析市场经济时期新身份社会的形成》，《北方贸易》2015 年第 9 期。

认同从来就不是自由意志的表达，而是始终存在于特定的权力结构之中。① 人们在表达自己的身份认同时，不可避免地受到外部群体和国家治理行为的制约。布劳曾经指出，权力结构与声望和权威结构不同，它基本上不依靠涉及各个阶层成员必须获得的特权或权利的社会一致意见，而是依靠资源的分配，人们可以利用这些资源迫使别人服从要求。② 布劳的这一观点恰恰表明，身份是通过差异与区别而不是从外部建构的。③ 总体上看，权利的实施会导致多重性的、相互交叉的或相互冲突的话语，进而通过对历史、政治和文化进程的描述或个人的叙事来建构某一个体或群体的多重性的身份。社会身份存在于权利关系之中，并通过权力关系而获得。④

（二）对身份认同与建构的影响包括主客观的两重性

沃黑赫（Paul Verhaeghe）曾经指出：“身份永远是一种源自身份持有人与更广泛的环境之间交互的建构。”⑤ 身份认同与建构包括主观和客观的两重性。从身份认同层面看，身份认同既包括人们在主观上意识到的认同，也包括能体现人的社会认同的一些客观的标识码、符号或特征等。从身份建构层面看，身份并不是从来就是客观不变的存在，而是人们在互动过程中将赋予特定对象的主观意识客观化、晶体化的结果。⑥ 人的身份处于不断变动的状态之中，它是在个体与复杂的社会互动中产生的。由于这种自我与他人的互动是在社会结构与社会情境中展开的，也就使得身份认同与建构既具有刚性的、结构性的一面，也具有权变的、主观性的一面。

---

① 熊易寒：《城市化的孩子——农民工子女的身份生产与政治社会化》，上海人民出版社 2010 年版，第 253 页。

② ［美］彼得·布劳：《社会生活中的交换与权力》，张非、张黎勤译，华夏出版社 1988 年版，第 152 页。

③ ［英］斯图亚特·霍尔、保罗·杜盖伊：《文化身份问题研究》，庞璃译，河南大学出版社 2010 年版，第 5 页。

④ 项蕴华：《身份建构研究综述》，《社会科学研究》2009 年第 5 期。

⑤ ［比利时］保罗·沃黑赫：《身份》，张朝霞译，花城出版社 2018 年版，第 36 页。

⑥ 葛忠明：《他者的身份——农民和残疾人的社会建构》，山东人民出版社 2015 年版，第 6 页。

　　身份建构是在身份认同基础上的身份觉知。① 身份认同与建构是人、机制和实践之间交互作用的过程和结果，势必受多种因素的影响。这些因素举其要有：

　　1. 职业。职业对于个体的发展非常重要，它既是从业者谋生的手段，也是贡献社会、创造财富、实现自我的途径。人们通过职业身份建立起的群体概念，成为形塑个体社会身份的最重要方面。

　　2. 消费。消费是人类通过消费品满足自身欲望的一种经济行为。随着消费社会的到来，消费在身份认同与建构中的作用逐步凸显。消费不仅是消费者追求个人效用的最大化的过程，而且也是消费者进行"意义"建构的过程。消费中的各种物品都被符号编码，不同的符号象征着不同的社会地位及身份认同，人们也正是通过物（符号）的选择来寻找自身在消费秩序中的位置。② 就是作为一个职业阶层的新生代农民工，将消费作为进入城市社会的"门票"和被认可、接纳的"标签"，开始成为一个潜力较大的消费主体，并按照市民的消费认同，建构着自己的身份认同和主体意识。③

　　3. 文化。文化身份是建构的核心、灵魂，经济上、政治上、权利上的身份认同属于基础性认同，而文化的认同才是内在的、灵魂的、根本性的认同。④ 文化研究认为社会人至少应该具备两种身份：一种是固定身份，是自我在某一特定的传统与地理环境下被赋予认定的身份；另一种是叙述身份，则是通过文化建构、叙事和时间的积累而形成的认同。⑤ 而新生代农民工在城市身份建构中，有一个如何消

---

　　① 毛延生、虞锐：《城市化进程中农民工身份建构的质性研究》，《广州大学学报》（社会科学版）2015 年第 6 期。

　　② 王亮：《新生代农民工的城市身份建构——基于消费与认同理论的分析》，《福建行政学院学报》2018 年第 1 期。

　　③ 周贤润：《从生产到消费主体：消费认同与新生代农民工的身份建构——基于珠三角地区的分析》，《福建论坛》（人文社会科学版）2018 年第 8 期。

　　④ 王蜜：《文化记忆与农民工市民化进程中的身份构建文化研究》，《文化研究》2016 年第 26 辑。

　　⑤ 杜春燕、杜永波、毛颖：《旅游劳工移民的文化身份建构——基于文化适应视角的个案研究》，《旅游研究》2010 年第 2 期。

除文化差异消极影响的问题。完全脱离原有文化以及完全融入城市文化，既无必要，也不可能。而应建构正确的文化身份，力求在两种文化之间寻找平衡点，吸收两种文化的精粹，为原有城市文化提供更多创新的可能。①

4. 语言。语言是一种社会现象，是社会成员进行沟通表达的工具，也是社会成员相互联系的纽带和桥梁。任何一种语言，除了表情达意的功能外，还能起到拉近距离、增进了解、消除误会的作用。语言建构社会身份、社会关系以及人们对世界的理解。乌尔里希·贝克等指出：语言是身份认同、文化交往、多重属性的源泉和媒介，它对于身份认同的作用绝不亚于宗教信仰。② 由于宗教、职业、教育、文化等背景的差异，语言与身份的关系会呈现出动态性和微观化的特征。赵晔琴指出，话语构建是通过日常生活中的话语选择而实现的，这种建构形式表现得更为直接和明显，甚至"我们"、"他们"这样的话语形式都可以表达身份认同的差异。③

5. 传播。传播作为利用一定的媒介和途径所进行的有目的的信息传递活动，在身份认同与建构中有着重要的作用。身份是通过以符号为中介的传播建构的，换句话说，传播是一个自我身份形塑的过程。④ 特克尔（Sherry Turkle）的研究发现，网络在身份建构的过程中可以发挥独特的作用。尽管网络身份都是经过深思熟虑的设计，但人们最终感觉唯一深思熟虑的东西只是自己投身网络的决定，因为在做完这个决定后人们就开始在网络的洪波中随波逐流了。⑤ 除互联网外，电视的作用也不容忽视。特别是电视剧作为一种重要的象征符号

① 戴迎华、王彝静：《新生代农民工城市身份建构路径分析——基于文化差异语境》，《边疆经济与文化》2013 年第 1 期。

② ［德］乌尔里希·贝克等：《世界主义的欧洲——第二次现代性的社会与政治》，章国锋译，华东师范大学出版社 2008 年版，第 130 页。

③ 赵晔琴：《身份建构逻辑与群体性差异的表征——基于巴黎东北新移民的实证调查》，《社会学研究》2013 年第 6 期。

④ 袁静华：《边缘身份融入——符号与传播》，浙江大学出版社 2012 年版，第 34 页。

⑤ ［美］雪莉·特克尔：《群体性孤独——为什么我们对科技期待更多，对彼此却不能更亲密？》，周逵、刘菁荆译，浙江人民出版社 2014 年版，第 290、293 页。

资源，必然与其他社会因素一起参与到新生代农民工的自我身份建构的过程中。对于这种状况，凯尔纳（Douglas Kellner）总结道，在现代社会的身份认同形塑中，媒体文化正在越来越多地提供认同性的资源和材料，像外表、风格和形象等取代了作为认同性（即身份）的构成因子的行动与承诺等。[①]

（三）身份认同与建构是一个从外部性建构到主体性建构的过程

身份的重构是一个复杂的系统工程。从历时性来看，它包括过去、现在、未来三个时段；从共时性来看，举凡环境、社会、机制等构成主体身份形成的条件。受身份秩序的制约，身份认同与建构不仅表现为一个动态的长过程，而且还会遭遇身份认同困境问题。不少学者业已明确地强调了这一问题。莫斯科维奇（Serge Moscovici）指出："任何时候，人们都要经过再次努力而获得认同。"[②] 弗罗姆（Erich Fromm）认为："身份的丧失使人更急切地想符合或适用别人，仅当一个人同别人对他的期待相吻合时，才能确认自己的身份。"[③] 问题是身份问题的急迫化，恰恰是以身份的内在统一性、稳定性的破坏为前提的。钱超英强调指出："只有在身份出了问题的地方，身份的建构才成为被强烈意识到的问题。"[④]

对于身份认同与建构，人们比较关切的一个问题就是，无论是作为个体还是群体，作为身份主体能在多大程度上左右自己的命运，参与塑造自己的认同。把这一问题放入现代性视角中来审视，就会发现："无论是个人、群体，还是民族、国家的寻求身份认同的起源、

---

① ［美］道格拉斯·凯尔纳：《媒体文化：介于现代与后现代之间的文化研究、认同性与政治》，丁宁译，商务印书馆 2013 年版，第 441 页。

② ［法］塞尔日·莫斯科维奇：《社会表征》，管健、高文珺、俞容龄译，中国人民大学出版社 2011 年版，第 206 页。

③ ［美］埃里希·弗罗姆：《对自由的恐惧》，许合平、朱士群译，国际文化出版社 1988 年版，第 180 页。

④ 钱超英：《身份概念与身份意识》，《深圳大学学报》（人文社会科学版）2000 年第 2 期。

过程、结果，都是现代性主体意识自我生成、自我确立的重要表现。"① 毋庸讳言，陷入身份认同困境的人们，往往是诸如国际移民、农民工一类的群体，常常遇到地域身份认同混乱、地域归属感缺失、身份认知迷失，以及虽对城市生活方式、环境、群体有积极认同，但却受到家境、城市排斥之类的问题。对这类身份认同困境处理的结果如何，与身份主体的主体性发挥关联颇大。只有将身体建构当成一个主体参与其中并逐步演化拓展的过程，才会是一个视域不断拓宽的寻找和发现自我的过程，身份不光表述"我们是谁"，投射"我们已经变成谁"，还会影响"我们将要成为谁"②。

随着移民群体或农民工群体的主体性增强，就会将身份认同改为基于双重结构而建立起来，即"社会行动者将自己的主体性解构和社会制度的解构"③。如移民群体在致力于重新建构与新环境相一致的身份中，所采取的磋商与重构策略也是丰富多彩的，既有长远之计，也有应急之策，还有保护性举措。覃明兴将其归纳为：第一，身份磋商的语言策略，即多种语言的情景性使用，有工具性语言和表意性语言之分；第二，建立移民社团，谋求自我身份的认同和主流社会对移民的认可；第三，通过对地方风俗和社区历史的诠释界定移民群体的身份；第四，利用移民运动诉求公民或法律身份。④ 而移民群体或农民工群体在流入地所建立起来的"异质空间"，也可以视作身份主体所采取的一种磋商与重构策略。所谓异质空间是相对的，与另外一种空间具有包容被包容、嵌入被嵌入的关系，但正是在这种异质空间中，城市移民"既保留了自己族群原初的价值观和生活方式，又部分地接纳当地的价值观和生活方式"⑤。移民空间所代表的是一个典型

---

① 罗如春：《身份认同问题三论》，《中国中外文艺理论学会年刊》2008 年卷。

② 吴华：《"流动的凝视"——加拿大华文书写中的身份建构》，《中国文化研究》2014 年第 3 期。

③ 秦海霞：《城市化：新生代农民工的身份诉求问题》，《辽宁行政学院学报》2010 年第 7 期。

④ 覃明兴：《移民的身份建构研究》，《浙江社会科学》2005 年第 1 期。

⑤ 王静：《"他者"的消解——近代城市移民的身份认同》，《理论月刊》2012 年第 5 期。

群体的空间符号和身份符号，它可以使"外来人"身份在城市空间中得以延伸、重构。

第二节　尊严保障与身份正义

尊严与身份正义之间有着紧密的关系。为保障人人有权享有的尊严，有一个解除围绕着原有身份所聚集的资源关联的问题，即"去身份化"；为保障人人有权享有尊严所需的前提条件，又有一个为弱者提供社会保护的问题，亦即"再身份化"。在现行身份格局中，要保障和维护人的尊严，还必须高扬身份正义的旗帜，在弱化身份差序格局、身份歧视、身份龃龉的负面影响的基础上，注重地位平等，突出机会公平，坚持分配正义，推进身份转换，使身份机制成为达致实质正义的有效工具。

一　尊严保障的去身份化与再身份化

人的尊严是人类在本性上所具有的一个显著特征，它与个人在社会生活中的等级身份无关。但这并不意味着人的尊严与任何形式的社会秩序都毫无关系。尊严与身份的关系是紧密的，同时也是多样化的，在尊严保障上就有一个去身份化与再身份化的问题。

（一）尊严保障的去身份化

所谓去身份化，就是解除围绕着原有身份所聚集的资源关联，无论是这种关联具有积极的意义还是消极的意义。① 这是梅因所说的"从身份到契约"运动的必然反映，也是尊严保障的必然要求。

1. 身份平等与尊严之间有着必然的关系。康德明确提出了尊严是超越一切价格的内在价值。他不仅是从人的目的性的角度，而且从人的禀赋角度论证这一问题的，指出"人不能被任何人（既不能被

---

① 李金：《中国社会分层秩序在市场化过程中的变化：去身份化与再身份化》，《学习与实践》2006 年第 1 期。

他人，也甚至不能被自己）纯然当作手段来使用，而是在任何时候都必须同时当作目的来使用，而且他的尊严（人格性）正在于此"①。托克维尔认为："身份平等和我们所说的荣誉之间存在着密切的和必然的关系。"② 哈贝马斯也明确提出："人的尊严作为这样一种尊严，也要求根植于某种公民身份中，即在空间和时间上隶属于某个组织起来的共同体。不过这里的身份应当是对所有人同等的。"③ 强调尊严保障的去身份化，所直接涉及的一个问题就是看待地位尊严的问题。地位是指人们在社会层级结构中的相对位置，韦伯曾用财富、权利和声望三个指标来划分社会成员的地位高低。有地位尊严必然会暗含身份的差等性。即使如此，一些学者认为还是可以在地位的区分上追求身份的平等。西托夫斯基（Tibor de Scitovsky）提出，是否影响身份平等可从寻求地位的途径角度予以区分：一是区分自我尊重和社会尊重；二是区分寻求地位的行为是否有益于社会；三是区分地位寻求者本身的满足。④ 李普塞特（Seymour Martin Lipset）则认为要看一致的地位倾向，只有承认彼此之间是平等的，才有资格建立友谊、婚姻等方面的亲密关系。⑤ 基于此，尊严作为一个人之为人的内在价值而存在于每一个人类存在者那里，不可能把那种不同质感受能力看成是尊严的基础，或成为平等尊重或平等保护的基础。只有人作为人类共同体的成员或成员资格，才有可能真正成为人的普遍尊严的基础。⑥ 换句话说，拥有平等人格是人人享有尊严的合理推论，尊严的普遍化演

---

① ［德］伊曼努尔·康德：《道德形而上学》（注释本），张荣、李秋零译注，中国人民大学出版社 2013 年版，第 239 页。

② ［法］阿列克西·德·托克维尔：《论美国的民主》，董果良译，商务印书馆 1988 年版，第 787 页。

③ ［德］尤尔根·哈贝马斯：《关于欧洲宪法的思考》，伍慧萍、朱苗苗译，上海人民出版社 2013 年版，第 10 页。

④ ［美］提勃尔·西托夫斯基：《无快乐的经济——人类获得满足的心理学》，高永平译，中国人民大学出版社 2008 年版，第 105—106 页。

⑤ ［美］西摩·马丁·李普塞特：《共识与冲突》，张华青等译，上海人民出版社 2011 年版，第 77 页。

⑥ 龚群：《论人的尊严》，《天津社会科学》2011 年第 2 期。

化为人格的平等化，在此人格成为一个人和他人地位相当、权能相似的身份凭证，昭示着和别人同等的法律上的资格。① 代峰提出，这种普遍性的人性尊严应具有三个特点：一是客观性，它与人出生之后在社会上所形成的能力、知识、贡献、善恶品德、社会地位等社会性禀赋无关；二是平等性，即人的尊严与其性别、年龄、肤色、健康状况、出生国家、民族等先天性因素无关；三是底线性，即人的尊严与是否能够自觉意识到这种尊严无关。②

2. 人人有权享有人的尊严。尊严若不建立在权利本位上，则不可能是真正意义上的尊严。没有权利的保障，不可能有现实的人的尊严，最多只剩下依靠自己的抗争来维护的人格尊严。③ 美国学者杰里米·沃尔德伦（Jeremy Waldron）分析了尊严与权利之间的三重互动关系，即尊严是一项特定的权利；尊严是各项人权的基础；权利的形式与结构本身就传递着权利享有者的尊严。④ 其中，最后一项反映出，"如果不把人当做权利的持有人，那么对人的尊重就成了一句空话，人的尊严便成了无本之木"⑤。由于对权利的尊重能够彰显尊严，因而不同群体在权利享有状态和内容上的分化极易造成尊严的差距。公民身份权利意味着获得平等尊重的诉求，这种平等有助于提升人的尊严。而与人的尊严有关的权利，包括法定权利、道德权利和自然权利，至少包括正当生存权、人格尊严权、行为自主权、私域控制权四大类型。但人的尊严的真正起点是公平对待，公平对待权的法律意义在于保证人的尊严之旅的开始，这不仅是民事权利，也是一种政治权利。⑥

---

① 胡玉鸿：《人的尊严的法律属性辨析》，《中国社会科学》2016 年第 5 期。

② 代峰：《论人的尊严之向度》，《道德与文明》2011 年第 3 期。

③ 陈嘉明：《尊严与权利：基于中国社会视角的一种探究》，《马克思主义与现实》2011 年第 2 期。

④ ［美］杰里米·沃尔德伦：《法律如何保护尊严》，《现代法治研究》2018 年第 2 期。

⑤ 顾肃：《尊严与公正概念的政治哲学思考》，载俞可平《幸福与尊严——一种关于未来的设计》，中央编译出版社 2012 年版，第 22 页。

⑥ 蒋德海：《人格尊严和公平对待权》，《河南社会科学》2013 年第 6 期。

3. 契约社会具有身份平等意蕴。契约社会是一个反对特权、反对身份等级的社会。在梅因"从身份到契约"命题中我们不难看出，在古代身份社会中，契约并非不存在，最大的区别在于契约的主体不同，即无论"契约"所涉及的利益是直接关乎个人还是间接关乎个人，契约的主体都是家族，个人永远没有完全独立于家族之外的意志和人格。在契约的社会中，实际上也不意味着身份的不复存在，而是这种身份更多地体现为通过契约形式连接起来的平等关系。实际上，从身份到契约，主要是从作为依附性标志的，也就是作为权利和责任唯一归依的身份，达到了作为独立自主的"个体人"人格之标志的契约。[1] 尽管现代社会从整体上仍然是一个处于身份社会之后的不完全契约社会，但契约已然作为人们的权利义务来源而在社会生活中占据着重要的地位。契约的基础是主体地位平等、权益对等、等价有偿，它是创设权利、义务的多种手段中最合理的手段。契约法与道德是相生而不相克，即借助于诚实信用原则，在契约的订立和履行中，契约自由、正义、公平和效率合并而成为合同效率的价值判断标准。[2] 无论我们所处的社会与契约社会的要求有多大的差距，"从身份到契约"的命题一直具有深刻的启示意义。

（二）尊严保障的再身份化

去身份化的过程同时也是再身份化开启的过程，即重新建立某种社会（差别）特征与各种资源的关联并将其权利化的过程。[3] 目前提出再身份化问题的学者实际有两个不同的视角：一是针对弱势群体；二是针对由后天条件决定所出现的地位差异，本书取第一种视角。如果说由去身份化所带来的是平等性尊严的话，那么由再身份化所带来的则是差异性尊严，但这种差异性尊严的实现，恰恰是走向人人平等享有尊严、人人有权享有尊严过程中所必不可少的一环。

---

[1] 时亮：《"从身份到契约"：梅因说什么》，《中山大学法律评论》2011年第1期。
[2] 周悦丽：《身份性因素在契约中的历史变迁》，《法律文化研究》2008年卷。
[3] 李金：《中国社会分层秩序在市场化过程中的变化：去身份化与再身份化》，《学习与实践》2006年第1期。

1. 尊严概念具有相互区别又相互联系的两方面含义。美国学者托马斯·博格（Thomas Pogge）明确地指出："在一种意义上，每个人都有内在的尊严，这是不可让渡的，对每一个人都是平等的。在另一种意义上，我们说人类的尊严是脆弱的，需要社会的保护。"[①] 代峰在提出普遍性尊严的同时，也提出了独特性尊严概念，这是一种弱势的人的尊严，具有差异性、主观性和相对性的特点。[②] 此外，王福玲还提出了形式的尊严（一般）和质料的尊严（特殊），韩德强提出了非秩序性尊严（一般）和秩序性尊严（特殊）的区分，只不过作为特殊尊严的口径与上述区分略有不同。[③]

2. 关键在于社会为维护尊严所必需的前提条件提供保障。博格曾指出弱势人群的生活往往在三个方面缺乏尊严：第一个维度包括较低的社会地位以及过分地从属于他人；第二个维度关涉人的肉体自我，成为自己和他人的怜悯和厌恶对象；第三个维度与人的内在精神生活相关，或屈服于低级情绪和欲望，或缺乏认知和执行的能力，或屈服于自己的懒惰和意志薄弱。[④] 社会的任务就在于尽可能地塑造人类生活，使所有人都能有尊严地生活，必须在他们的社会世界中拥有受保护的地位。肯普（Peter Kemp）认为在保护弱者时还必须持有脆弱性的概念，要引入针对现代技术世界中人类存在的所具有的生物的、社会的和文化的脆弱性的关切、关怀观念。[⑤] 格罗塞（Alfred Grosser）鲜明地提出："同步于对他者身份的认知；它亦伴随着最必要的道德品质实践，即尊重。这并不是面对强者的卑微式的敬畏尊重，而更是对于弱者的尊重，特别包括我们能够向其施加影响的那些

① ［美］托马斯·博格：《阐明尊严：发展一种最低限度的全球正义观念》，载俞可平主编《幸福与尊严》，中央编译出版社 2012 年版，第 54 页。

② 代峰：《论人的尊严之向度》，《道德与文明》2011 年第 3 期。

③ 参见王福玲《作为形式的尊严和作为质料的尊严》，《哲学动态》2017 年第 4 期；韩德强《人的秩序性尊严之构成——论尊严形态在不平等社会关系中的现实性》，《文史哲》2008 年第 3 期。

④ ［美］托马斯·博格：《阐明尊严：发展一种最低限度的全球正义观念》，载俞可平主编《幸福与尊严》，中央编译出版社 2012 年版，第 56—57 页。

⑤ ［丹麦］彼得·肯普：《论尊严观念的正确使用》，《第欧根尼》2018 年第 1 期。

弱者。"① 保护弱者的尊严，有一个准确把握人格平等和身份差异之间的关系问题。人格平等本身是对身份差异的一种矫正，包括不得对卑微身份者进行非人对待，社会分享应在一定程度上顾及或维护弱势身份者的利益等，但身份差异也是对人格平等的完善。马俊驹等强调指出："追求人格的形式平等需要超越身份差异，追求人格的实质平等需要借助身份差异，人格平等是在身份差异的不同层次上实现的。"②

3. 铺设通向正义社会的"从契约到身份"的法治之轨。人的尊严不得受到无端侵害，这一理念仍是当今世界文明的一个核心要素。尊严与自我和侮辱这两个概念相关：从肯定的方面讲，尊严意味着维护自我；从否定的方面讲，尊严意味着避免侮辱。③ 我国业已出台的诸多规范性法律文件不仅直接规定人的整体尊严，而且还特别强调要保障老年人、残疾人、孤儿等特殊群体有尊严地生活和平等参与社会发展。从世界各国的宪法内容体系来看，除规定"不受支配"及保护（直接规定尊严是一种不受支配的内在价值）类型外，还有两种类型：一是"不受歧视"及保护类型，包括"自己的生活不受歧视"和"自己的生活不受冒犯"；二是"免于伤害"及保护类型，包括免于肉体伤害或非人道对待和免于精神伤害。④ 很明显，后两项更多地惠及弱势人群。同时，为促进"从契约到身份"，司法也进行了自我矫正，即通过强调契约中的身份矛盾因素进而创设第二级法律关系，重点在于赋予弱势一方更多的权利。法律实践证实，法律权利对于弱势群体权利的确认及保护是人权思想的表达。⑤ 当然，通往正义社会的"从契约到身份"的法治之轨，与通往成熟的契约社会"从身份到契约"的法治之轨，应该是两相并立的。同时，在法律上给予弱势

---

① ［法］阿尔弗雷德·格罗塞：《身份认同的困境》，王鲲译，社会科学文献出版社2010年版，第91页。

② 马俊驹、童列春：《论私法上人格平等与身份差异》，《河北法学》2009年第11期。

③ 甘绍平：《作为一项权利的人的尊严》，《哲学研究》2008年第6期。

④ 王旭：《宪法上的尊严理论及其体系化》，《法学研究》2016年第1期。

⑤ 余煜刚：《"从契约到身份"命题的法律解读》，《中山大学法律评论》2011年第1辑。

人群的保护应囿于在社会过程中由于不公正而导致的利益损失，其所欲达的保障界限不应超过社会利益的平均水平。①

二　身份格局对尊严保障的影响

尊严并非自然获得，而是社会关系的具体体现。在尊严与公民身份的联系中，呈现的是"国家—个人"关系及尊严背后的制度支撑。身份秩序势必会在一定时期的身份格局中刻下深深的印痕。一个显而易见的事实是，在等级化的身份制度区隔下，各个群体的尊严依身份地位呈现出高低有别的特征，其中底层群众的尊严往往难以保障，特别是农村流动人口在城市身份秩序中处于较低的位置，由此容易导致尊严的脆弱以及低自尊感等问题。

（一）身份非正义状态的存在

在市场经济发展的冲击下，我国社会的身份格局业已发生了明显的变化。有专家将这种变化归纳为三种身份性变化：一是分化性变化，凝聚在原有身份中的各种资源的关联得以解除，相同的身份沿着不同的维度变化；二是延续性变化，在分化的过程中身份因素、身份秩序延续到新的利益格局之中；三是转换性变化，即重新建立起各种资源和身份的强制性关联，只不过转换过程中构成身份的资源、身份构建的方式业已发生变化。② 身份格局的变化，在总体上说是朝着身份正义的方向演进，但毋庸置疑的是，仍存在一些突出的身份非正义状态。

1. 城市社会分层体系中身份差序格局依然存在。著名社会学家费孝通用水波纹作比喻所提出的差序格局的概念，不仅仅是一个平面多结的网络，而应是一种立体多维的结构，在这个结构中，既包含纵向的刚性的等级化的"序"，也包含横向的以自我为中心的"差"。

---

① 刘颖、张英魁：《契约社会的有限身份化——一种弱势群体保护的理论探讨》，《云南社会科学》2005年第4期。

② 李金：《市场化条件下身份格局的变化：分化、延续与转换——从身份视角看中国社会分层秩序问题》，《社会科学研究》2006年第3期。

这种差序格局会否定人格平等的可能性，不承认权利义务之间的平衡，最终导致差序人格的产生。[1] 差序格局实际上是一种对社会中的稀缺资源，包括权力、财产、身份地位进行配置的模式。[2] 有专家曾经指出，将差序格局概念移用于对中国纵向的身份地位系统的定义、分析时，我们一方面有可能更为立体地构建社会关系的图式，另一方面也有可能将对某种社会制度的分析引向社会结构以及文化传统的层面加以理解。[3] 确实如此，我国目前依然存在的城乡二元结构，既是以"城乡"为基本维度构成的"中心—边缘"关系，也是一种存在上下等级的位阶秩序，在这种格局中，农民既是最边缘的群体，也是身份等级金字塔中的下游阶层，在社会资源中处于差别对待的地位。对农民工来说，这是一种结晶化的公民身份差序体制，农民工在流入地缺乏完整的公民权，只是歧视待遇因地而异。有研究者提出，在身份差序格局中，所建构起来的是三元化利益格局下的"身份—权利—待遇"体系，形成了本地农民群体、本地市民群体、外来人群体的三个利益世界。[4] 陈映芳甚至将此格局称为"等级间可流动的身份制度"，在这样的结构框架下，"流动"仍能继续，"稳定"不成问题，但社会公正只能成为可望而不可即的海市蜃楼。[5]

2. 身份歧视问题仍以或明或暗的方式存在。平等是内在于尊严的，社会歧视就意味着不平等的尊严。一般而论，身份歧视的三个维度是指：基于身份内在态度的偏见、基于身份外显行为的排斥、基于身份的法律差别对待的制度性歧视。[6] 首先，偏见就像一个有偏差的

---

① 阎云翔：《差序格局与中国文化的等级观》，《社会学研究》2006 年第 5 期。

② 卜长莉：《"差序格局"的理论诠释及现代内涵》，《社会学研究》2003 年第 1 期。

③ 陈映芳：《社会保障视野下国民身份制度及社会公平》，《重庆社会科学》2013 年第 3 期。

④ 杨敏：《三元化利益格局下"身份—权利—待遇"体系的重建——走向包容、公平、共享的新型城市化》，《社会学评论》2013 年第 1 期。

⑤ 陈映芳：《权利功利主义逻辑下的身份制度之弊》，《人民论坛·学术前沿》2014 年第 2 期。

⑥ 王哲：《城镇化进程中就业身份歧视法律规制研究》，博士学位论文，吉林大学，2015 年。

过滤装置，它会影响到对目标群体中个体成员的评价，特别是形成了刻板印象之后，会带来许多不良后果，并导致许多不利条件和社会机会的丧失。其次，排斥性是歧视最为本质的特征，主要是指在资源分配方面（包括对社会公共资源享用方面），一些人群依据不合理的理由、借助不公正的方式对其他人群的排斥或是限制。[1] 最后，从制度性歧视来看。制度性歧视是作为正式制度安排的"合法化"的歧视，它是一种以一系列制度形态存在的歧视。[2] 身份歧视的类型包括就业、教育、住房以及公共资源获得等多个方面，但以就业方面最为突出，这都是以身份、性别、种族或社会资源拥有状况为依据，对社会成员进行有所区别的对待。从一些调研材料来看，身份歧视对农民工的负面影响比较明显。据调查，农民工对来自城市组织和市民的歧视行为的知觉的关联更为广泛而密切，是影响其城市适应性的最主要的因素，特别是歧视知觉与其角色认同混乱并采取分离（回避）策略呈显著的正相关，消除公众歧视是促进农民工角色适应的基本途径。[3] 无论何种类别的社会歧视都是社会不公平、不公正的体现，遭受"态度性社会歧视"或"行为性社会歧视"的群体可能会对他人产生仇视或憎恨的心理，而受"制度性歧视"的群体则有可能会对政府行为产生抱怨情绪，最终会酿成社会矛盾和社会冲突。[4]

3. 身份龃龉问题比较突出。"身份龃龉"是张晗等人提出的概念，指农民工社会身份与职业身份的分离状态。[5] 这种分离也是一种身份错位。受结构性障碍因素的影响，进城农民工出现了职业身份与社会身份转换的错位，发生着生活地域边界、工作职业边界和社会网

① 邵志忠：《从社会正义透视农民工的身份歧视》，《广西民族研究》2008 年第 3 期。
② 王哲：《城镇化进程中就业身份歧视法律规制研究》，博士学位论文，吉林大学，2015 年。
③ 刘志方、张峰：《城市农民新生活适应策略的结构特征：歧视知觉的预测作用》，《应用心理学》2013 年第 3 期。
④ 黄永亮：《社会歧视对不同收入群体社会公平感评价的影响》，《华中科技大学学报》（社会科学版）2018 年第 6 期。
⑤ 张晗、周思毅、孙彦坤：《中国流动樊篱下农民工身份龃龉之圈层研究》，《浙江社会科学》2015 年第 7 期。

络的背离，从而在城市中形成了一个独特的边缘人群体或边缘阶层。他们虽然从事非农职业，但摘不掉"农民"这顶帽子；虽然常年生活在城市之中，但他们不是市民，也因为户籍问题不能参加城市相关选举。由单一的户籍身份所决定，导致了农民工既无法融入城市也无法回到农村的双重脱嵌问题。阿马蒂亚·森曾论及这种单一身份视角的局限性问题，指出我们应承认身份具有普遍多重性，我们不必为了肯定某种身份的优先性而否定另一种身份的存在，"对人类身份认同的单一性贬抑具有深远的影响"，"单一身份的幻象远比那种多重的和多样的身份分类更具有分裂性"。[1] 身份龃龉问题归根结底还是一个身份承认问题，是一种歧视性制度设定的体现，并通过话语建构，使之成为一种社会合意。实现农民工身份转换，也必须实现由错误承认到合理承认的转变，而合理承认就是指个体间、个体与共同体间以及共同体间在平等基础上的相互认可、认同和确认。[2]

（二）身份非正义状况对农民工尊严保障的影响

不平等的身份秩序提供了尊严分化的机制。这些身份生产机制包括：文化贬损、文化排斥和政治边缘化；日常生活的困扰和蔑视；污名化的形象建构；对公民身份的充分权利和平等保护的否认。[3] 显然，在与特权或排斥相关的身份秩序中考察尊严，就突出了群体间由于非正义的身份划分而存在尊严差距的现实，从而使隐匿的不平等问题变得清晰可见。唐娜·希克斯（Donna Hicks）认为，不可改变的身份与社会结构因素可能导致尊严受到侵犯。[4] 一项调查显示，新生代农民工尊严水平基本都处于中等偏下水平。同时，尊严的各个维度呈现出层次差异，依次为国家尊严＞人际尊严＞职业尊严＞生活尊严＞制

---

① ［印度］阿马蒂亚·森：《身份与暴力——命运的幻象》，李风华译，中国人民大学出版社 2013 年版，第 14、143 页。
② 包先康、朱菲菲：《农民工身份的建构与转变：基于承认的视角》，《重庆大学学报》（社会科学版）2016 年第 6 期。
③ 包先康、朱菲菲：《农民工身份的建构与转变：基于承认的视角》，《重庆大学学报》（社会科学版）2016 年第 6 期。
④ ［美］唐娜·希克斯：《尊严》，叶继英译，中国人民大学出版社 2016 年版，第 48 页。

度尊严＞自我尊严。① 与尊严获得形成巨大反差的是，新生代农民工的尊严认知却在快速提升，两者的差距可能促使其旨在维护尊严认知的保护性行动被激发出来。②

尊严得不到保障的根本原因是等级主义的滥用。需要进一步考察的是，非正义的城乡二元身份秩序如何生产了农民工的次等公民身份及其不完整权利？实际上，农民工进城有一个给定身份的问题，对此通常有两种主流的看法：一是"亦工亦农"的双重身份；二是未实现地位和身份转变的"半城市化"状态。另一些研究则深入阐释了城市歧视性政策怎样造成流动人口的次等公民权问题。依据制度性分类所造成的结构性地位高低，农民工所享有的政治、经济和社会权利是有限的，由此在不同程度上造成其尊严损害。在不平衡的城乡二元秩序中，农民工的市民身份难以一蹴而就，一般会经历"流动人口→移动人口→融入人口"的阶段性演进。如果从尊严供给与获得两个角度，再结合这三类身份观察农民工的公民权与融入状况，可以看到以下三个层次的身份分化及尊严差距："流动人口"标志着最低等级的公民身份和最不完整的公民权，同时群体自身在文化和心理上也难以融入城市社会，群体尊严最容易被剥夺；获得了居民权的农村"移动人口"虽在客观上享有形式完整的城市公民权，群体尊严有较好的物质保障，但由于在主观上容易感受到来自外部文化的歧视，以及自身在身份认同上的矛盾性，导致其群体尊严仍具有一定的脆弱性；最高层次的融入人口亦即获得市民身份是农民工最终的转化目标，意味着能获得实质性的平等公民权，其群体尊严由于无差别身份能够得到最好的保障。由此可见，城乡二元结构通过建构差等化的公民身份而使农民工的地位尊严具有先天的脆弱性。不仅如此，农民工的尊严感受也揭示了非正义身份秩序的持久影响。

---

① 朱媛媛：《心理学视野下的新生代农民工尊严研究》，硕士学位论文，安徽师范大学，2011年。

② 汪和建：《尊严、交易转型与劳动组织治理：解读富士康》，《中国社会科学》2014年第1期。

一是公平感较低。尊严存在于人与人的关系之中，是由人们在日常社会实践中通过相互平等地尊重和认可所形成的社会关系决定的。由于客观社会位置影响人们的公平感，如果分配规则不改变，处于较低社会位置的人更容易产生不公平感。① 农民工的相对剥夺感和社会不公平感与城市中所遭遇的差别对待有关，可以说，在社会层次的不公平感上，他们是体验最为强烈的群体。一则实证分析结果表明，农民工的社会公平感普遍偏低，感觉社会公平感一般的占到近 40%，感觉不公平的则达到了 37.7%。② 包括身份歧视、制度歧视、待遇歧视、职业歧视在内的各项社会歧视都将损害农民工的群体尊严，平等权利则是维护农民工尊严的关键所在。毫无疑问，崇尚尊严的社会旨在消灭由等级主义产生并使之永恒化的"尊严差距"。③

二是融入度颇低。在"农民—市民"、"外地人—本地人"、"体制外—体制内"的二元分化中，农民工的地位尊严难以达到相应的保障。一则关于 80 后农民工的调查表明，社会距离与尊严呈显著正相关，融入意愿与归属感能提升农民工的尊严感；相反，社会排斥会导致其尊严感严重缺失。④ 另一则关于城市融合的代际差异的调查结果显示，新老两代农民工认为自己融合程度为"没有融合"和"完全没有融合"的比例差不多，分别为 36.97% 和 35.95%，再加上认为自己的城市融合度为"一般"的，新生代农民工达到了 70.61%，老一代农民工则达到了 77.55%，表明城市融合程度较低；两代农民工对城市认同的态度也大致相同，对所在城市持"不喜欢"和"一般"态度者，新生代农民工达到了 62.24%，老一代农民工达到了

---

① 翁定军：《阶级或阶层意识中的心理因素：公平感和态度倾向》，《社会学研究》2010 年第 1 期。

② 徐延辉：《当代农民工社会公平感——一个经济社会学分析框架》，《上海大学学报》（社会科学版）2018 年第 6 期。

③ ［美］罗伯特·W. 福勒：《尊严的提升》，张关林译，上海人民出版社 2008 年版，第 92 页。

④ 邹竹林：《80 后农民工的社会距离、尊严与主观幸福感的关系》，硕士学位论文，湖南师范大学，2013 年。

62.94%，均对所在城市的认同度不高。[①] 当农民工作为劳动大军仅在经济上被所在城市接纳，而形式上的公民权利遭到否定时，他们获得的仅是次等公民的地位，这对农民工的市民化进程具有明显的阻碍作用。

三是幸福感不高。尊严与幸福感之间存在正相关。缺乏市民身份，以及无法享受平等的"市民待遇"，严重影响了农村流动人口对幸福感的体验。德沃金曾指出："重要的不仅是（或根本就不是）他们的生活是否舒服，而且是他们的生活是否良善。"[②] 一项有关跨国移民的研究发现，移民的幸福感与收入之间的联系比其他群体更强。[③] 国内关于农民工的调查同样显示，迁移能增加收入，但并不能增加幸福感。未获取户籍的迁移者之所以幸福感更低，是因为迁移后由于户籍歧视等因素而"流失"了幸福。[④] 外出务工虽然带来了经济收入回报，但却是以牺牲幸福感为代价的，其中亲密关系、居住环境、人际环境，以及归属感是削弱幸福感的关键原因。[⑤] 总体上看，农民工幸福感状况一般。一则调查表明，农民工表示非常幸福的占5.8%，比较幸福的占39.9%，表示一般的占43.7%，还有超过一成的明确表示不幸福。其中新老农民工在幸福感上有较大的差异，在老一代农民工中，表示不幸福的占6.2%，而新生代农民工这一指标则达到了11.7%。[⑥]

---

①　孟颖颖：《中国农民工城市融合问题研究》，人民出版社2018年版，第153—155页。

②　［美］罗纳德·德沃金：《至上的美德——平等的理论与实践》，冯克利译，江苏人民出版社2003年版，第282页。

③　Bartram, David, "Economic Migration and Happiness: Comparing Immigrants' and Natives' Happiness Gains from Income", *Social Indicators Research*, Vol. 103, No. 1, 2011, pp. 57–76.

④　孙三百、白金兰：《迁移行为、户籍获取与城市移民幸福感流失》，《经济评论》2014年第6期。

⑤　曾迪洋、洪岩壁：《城镇化背景下劳动力迁移对农民工幸福感的影响》，《南京农业大学学报》（社会科学版）2016年第6期。

⑥　王毅杰、丁百仁：《城市化进程中的农民工幸福感——一项探索性研究》，《社会发展研究》2014年第2期。

三　在维护身份正义中增进尊严保障

尊严是一种社会建构，社会为维护群体尊严就必须提供相应的条件保障。社会正义是人活得有尊严的两个必要条件之一，它关涉社会责任。在当代衡量一个社会是否正义，主要取决于是否给予了主体足够的尊严和维护了主体的尊严。尊严问题的研究要从强调个人品质转向强调社会正义。① 社会结构的正义是首要的正义，身份正义也就必然成为社会正义的主要问题。身份并非天然背离正义，许多身份机制恰恰是达到实质正义的有效工具。而身份正义正是"依据公认标准划分的身份得到合理的利益配置，使各种身份者各得其所，社会获得和谐秩序和发展动力的理想状态"②。在维护身份正义中增进尊严保障，尤要从以下四个方面努力。

（一）注重地位平等

地位平等是人的尊严得以保障的成员资格条件。这意味着，人们需要使自己拥有成员资格的权利为其他社会成员所认同，认同在肯定他人身份的同时，也就确认了他人的尊严。承认身份平等的核心在于赋予公民权，以及获得这些待遇的机会和资格。南茜·弗雷泽（Nancy Fraser）指出，文化价值制度化的层级制度通过阻止人们平等交往、否定其必不可少的身份，使某些群众"遭遇身份不平等或错误承认"③。随着"身份—政治"叙事模式的确立，克服城市社会排斥和争取"承认"的事业将成为解决类似农民工问题的重心。④ 当然，对农民工的承认不仅关乎是否承认的问题，还涉及合理承认的问题。当前对农民工的承认已由"错误承认"转变为"有限承认"，但距合理的社会承认还有一段距离。由于承认与一系列跟包容和排斥有关的身

---

① 程新宇：《活得有尊严：个人的责任和社会的责任》，《哲学动态》2014 年第 4 期。

② 童列春：《论身份正义的诉求与实现》，《甘肃政法学院学报》2011 年第 2 期。

③ ［美］南茜·弗雷泽：《正义的尺度：全球化世界中政治空间的再认识》，欧阳英译，上海人民出版社 2009 年版，第 16 页。

④ 王小章：《走向承认：浙江省城市农民工公民权发展的社会学研究》，浙江大学出版社 2010 年版，第 20 页。

份转换相关，随着农民工从"流动人口→移民→市民"的阶段性身份转变，会相应呈现出"否认→有限承认→合理承认"的状态。这三种身份划分显示，对农民工的合理承认难以一蹴而就，帮助农民工尽快打破身份壁垒是使其获得社会承认的关键。正如雅各布斯（Lesley A. Jacobs）所说，身份就其是个人自身所理解的结果而言是个体主观的东西，相比之下，地位是排除了个人自我理解因素的结果，事关他人的承认。概言之，"公民权利是促进地位平等的法律手段，而地位平等是背景公平的原则之一"①。

（二）突出机会公平

戴维·米勒（David Miller）曾说过：尊严和尊重都属于这种情况，它们在一个等级化社会的价值系统中是一种意义，而在一个平等主义社会的价值系统中则是另一种意义。② 社会公平所体现的是人们一种平等的社会关系，包括机会公平、过程公平和结果公平。对保障尊严而言，机会公平则显得更为重要。在谈及不平等来源时，奥肯（Arthur M. Okun）曾说过：人们对源于机会不均等的经济不平等，比机会均等时出现的经济不平等，更加令人不能忍受。③ 何谓机会公平？罗尔斯（John Rawls）则认为机会公平"意味着由一系列的机构来保证具有类似动机的人都有受教育和培养的类似机会；保证在与相关的义务和任务相联系的品质和努力的基础上各种职务和地位对所有人都开放"④。不难看出，机会的概念涉及三个基本要素，即机会的归属者、机会的目标、机会归属者与目标之间的关系，实质上是指社会成员在获取资源（包括生产性资源和社会保障、公共服务等资源）时，所获得的可能性空间和余地。而机会公平的判断标准是在生产资料公平占有的基础上人们是否畅通地接触到资源，资源是否对所有社会成

---

① ［加拿大］莱斯利·雅各布斯：《寻求平等机会——平等主义正义的理论与实践》，刘宏斌、方秋明译，江苏人民出版社2018年版，第29、79—80页。
② ［英］戴维·米勒：《社会正义原则》，应奇译，江苏人民出版社2008年版，第297页。
③ ［美］阿瑟·奥肯：《平等与效率》，王奔洲等译，华夏出版社1999年版，第73页。
④ ［美］约翰·罗尔斯：《正义论》，何怀宏、何包钢、廖申白译，中国社会科学出版社2009年版，第219页。

员公平开放而不受身份等的不合理限制；分配中是否体现出劳动的价值；社会成员能否平等分享社会发展带来的成果，等等。① 考虑到人与人之间的个体差异太大，出于各种不同的有时是不可通约的原因，费西金（Joseph Fishkin）认为要采取"机会多元主义"，即通过改变机会的"建构"方式，使人们在任何时候都能获得更多可以追寻的机会，并提出应该采取的四条原则：（1）社会中应该存在"多元的价值和目标"；（2）应当尽可能多地让人们珍视这些物品，或与"位置无关"，或角色是"非广泛竞争性"的；（3）在尽可能的情况下，应当存在通向人们珍视的不同物品或者不同角色的多元路径；（4）对于其他原则描述的各种要素来说，应当存在"多元的权威来源"②。在费西金的"机会多元主义"原则中，我们不难看出，机会公平实际上既包括差异性，也包括选择性。德沃金认为，我们追求的平等应该是"选择"的平等，财富分配的标准就在于人们是否去选择——人们是否会选择工作，选择何种工作，以及工作时间的长短。③机会平等只指明了起点，并没有指明终点。为了把平等理解为一个向上看齐的价值，适用的标准是：相同者平等，即功绩、能力或天赋相同者平等。④

（三）坚持分配正义

分配正义是社会主义的核心问题。它是与持有正义相对而言的关于财富、荣誉、权利等有价值的东西的分配。分配正义的内核是给每个人以其应得，即对不同的人给予不同对待，对相同的人给予相同对待。桑德尔（Michael J. Sandel）指出："要看一个社会是否公正，就

① 虞新胜：《农民工机会公平问题研究——基于制度正义的视域》，社会科学文献出版社2018年版，第54—55页。
② ［美］约瑟夫·费西金：《瓶颈：新的机会平等理论》，徐曦白译，社会科学文献出版社2015年版，第195—196页。
③ ［美］罗纳德·德沃金：《认真对待人权》，朱伟一等译，广西师范大学出版社2003年版，第183—184页。
④ ［美］乔万尼·萨托利：《民主新论（上卷）：当代论争》，冯克利、阎克文译，上海人民出版社2015年版，第267页。

要看它如何分配我们所看重的物品——收入与财富、义务与权利、权利与机会、公共职务与荣誉，等等。一个公正的社会以正当的方式分配这些物品，它给予每个人以应得的东西。"① 身份正义离不开分配正义。"平等之所以具有压倒一切的重要性，是因为它关系到人们的生活机会，即幸福和自尊。"② 或者反过来说，不平等问题还是关涉身份正义中的一大突出问题。尽管对不平等的考察涉及几种类型和维度，但收入、财富分配不平等始终是其中的一个重要类型和维度。社会收入差距告诉我们的还不是对健康和社会的问题的影响，而是社会等级情况，一个社会中某个问题的社会梯度越陡峭，这个社会的不平等程度越高。③ 不平等不仅会导致社会不同人群间距离的增加，还会导致对社会地位较低者的偏见更加严重。④ 并且，收入方面的相对剥夺还会造成能力方面的绝对剥夺。⑤ 收入分配不平等问题在我国还比较突出，特别是现阶段在收入分配制度环境、公共福利分配政策、收入分配体制机制、收入分配法律制度等方面所存在的不完善，表明走向分配正义的道路还比较坎坷。尤其是农民工群体，不仅在收入分配上与城镇居民相去甚远，而且在收入分配的权益保障上还存在不少问题，容易使农民工对自身收入分配权益及其实现产生相对剥夺感。⑥

雷蒙·阿隆曾经说过："社会平等和政治平等并不意味着经济平等，但是，社会平等或政治平等需要制度来保证人人都有充分的收

---

① ［美］迈克尔·J. 桑德尔：《公正——该如何是好?》，朱慧玲译，中信出版社2011年版，第19页。

② ［英］安东尼·吉登斯：《第三条道路——社会民主主义的复兴》，郑戈译，北京大学出版社2000年版，第44页。

③ ［英］理查德·威尔金森、凯特·皮克特：《不平等的痛苦》，安鹏译，新华出版社2010年版，第27—28页。

④ ［英］理查德·威尔金森、凯特·皮克特：《公平之怒》，李岩译，新星出版社2017年版，第56、147页。

⑤ ［印度］阿马蒂亚·森、［美］詹姆斯·斯科特：《论经济不平等》，王利文、于占杰译，中国人民大学出版社2015年版，第194页。

⑥ 梁伟军、李巨存、郝松：《分配正义视角下的中国农民工权益维护研究》，《创新》2015年第2期。

入，不感到自己因贫困或无知而被排斥在社会之外。"① 正义通常是指社会中人或者物的正常秩序，而分配正义则往往由国家或社会来分配收入、资源以及机会的规则，并且从总体上经历了由"要素平等"的分配正义观念到"规则平等"的分配正义观念，再到将"结果平等"嵌入到分配正义的分析框架的演变逻辑。② 对分配正义原则，当前学界基本认同平等原则、应得原则、需要原则这三种原则，影响分配正义结果的主要是前两项分配。③ 但无论是以哪个正义为目的的个体境况的恰当判断的定义，总会考虑一种和社会总体改善相一致的个体境况的改善。④ 由此推进分配正义也就有两个基本观念：一是"基本善"；二是"有差别"。从"基本善"观念来看，威尔福莱德·亨氏（Wilfried Hinsch）指出："对平等的福利机遇的保障，也就是说根据公共认同的福利特征而实现的平等机会本身就是一种善。一个社会必须力争通过一种对所有集体可支配财富和资源的恰当的分配方式，使所有的社会成员都能够实现这种善。"⑤ 依据"基本善"，德沃金还把福利平等的目标规定为："在对于所有人都真正至关重要的事情上使人们达到平等。"⑥ 从"有差别"角度来看，霍布豪斯指出：正义是人们和应分配给他们的"事物"的比例平等，但这种事物的分配，不是平等分配，而是应该按照相关人们的一些品质、品格或成就的比例进行分配。⑦ 阿马蒂亚·森的解读则是，如果基本善的分配并不能带来追求我们目的的自由的平等，那么我们的目光就应转向对个体追

---

① ［法］雷蒙·阿隆：《论自由》，姜志辉译，上海译文出版社 2009 年版，第 134 页。

② 颜景高：《分配正义的演变逻辑探析》，《天津师范大学学报》（社会科学版）2020 年第 1 期。

③ 王文龙：《分配正义的理论整合及其实现路径研究》，《学习与实践》2018 年第 4 期。

④ ［法］马·弗勒拜伊：《经济正义论》，肖江波、韩力恒、马铭译，中国人民大学出版社 2016 年版，第 50 页。

⑤ ［德］威尔福莱德·亨氏：《被证明的不平等——社会正义的原则》，王晓升译，中国社会科学出版社 2008 年版，第 213 页。

⑥ ［美］罗纳德·德沃金：《至上的美德——平等的理论与实践》，冯克利译，江苏人民出版社 2012 年版，第 24 页。

⑦ ［英］伦纳德·霍布豪斯：《社会正义要素》，孙兆政译，吉林人民出版社 2011 年版，第 70 页。

求各自目的和能力差异的审视，他由此所强调的是："问题不在于平等是不是唯一的适用原则，而在于是不是除了平等外，总和考虑的因素也得到了充分的考虑；在于对最大程度平等的需求是否是通过'差数平等'而不是'结局平等'来体现的。"① 也就是说，"有差别"是建立在"无差别对待"基础之上的。罗尔斯在《正义论》所列出的两条正义原则中，第一个原则是要求平均地分配基本的原则和义务，第二个原则则是在出现结果不平等时，能够给最少受惠的社会成员带来补偿利益时，才是正义的。吴忠民将罗尔斯的正义原则转化成两条操作性原则：一是按贡献分配的初次分配原则；二是托底的社会调剂原则。② 从总体上说，正如柯亨（Gerald Allan Cohen）所指出的那样："一个依据差别原则是公正的社会，不仅需要强制性规则，而且需要贯穿个人选择的正义风尚。如果缺乏这种风尚，并非为改善最不利者地位所必要的不平等就会出现——之所以需要这种风尚，是因为与经济游戏规则本身相比，它更能促进分配上的公平。"③

（四）推进身份转换

将推进身份转换视作身份正义中的"改造性矫正"，最先是由张康之借鉴南茜·弗雷泽的论述提出来的，他提出：身份处于不断变化的过程中，但不是任由身份的变化处在自然演进过程中，而是要根据社会正义的原则去作出主动调整，这就属于"改造性矫正"。基于此，把农民工的身份改造成市民的身份则是一个正确的方向。④ 在南茜·弗雷泽那里，所谓"改造性矫正"，是指那些旨在通过重构基本的生成性框架来纠正不公平结果的纠正，她认为，改造性矫正是通过改造基本的文化价值结构来纠正蔑视，并且"通过破坏现存的群体性

---

① ［印度］阿马蒂亚·森：《再论不平等》，王利文、于占杰译，中国人民大学出版社2016年版，第100、106—107页。

② 吴忠民：《社会公正论》，山东人民出版社2004年版，第141、161页。

③ ［英］G. A. 柯亨：《如果你是平等主义者，为何如此富有？》，霍政欣译，北京大学出版社2009年版，第165页。

④ 张康之：《论社会治理中的身份承认问题》，《中共杭州市委党校学报》2015年第5期。

认同和群体区分"①。

农民工的身份转换，亦即走向市民化，这是社会公平正义的必然要求，也是我国新型城镇化发展战略中的一个重大问题。自改革开放以来，农民工大量涌入城镇的潮流蔚为大观，被视为我国社会的重大变迁之一。农民工市民化是农业转移人口寻求发展机会与政府制度创新的结果。从政府层面上看，国家对农民工的政策经历了从紧到松、从严到宽、从无序到规范、从消极被动到积极主动的发展过程。政策变迁的轨迹是由总体上社会中的控制逐渐转向市场社会中的治理，突出变化体现在：一是将自由流动的权利还给作为公民的农民；二是逐步废除城乡居民不平等的一系列制度。② 走向市场化，标志着农民工最终实现在身份、职业、自身素质、公民权利、生活方式、意识形态向市民转变。

对农民工来说，无论是哪方面的市民化，都面临各自的挑战，只有经历三个阶段（脱域、并入、嵌入）这三个时间节点的"化"后，市民化的"化"才最后达成。③ 而重要的环节也是两个：一是落户，取得与市民相同的公民身份或资格；二是扎根，在与城市社会、市民的互动中融入城市。毫无疑问，对于农民工身份转换来说，最为关键的还是第一个环节。如里斯特（Ruth Lister）所指出的那样，公民身份是"一个背景性的概念"。作为一种地位，它覆盖了广泛的权利；作为一种实践，涉及宽泛地加以界定的政治参与。④ 公民身份具有三重含义：作为个人与国家的联结，涉及包容与排斥的社群成员资格，拥有相应社会地位与权利诉求。由以上公民身份的内涵引申出身份正

---

① ［美］南茜·弗雷泽：《正义的中断——对"后社会主义"状况的批判性反思》，于海青译，上海人民出版社 2009 年版，第 26 页。

② 董敬畏：《从双轨制、新双轨制到市民化——流动人口治理 40 年》，《四川大学学报》（哲学社会科学版）2019 年第 6 期。

③ 杨菊华：《流动人口（再）市民化：理论、现实与反思》，《吉林大学社会科学学报》2019 年第 2 期。

④ ［英］露丝·里斯特：《公民身份——女性主义的视角》，夏宏译，吉林出版集团 2010 年版，第 4、63 页。

义，其中最为核心的无疑是公民平等身份与相关福利权利。这在南茜·弗雷泽那里得到了更为清晰的表述。她将身份正义划分为"为承认而斗争"和"为分配而斗争"两组关系，前者意味着获得社会认可的正式身份，后者要求平等地享有公民身份之上的合法权利和资源。① 正如福克斯（Keith Faulks）所说的那样："公民身份是一种强有力的理念，它既承认个人的尊严，同时又重申个体行动的社会背景，它是表明安东尼·吉登斯所说的'结构二重性'的最佳例证。"②

第三节　尊严保障与社会政策构建

尊严与社会政策之间有着非常密切的关系。尊严与公正这两种价值观念互为前提，而公正又是社会政策的基本价值目标。尊严与权利之间是互为价值目标与实现手段之间的关系，而社会政策正是以实现公民权利为出发点和依归。社会福利是社会政策的核心内容，社会政策正是通过促进社会福利的不断增进，来维护和保障人的尊严。

一　政策主旨：高扬起公正的旗帜

尊严与公正这两种价值观念互为前提，而公正又是社会政策的基本价值目标。公正与社会政策是密不可分的，在一定意义上可以说，公正与社会政策是一个事情的两个方面。

（一）社会政策缘于维护社会公正

最早给社会政策下定义的是瓦格纳（Adolf Wanger），他在1891年指出：社会政策就是运用立法和行政的手段，以争取公平为目的，清除分配过程中的各种弊害的国家政策③。确实，社会政策也就是出

---

① ［美］南茜·弗雷泽：《正义的尺度：全球化世界中政治空间的再认识》，欧阳英译，上海人民出版社2009年版，第8页。

② ［英］基思·福克斯：《公民身份》，郭忠华译，吉林出版集团2009年版，第4—5页。

③ 参见曾繁正《西方国家法律制度、社会政策及立法》，红旗出版社1998年版，第165页。

于公正的目的来应对贫困等社会问题的产物。

1601 年，英国颁布的《伊丽莎白济贫法》通常被视为西方社会政策的发端，该法规定教区应负责供养区内得不到亲属供养的无依贫民，并设立"教养院"、"救济院"来满足不同类型贫民的基本需要。该法就是针对英国圈地运动所导致的大批农民失去土地，四处流浪的情形，为缓解社会矛盾而推出的举措，由此也开启了人类社会救助体制的先例。

从 1883 年开始，德国相继颁布了《工人医疗保险法》、《工伤事故保险法》、《伤残和养老金保险法》，这三部法律标志着德国社会保险制度的基本建立，也标志着德国社会政策的初步形成。冯·黑德林（Von Hertling）在《自然法与社会政策》一书中，开始强调社会政策的目标应在于实现各阶层的平衡和共同福利，一切立法及行政手段，都不应以国民中的某一特定阶级或职位的特殊利益为宗旨，而应是经过国家，或于国家的共同生活利益上，指导、促进并调和各社会矛盾。① 德国建立社会保障制度的影响甚大，相继有一批欧洲国家以及少数美洲和大洋洲国家开始社会保障立法，其中 19 世纪末立法的有 16 个国家，20 世纪初立法的有 8 个国家。

1942 年，英国贝弗里奇（William Beveridge）在其《贝弗里奇报告》中，所提出的战后重建社会福利设想，并不仅仅是扩充和改进已有的社会保险计划，而是要在战后建立一个新的、统一的、综合的和基本上涵盖全体人民的社会保障体制。这个报告不仅奠定了战后西方福利国家的基本原则和制度框架，而且更为重要的是构建社会福利国家的基本理念。《贝弗里奇报告》提出并详细阐述了 23 条改革建议，明确指出："社会服务政策的根本目的是满足人们的生活基本需要、减轻或解除人们疾病的痛苦，这实际上代表和符合了所有公民的共同利益。"②

正如哈贝马斯所说："社会政策是以对付极端的损害和不安全为

---

① 参见孟钟捷《试论魏玛共和国的社会政策》，《德国研究》2003 年第 4 期。
② ［英］威廉姆·贝弗里奇：《贝弗里奇报告——社会保障和相关服务》，社会保险研究所译，中国劳动社会保障出版社 2008 年版，第 163 页。

开始的。"① 在西方国家社会政策的起源上，虽然经历了由弱势群体转向全体社会成员、由瞄准单一问题向建立社会福利体系的转变，但其维护社会公正的主旨还是比较突出。

（二）在政策内容制定中以社会公正为导向

英国社会政策研究的鼻祖蒂特马斯（Richard Titmuss）指出：只要涉及政策，就不可避免地关切到"是什么"和"该是什么"的问题；关切到我们（身为社会成员）的需求（目标）问题，以及关切到谋成的方法（手段）问题。② 而社会政策的定义也就含有三个目标（价值判断）："第一，其宗旨皆为行善——政策指向为市民提供福利；第二，兼有经济及非经济的目标，例如最低工资、最低收入保障标准等；第三，涉及某些进步的资源再分配手段，劫富济贫。"③ 可以认为，社会政策规定着一个国家的社会产品和社会服务的数量与质量，它也就成为一个国家实现政治公正的重要手段。

所谓公平正义，就是按共定规则待人，其中的"共定"，一为"共同制定"，一为"共同约定"。④ 或者说，在一种拥有某种合作体系的社会中，社会成员能各自"得其所应得"和所有人都受到相应的公平或公正的对待是其最核心的要素。⑤ 社会政策实际上是在有限资源的前提下来探讨人类需要满足的问题，确有一个是按选择主义原则还是按普遍主义原则来分配社会福利资源，来取舍福利分配中的利害关系，来处理长远和眼前的利益矛盾问题。⑥ 相当明显，只有以公平正义这一公共价值为标准设计各项社会政策，才能实现社会的公平发展。

---

① ［德］尤尔根·哈贝马斯：《交往行动理论》第 2 卷，洪佩郁、蔺青译，重庆出版社 1994 年版，第 446 页。

② ［英］理查德·蒂特马斯：《蒂特马斯社会政策十讲》，江绍康译，吉林出版集团 2011 年版，第 99 页。

③ ［英］理查德·蒂特马斯：《蒂特马斯社会政策十讲》，江绍康译，吉林出版集团 2011 年版，第 13 页。

④ 韩东屏：《"公正"新解》，《马克思主义与现实》2016 年第 6 期。

⑤ 陈少峰：《正义的公平》，人民出版社 2009 年版，第 1 页。

⑥ 熊跃根：《社会政策：理论与分析方法》，中国人民大学出版社 2009 年版，第 78—79 页。

构建以公平正义为目标的社会政策体系，在政策制定环节，必须以公平正义的基本原则去直接规定社会政策的基本内容。从社会领域来看，公正的基本原则直接规定了社会政策必须具有这样一些必不可少的内容：（1）围绕着社会成员的基本尊严和基本权利予以保证的规则而形成的社会政策内容，诸如就业、社会救济、失业保险、灾害救济、种族平等、残疾人福利保障、健康医疗保障，等等；（2）围绕着社会调剂规则而形成的社会政策内容，诸如教育、优生保健、公益事业、资源和环境保护、职业训练，等等。① 相当明显，只有基于公平正义的基本原则，社会政策的基本内容才能得以确立，也才能具有稳定持续性。对此，也有一个予以准确把握的问题。在现实生活中有时出现的不公正问题，无非是来自两个方面：一是源于实质公正层面，即社会政策本身偏离了公正性的价值目标；二是源于程序公正层面，即内容公正的社会政策在执行中价值目标被扭曲。在实践中准确把握公正性目标，有一个将公正性价值理念具体化的问题。景天魁等人曾提出过公正概念有三个层次：一是属于伦理学和价值观意义上的公正概念；二是作为权利和制度意义上的公正概念；三是作为社会政策和社会发展指标层面上的公正概念。② 在政策层面体现公平正义，就必须把公正概念构建为一个概念体系和指标体系。否则，就难以通过社会公正和公平性的有关检验。

（三）在调节再分配中维护社会公正

社会政策尽管不完全是政府行为，但它在很大程度上是一种政府干预，更具体地说就是国家对于收入再分配的干预，以实现某些福利目标。③ 合理的再分配政策可以促进社会公正，缩小收入差距以及贫富差距，从而为社会长期稳定、经济持续发展营造良好的社会环境。

---

① 吴忠民：《社会公正论》，山东人民出版社 2004 年版，第 354 页。
② 景天魁等：《社会公正理论与政策》，社会科学文献出版社 2004 年版，第 8—12 页。
③ 房莉杰：《2015—2016 年中国社会政策前沿研究综述》，《社会政策研究》2017 年第 3 期。

再分配是在初次分配的基础上，由政府通过税收转移支付、政策等措施，对要素收入进行再次调节。初次分配由市场主导，体现的是效率原则，按要素贡献的大小进行分配，其结果必然是社会成员相互之间收入分配的差距拉大。公平是政府再分配的主旨，再分配的目的就是将收入差距保持在一定的范围之内。在再分配中运用的社会政策由收入再分配政策和社会福利政策两部分构成，收入再分配政策遵循公平准则在社会成员中分配国民收入，社会福利政策则遵循社会成员对生活必需品的需求来分配国民收入。① 再分配并不是"劫富济贫"，进行收入再分配的税收制度与进行收入初次分配的市场经济制度都是后果主义的，有其同样的分配的合理性和正当性。②

再分配不仅仅是"钱的易手"，它是一种伦理关系，是人类自身人性的展现；再分配的真正意义在于去商品化，让所有的人都能有尊严地生活。③ 再分配的基本形式一般包括：以调节收入差距的税收手段；以增加收入安全的社会保险手段；以针对特殊困难人群的救济再分配手段；等等。蒂特马斯依据英国的实践提出，再分配的基本形式依现代社会福利体系的变化而增加，除社会福利外，还包括财政福利、职业福利，"所有三种类型的福利均是再分配性的；它们改变了对现有资源和未来资源的要求主张模式。它们在各自独立的和自我控制的系统中发挥再分配的功能；而且它们也在与整个经济密切相关活动中发挥再分配功能"④。

德国学者考夫曼（Franz-Xaver Kaufmann）指出：分配冲突是社会福利国家的一个不可避免的伴生现象，就像在市场经济中一定会有劳

---

① 张敏杰：《社会政策论——转型中国与社会政策》，北京大学出版社 2015 年版，第115 页。

② 葛四友：《分配正义新论——人道与公平》，中国人民大学出版社 2019 年版，第290 页。

③ 庞永红、肖云：《再分配"逆向调节"之分配正义考量》，《伦理学研究》2013 年第 6 期。

④ ［英］理查德·蒂特马斯：《再分配在社会政策中扮演的角色》，《社会工作》2018 年第 2 期。

资间的工资冲突一样。分配冲突不是危机征兆，而是社会政策的要素。[①] 在再分配中注重公正原则，应该在政策调节中注意"普惠＋特惠"，坚持平等基础上的"差别原则"。如英国米尔恩（A. J. M. Mlilne）所指出的一样，完整意义上的公平包括："某种待遇在一种特定的场合是恰当的，那么在与这种待遇相关的特定方面是相等的所有情况，必须受到平等的对待；在与这种待遇相关的特定方面不相等的所有情况，必须受到不平等的待遇；待遇的相对不平等必须与情况的相对不同成比例。"[②] 本着这种思想，优化政府的再分配政策应着眼于实现公平与效率的均衡，在有效增进公平的同时，尽可能地减少分配漏损和降低效率损失，并注意选择合理的再分配方式，优化再分配规模。[③] 社会救助的发展应与收入分配机制建设联系起来，只有从上游缓解社会救助的压力，才能使社会救助起到扶持弱势群体自立的目的。[④]

二 政策目标：以实现公民权利为出发点和依归

尊严与权利之间是互为价值目标与实现手段之间的关系。当以道德、法律手段实现人的尊严时，权利是不可或缺的环节。而权利与社会公正、平等一道，在社会政策中始终保持着中心地位，特别是在日益全球化、更加多样化和更加不确定的社会风险世界中更为如此。[⑤]

（一）社会政策与公民权利息息相关

公民权利是社会政策的基础，享受社会政策所提供的福利或服务

---

① ［德］弗兰茨－克萨韦尔·考夫曼：《社会福利国家面临的挑战》，王学东译，商务印书馆 2004 年版，第 145 页。

② ［德］A. J. M. 米尔恩：《人的权利与人的多样性》，夏勇等译，中国大百科全书出版社 1995 年版，第 59 页。

③ 郝秀琴：《政府再分配的社会福利效应》，《河南师范大学学报》（哲学社会科学版）2014 年第 4 期。

④ 江治强：《我国社会救助发展方向与政策调整——基于分配正义视角》，《社会保障研究》2011 年第 2 期。

⑤ ［英］皮特·阿尔科克、玛格丽特·梅、凯伦·罗林森主编：《解析社会政策（上）：重要概念与主要理论》，彭华民主译，华东理工大学出版社 2017 年版，第 67 页。

是公民权利的必要组成部分。在《公民身份与社会阶级》一书中，马歇尔（T. H. Marshall）将公民身份看作是公民要素[①]、政治要素、社会要素的有机结合，其中公民要素由个人自由所必需的权利组成，包括人身自由，言论、思想和信仰自由，拥有财产和订立有效契约的权利以及司法权利；政治要素，指的是公民作为政治权利实体的成员或这个实体的选举者，参与行使政治权力的权利；社会要素，指的是从某种程度的经济福利与安全到充分享有社会遗产并依据社会通行标准享受文明生活的权利等一系列权利。也就是说，公民身份实际上包含着个人权利、政治权利和社会权利。[②]

美国联邦大法官沃伦（Earl Warren）曾经说过："公民身份就是拥有权利的权利。"[③] 这实际上是说权利是由公民身份的性质决定的。雅诺斯基（Thomas Janoski）将公民权利解读为：第一，作为一民族国家的成员身份，被赋予一定的权利；第二，包含着主动的和被动的权利与义务；第三，是已载入法律而且供所有公民行使的普遍的权利；第四，是平等的表述，其权利和义务在一定程度之内保持平衡。[④]公民由其身份所带来的一系列权利，表现在社会福利上，就被称为"权利话语"，亦即作为权利看待的福利，是公民与国家之间的社会契约；国家有责任和义务提供福利，是因为国家必须保障和实现公民权利。[⑤] 非常明显，这种公民权利形态的重塑与公民权利意识的增强，使中国民众对获得尊严、得到平等的社会机会有了进一步的期待，对社会政策的发展也会有更进一步的要求。

---

① 此处"公民要素"在不少地方被译为"市民要素"，参见季金华《公民身份与基本权利》，《人权研究》2018 年卷。

② ［英］T. H. 马歇尔：《公民身份与社会阶级》，载郭忠华、刘训练编《公民身份与社会阶级》，江苏人民出版社 2007 年版，第 7—8、15 页。

③ 参见欧阳景根《作为一种法律权利的社会福利权及其限度——公民身份理论视野下的社会公平正义之省察》，《浙江学刊》2004 年第 7 期。

④ ［美］托马斯·雅诺斯基：《公民与文明社会》，柯雄译，辽宁教育出版社 2000 年版，第 12—13 页。

⑤ 郭巍青：《社会权利与和谐社会：关于中国福利政策的新视角》，《中国公共政策评论》2007 年卷。

公民权利在政策天平上分量的加大，实际上也是每一个社会成员所具有的公民资格的必然反映。公民资格是能够合理主张有权成为政治共同体的人，在主张公民资格时，最首要的是个体宣称他和其他人之间存在一种社会关系。① 公民资格是一个互惠的、社会的理念，它的正义内涵并不仅仅在于它赋予个体以利益，而且也在于要求公民都必须发挥他们的作用以维持实现他们权利的框架。② 正因为如此，公民权利的增进是社会政策发展的核心内容之一，或者说维护具有公民资格的社会成员的基本权利应该成为社会政策的重要目标。每一个社会公民的基本权利状况，既反映出他们自身生存和发展的具体处境如何，也是形成其未来生存和发展状况的一个十分重要的条件。毕竟，公民权的一个关键维度，就是获得稀缺资源的机会，即是说法定的权利和义务，一旦被制度化为正式的身份地位安排，就赋予人们获取包括社会保障、健康保护、退休金、税收许可等在内的稀缺资源的正式应享权利。③ 显然，只有切实增进每一个公民的各项基本权利，才能从根本上推动社会政策的发展，进而实现社会的和谐与进步。

（二）以社会权利作为社会政策的中心任务

在马歇尔看来，公民权利起源于 18 世纪，政治权利起源于 19 世纪，社会权利起源于 20 世纪。马歇尔把社会权利系统看成是对公民身份系统的完善，提出社会权利平等通过社会服务来保障，事实上认为社会服务的功能就是确保所有公民都能平等地参与到社会与政治生活中去。④ 公民社会权利可以看成是公民获取福利权利的一种资格条件，它是公民与国家之间的一种约定，属于一种契约关系。⑤ 并且，

---

① ［美］布鲁斯·A. 阿克曼：《自由国家的社会正义》，董玉荣译，译林出版社 2015 年版，第 77 页。

② 宋建丽：《公民资格与正义》，人民出版社 2010 年版，第 11 页。

③ ［澳］柯文·M. 布朗、苏珊·珂尼、布雷恩·特纳：《福利的措辞：不确定性、选择和志愿结社》，王小章、范晓光译，浙江大学出版社 2010 年版，第 36 页。

④ ［英］布赖恩·特纳等：《公民身份与社会理论》，郭忠华、蒋红军译，吉林出版集团 2007 年版，第 28 页。

⑤ 秦燕：《公民身份语境中的社会权利》，人民日报出版社 2015 年版，第 8 页。

社会权利与公民权利之间并不必然存在冲突；相反，对于市场权利的强调却会妨碍实现自由主义公民身份的平等价值。如果没有社会权利为公民身份所提供的物质基础，政治权利的重要性将遭到严重的破坏，甚至削弱社会权利的做法同时也意味着削弱公民权利。[①]

社会权利在内容上也是一个范围比较广泛的概念。荷兰学者范得文（Fan Devon）提出了"五分法"[②]，曾产生了比较广泛的影响，其内容包括：（1）工作权，包括涉及工作权的社会及经济层面很多附属权利；（2）经济参与权，包括参与公司决策权及劳动结社权；（3）生活保障权，指社会保险权利；（4）社会保健权，关于生理及心理健康的权利；（5）社会文化发展权，主要是文化精神方面的权利。雅诺斯基认为社会权利范围广，"从金钱支付方面的分配权利，到帮助公民具备能力和获得机会的权利，有多种个人服务"[③]。并认为社会权利具体分为四个方面：（1）使公民具备能力的权利，包括获得医疗卫生和家庭服务。（2）机会权利，包括获得初等、中等和高等教育援助等。（3）分配权利，即通过转让金额支付，以保证每个公民能获取经济来源。（4）补偿权利，向残疾人、工伤人员以及权利受到某种损害的其他公民提供某种赔偿支付。此外，社会权利还包括参与私人领域决策的权利，包括参与工作决策的权利、参与资本运作决策的权利、参与医疗卫生和环境保护决策的权利等。

从总体上看，社会权利是一项积极权利。这包含两个层面上的含义，即要求获得社会服务的权利，以及要求社会参与的权利。前者规定了国家必须采取积极行动，提供具有实质内容的服务；后者则规定了公民必须通过积极的表达和行动来争取福利，而国家要为这种表达

---

① ［英］基思·福克斯：《公民身份》，郭忠华译，吉林出版集团 2009 年版，第 54 页。

② 参见陈新明《宪法基本权利之基本理论》（上），台北元照出版有限公司 1999 年版，第 102—103 页。

③ ［美］托马斯·雅诺斯基：《公民与文明社会》，柯雄译，辽宁教育出版社 2000 年版，第 41 页。

和行动提供开放的平台。① 同时，国家应当尊重公民通过个人、家庭、社会等方式来获取资源的权利。社会权利是一种特别的权利，它是对物的积极的要求权，所产生的义务不是消极的义务而是一种积极的义务，使义务人必须承担为权利所有者提供其被授权应当享有的某类产品的义务。② 由于作为一种法律权利的社会福利权，最终需要社会政策才能得以实现，因而在其实施过程中有很多不应逾越的界限，比如，对消极权利的尊重，社会福利权的实施应该止于公民的消极权利；对其他社会群体的尊重，社会福利的实施应该止于别人的社会福利权；国家对不同社会群体福利应该采取同样的分配标准。③ 概言之，社会权利是维护人的尊严和价值所不可缺少的制度安排，国家不能通过宪法修正案或立法方式予以取消。④

（三）发挥社会政策在保障权利平等中的功能

德沃金指出："作为公平的正义是建筑在一个自然权利的假设之上的，这个权利就是所有的男人和女人享有平等的关心和尊重的权利，这个权利的享有不是由于出生，不是由于与众不同，不是由于能力，不是由于他的杰出，而只是由于他是一个有能力作出计划并且给予正义的人。"⑤ 社会政策的基本理念是公正和平等。平等不仅意味着平等的权利和享受，而且意味着平等的贡献和义务。

对权利，也有一个对其内涵及功能予以准确把握的问题。权利是对人的属性的回应，这种属性本身可能是保护人们利益之所以重要的必要前提。⑥ 权利支配着当代对何种行为是容许的以及哪些制度是公

---

① 郭巍青：《社会权利与和谐社会：关于中国福利政策的新视角》，《中国公共政策评论》2007 年卷。

② 秦燕：《公民身份语境中的社会权利》，人民日报出版社 2015 年版，第 57 页。

③ 欧阳景根：《作为一种法律权利的社会福利权及其限度——公民身份理论视野下的社会公平正义之省察》，《浙江学刊》2004 年第 7 期。

④ 季金华：《公民身份与基本权利》，《人权研究》2018 年卷。

⑤ ［美］罗纳德·德沃金：《认真对待权利》，信春鹰、吴玉章译，上海三联书店2008 年版，第 244 页。

⑥ F. M. Kamm：《权利》，《法理学论丛》2013 年卷。

正的理解。① 既然权利意味着某种资格、利益、力量或主张，那么权利的发展当然就对于作为权利主体的人有着特别重要的意义，它意味着权利主体资格的提升、利益的安全、能力的增长，由此也意味着人的地位的提高、人格尊严的强化和个人自由的增进。权利在我们的道德和法律文化中如此的根深蒂固，以至于我们都无法想象一个没有权利的世界会是怎么样的。②

权利平等与正义是不可分的。权利实际上是指特定社会成员依照正义原则和法律规定享有的利益和自由。③ 陈少峰将正义的权利划分为三个层次：第一个层次是基本权利，以道德人权为核心；第二个层次是扩展权利，包括具有社会成员资格的人所应平等享有的由社会发展或社会合作的成果所带来的一些权利；第三个层次是发展权利，它包括法律所保障的各项权利的实现。在上述三种权利中，第一种基本权利是平等价值优先的公平的实现，第三种发展权利是自由价值（包括差别对待）优先的公平的实现，而第二种扩展权利则是在前两种价值的合理平衡中实现的。④

权利平等是平等问题在权利现象上的具体体现。正义的权利与公平之间既存在对应关系，也存在潜在的冲突。在由不同权利和义务构成的规则体系（即社会制度）中，每种层次的权利所对应的公平的特点有着显著的区别，有些甚至有着本质的区别。权利平等，主要是指机会的平等和主体资格的平等。刘作翔依据权利平等所涉及的主要事项，将其分为五大制度体系⑤：（1）以主体为分析视角的权利平等制度体系，包括劳动就业平等权、接受义务教育权利平等、残疾人平等权、未成年人平等权等；（2）以政治权利为分析视角的权利平等制度体系，主要体现为选举权平等和被选举权平等；（3）以性别为

---

① Leif Wenar：《权利》，《法理学论丛》2013 年卷。
② Alon Harel：《权利诸理论》，《法理学论丛》2013 年卷。
③ 夏勇主编：《走向权利的时代：中国公民权利发展研究》，中国政法大学出版社1995 年版，第 44 页。
④ 陈少峰：《正义的公平》，人民出版社 2009 年版，第 60—61 页。
⑤ 刘作翔：《权利平等的观念、制度与现实》，《中国社会科学》2015 年第 7 期。

分析视角的权利平等制度体系，包括男女民事权利平等、夫妻生育权平等、男女就业平等；（4）以民商事权利为分析视角的权利平等制度体系；（5）以公民参与司法为分析视角的权利平等制度体系。用德沃金的话来说，公民所遇到的权利无非是两类：第一类是平等对待的权利，这是某些机会、资源或负担的平均分配权利；第二类权利是作为平等的个人而受到平等对待的权利，这一权利就是与其他人受到同样的尊重和关心的权利，而不是接受某些义务或利益的同样的分配的权利。在这两类权利中，作为一个平等的个人而受到对待的权利是基本的，而平等对待的权利则是派生的。[①] 不论权利平等作何种划分，但它由观念转化为现实，离不开制度化体系，"公民要充分地享受其应有权利，还需要一系列相关的社会和政策保障机制"[②]。

三　政策倡导：促进社会整体福利的不断增进

谈及福利国家，鲍曼认为在这个概念中传递出来的理念是：国家的责任和义务就是保障其所有主体的"福利"，即每个人都能有尊严地生活。[③] 吉登斯也认为福利的国度应同时能实现保护和尊严目标，并且尊严是其中最重要的组成部分。[④] 而福利国家是社会政策主要的制度落脚点。[⑤] 或者说，社会福利是社会政策的核心内容。社会政策正是通过促进社会福利的不断增进，来维护和保障人的尊严。

（一）社会政策范式走向以人类需要为本位

社会需要催生了社会政策。将人类的需要问题与社会福利或社会服务结合起来，强调通过社会福利制度安排、社会服务提供来满足人

---

①　［美］罗纳德·德沃金：《认真对待权利》，信春鹰、吴玉章译，上海三联书店2008年版，第303页。

②　梁茂信：《现代欧美移民与民族多元化研究》，商务印书馆2011年版，第425页。

③　［美］齐格蒙特·鲍曼：《工作、消费、新穷人》，仇子明、李兰译，吉林出版集团2010年版，第95页。

④　［英］安东尼·吉登斯：《全球时代的民族国家——吉登斯讲演录》，郭忠华译，江苏人民出版社2010年版，第251页。

⑤　［英］马丁·鲍威尔主编：《理解福利混合经济》，钟晓慧译，北京大学出版社2011年版，第243页。

们的基本需要，这在社会政策、社会福利研究的最初阶段就已鲜明地表现出来。[①] 至于何谓人的需要，学界也有诸多研究。美国心理学家马斯洛（Abraham H. Maslow）最早提出了五个层次的需要理论，即人的需要包括生存需要、安全需要、社交需要、尊重需要、自我实现的需要。在马斯洛的基础上，耶鲁大学克雷顿·奥尔德弗（Clayton Alderfer）提出人们共存在三种核心的需要，即生存的需要、相互关心的需要和成长的需要。多亚尔和高夫（Len Doyal and Lan Gough）认为存在着人的基本需要，包括：第一，健康和自主是人的基本需要；第二，存在满足基本需要的社会前提条件，即生产、繁衍、文化传播和政治权利；第三，从个人的自由和权利的角度对这种需要的满足；第四，将这些需要最大化满足的理论。[②] 必须看到，社会福利中的需要特征是自然特征与社会特征、个体性与社会性、主观性与客观性相结合的，同时具有普适性。以社会福利制度为背景，需要可以分为终极需要、中介需要和个人需要；社会福利供给需要和社会工作服务的案主的需要；人类基本需要和中介需要。[③]

　　需要为本是社会福利的目标定位原则，这已为更多的人所接受。岳经纶等人则提出中国社会政策的范式应是从"社会身份本位"到"人类需要本位"的演进，即发生社会政策逻辑由"选择主义"向"普遍主义"转变，社会保障的覆盖面由"政策全覆盖"向"人员全覆盖"转变，社会政策与经济政策的关系由社会政策为辅的"从属关系"向两者并行的"相互适应关系"转变。[④] 沙琳（Sarah Cook）等则指出了这种转变所具有的难度，认为以需要为本偏重于弱势群体的需求，它"需要改变权利资格的基础，揭示了个

[①]　莫家豪、黄耿华：《中国社会政策的概念、议题与挑战：一个框架描述》，《中国社会工作研究》2012 年第 2 期。

[②]　［英］莱恩·多亚尔、伊恩·高夫：《人的需要理论》，汪淳波、张宝莹译，商务印书馆 2008 年版，第 63—188 页。

[③]　彭华民：《社会福利与需要满足》，社会科学文献出版社 2008 年版，第 25 页。

[④]　岳经纶、方珂：《从"社会身份本位"到"人类需要本位"：中国社会政策的范式演进》，《学术月刊》2019 年第 2 期。

人与集体或社会的权利资格或权利的潜在冲突，以及国家、地方政府和不同社会群体间的利益冲突"①。

将需要为本作为社会福利的目标定位，实际是与国外统称的"好社会"和我国统称的"美好生活"的目标相吻合，也与"福利"一词在英文中解读为"好的或幸福的、快乐的、健康的生活状态"② 相吻合。蒂特马斯曾将社会政策称为对什么才能"构成好社会或好社会里足以从文化上区分社会人的需要和志向与经济人的需要与志向"的政治目标的抉择。③ 也正是在对于"好社会"这一目标的追求中，社会政策就成为人们推进社会进步的政策手段和工具。围绕基本生活需要这一人类福祉的核心内容，所建构的民生保障、适度普惠、多维满足和防止伤害的具体目标，就成为我国美好生活的社会保护水准。④ 实际上，这也是在社会政策体系中嵌入"生活"的视角，关注与公民生活相关的生活结构、生活过程、生活关系等生活问题，并力求不断提高公民的生活质量。⑤ 正如英国社会政策学者迪安指出的那样："社会政策，就其性质而言，关注的都是日常生活。这些政策都是在'街头'层面产生作用的。"⑥

（二）"更多平等"是福利社会的最大基础

说"更多平等"是福利社会的最大基础，这是汉斯·察赫所提出来的，他同时指出："'福利社会'是一个有力度的概念，它把各种变化向着'更多平等'的方向推去，并抵挡着重回'更多不平等'

---

① ［英］沙琳:《中国的社会福利转型》，载［英］沙琳编《需要和权利资格：转型期中国社会政策研究的新视角》，中国劳动社会保障出版社 2007 年版，第 22 页。

② 周沛:《社会福利体系研究》，中国劳动社会保障出版社 2007 年版，第 5 页。

③ ［英］理查德·蒂特马斯:《蒂特马斯社会政策十讲》，江绍康译，吉林出版集团 2011 年版，第 31 页。

④ 程中培、乐章:《美好生活的社会保护水准：社会政策体系中生活需要标准的构建》，《求实》2020 年第 2 期。

⑤ 沈洁:《浅论"生活型"社会政策》，《社会政策研究》2007 年第 1 期。

⑥ ［英］哈特利·迪安:《社会政策学十讲》，岳经纶、温卓毅、庄文嘉译，格致出版社 2009 年版，第 88 页。

的倾向。"① 福利与平等有着割不断的关联，这已成为更多学者的共识。在西方发达国家，公平性的考虑一直是福利方案设计的中心价值，这些考虑在政策规划者寻求福利分配中权利与责任间的平衡上愈加受到重视。② 福利的社会哲学非常关注平等本身，它不是为社会和经济意义上必要的不平等提供正当性证明，也不是识别和消除客观的需要，而是为了自身目的的平等主义。③ 威尔福莱德·亨氏更是把判断一个多元社会恰当的正义观念的基本价值表述为："对平等的福利机遇的保障，也就是说根据公共认同的福利特征而实现的平等机会本身就是一种善。"④

讨论福利平等问题必须如艾斯平 – 安德森（Gsta Esping-Andersen）所指出的那样，不应该把福利制度与平等问题混淆起来。⑤ 政策应该保持公正性与灵活性之间的平衡，公正要求一碗水端平，而灵活性则要求考虑各种特殊情况。英国学者艾伦·迪肯（Alan Deacon）在谈及蒂特马斯的中心论点时曾指出：在广义的理解上，福利必须具备实现两个目的的独特潜能：第一，它能够再分配资源，并因此减少不平等；第二，它能够通过过程和制度实现这种再分配，而这样的过程和制度本身能够促进社会整合并鼓励伙伴关系。⑥ 要准确把握福利与平等的关系，国家在构建公正社会福利机制时，对此的治理理性涉及三个层面的问题，即确立公正社会福利机制的发展理念、设立公正

---

① ［德］汉斯·察赫：《福利社会的欧洲设计——察赫社会法文集》，刘冬梅、张一帆译，北京大学出版社 2014 年版，第 24 页。

② ［美］尼尔·吉尔伯特、保罗·特雷尔：《社会福利政策引论》，沈黎译，华东理工大学出版社 2013 年版，第 106 页。

③ ［英］诺曼·巴里：《福利》，储建国译，吉林人民出版社 2005 年版，第 110 页。

④ ［德］威尔福莱德·亨氏：《被证明的不平等——社会正义的原则》，王晓升译，中国社会科学出版社 2008 年版，第 213 页。

⑤ ［丹麦］哥斯塔·艾斯平 – 安德森：《转型中的福利国家》，杨刚译，商务印书馆2010 年版，第 388 页。

⑥ ［英］艾伦·迪肯：《福利视角：思潮、意识形态及政策争论》，周薇等译，上海人民出版社 2011 年版，第 17 页。

社会福利机制的发展体系、寻求公正社会福利机制的纠偏机制。① 在这一基础上来认识汉斯·察赫提出的"更多平等"是福利社会的最大基础，就必须认识到：并不存在"平等本身"，也不存在"更多平等本身"，存在的只是向平等靠拢，以及向平等靠拢的各种策略；真正能实现的"更多平等"，是"通过普遍性实现平等"与"通过对劣势的个人性平衡实现平等"互为补充，前者是天然产出的平等，在社会中制造并促进平等氛围；后者则是针对从个人出发定义的平等要求权的一种平衡，两者的互为补充，才使得"更多平等"成为理所当然。②

（三）建设可持续发展的福利社会

在世界范围来说，福利实践经历了一个由福利慈善→福利制度→福利国家→福利社会的过程。社会福利涉及社会生活非常广泛的领域，它强调国家提供社会福利的责任，以满足社会需要和实现人的发展潜能。在西方，"福利国家"的兴起始于 20 世纪四五十年代，所确立的六个核心原则是：充分就业；最低生活保障；平等和免费的医疗与教育；中央的重要作用；国家对服务的提供；持续性。③ 并涌现出了四种福利国家模式，即瑞典式社会民主主义福利国家、德国式市场经济福利国家、美国式法人市场福利国家和英国式自由集体主义福利国家。西方国家在"福利国家"阶段，建立了整体性的社会福利制度框架，培养了政府在社会福利领域的掌控力，调节了由市场机制带来的贫富分化，在一定程度上增进了国家的整体福利。但以 20 世纪 70 年代石油危机为背景的经济衰退，使福利国家的政策推行举步维艰，并且，"福利国家与其说是资源的会聚

---

① 郑青：《社会变革中的福利政治发展研究》，中国社会科学出版社 2016 年版，第269 页。

② ［德］汉斯·察赫：《福利社会的欧洲设计——察赫社会法文集》，刘冬梅、张一帆译，北京大学出版社 2014 年版，第 29、35 页。

③ ［英］霍华德·格伦内斯特：《英国社会政策论文集》，苗正民译，商务印书馆2003 年版，第 9—12 页。

点，倒不如说是风险的所在地"①。在经历一场规模空前的对"福利国家"声讨的运动之后，"福利社会"作为对"福利国家"的取代登上了前台。

"福利社会"口号的提出并进入实践，并不意味着对福利制度的否定，而是对福利制度的改进。当代福利制度所面临的挑战，是如何应对由于经济重组和新家庭形式出现而产生的新的生命周期的经济风险分布。② 基于"福利国家危机在很大程度上是一场风险管理危机"③，福利社会在发展取向所发生的转变是："积极福利"取向，实现从消极福利向积极福利的转变；社会投资取向，变福利国家为"社会投资国家"；"社会质量"取向，实现社会融合。④ 福利社会建设所处理的核心问题是社会、国家与市场之间的关系，其实质是国家与公民间的关系，并聚集于人的需要满足程度、人的生活状况与生活质量、人的价值与尊严。⑤ 总体上看，福利社会一改政府为主的"福利国家"模式，将社会福利作为扩大公民权的手段，福利内容具有全面性，并注重运行机制的有效性。

我国社会福利水平在近些年有了较大的提升，但与当前和未来发展的要求相比仍处于偏低的水平，有一个进一步提升总体福利水平的问题，可借鉴西方国家"福利社会"的理论和实践，构建中国式的福利社会。在提法上，比较多的学者倾向于建设"中国特色福利社会"，并特别强调要实现可持续发展。建设中国特色福利社会，应注意普惠性福利与工作福利相结合、权利和义务相结合、无差别的公正

---

① ［英］安东尼·吉登斯：《第三条道路：社会民主主义的复兴》，郑戈译，北京大学出版社 2000 年版，第 120 页。

② ［丹麦］哥斯塔·艾斯平－安德森编：《转型中的福利国家》，杨刚译，商务印书馆 2010 年版，第 183 页。

③ ［英］安东尼·吉登斯：《失控的世界——全球化如何重塑我们的生活》，周红云译，江西人民出版社 2011 年版，第 112 页。

④ 林闽钢：《西方"福利社会"的理论和实践——兼论构建中国式的福利社会》，《江苏社会科学》2010 年第 4 期。

⑤ 刘继同：《国家、社会与市场关系：欧美国家福利理论建构与核心争论议题》，《社会科学研究》2018 年第 4 期。

与有差别的公正相结合。[1] 适度普惠和发展型相结合的社会政策则是我国现阶段相对合理的选择。[2] 实现一个社会的福利的可持续发展，既要不断完善社会保险、社会福利和社会救助制度，同时在制度设计的初期也要防止未来"路径依赖"和"福利支出"刚性上升的局面。我们需要关注的不光是国家怎么做、做什么，而首先应该是国家能做什么、不能做什么，更进一步讲，是国家能承诺什么、不能承诺什么。[3]

---

[1] 景天魁：《建设中国特色福利社会》，中国社会科学出版社 2016 年版，第 14 页。

[2] 李爽、常兴华、李欧：《我们需要什么样的社会政策和福利制度——国际社会政策的经验和启示》，《天津社会保险》2014 年第 5 期。

[3] 贡森、葛延风等：《福利体制和社会政策的国际比较》，中国发展出版社 2012 年版，第 106、140 页。

第三章 城市身份格局中农民工的尊严诉求

尊严诉求是人们对于尊严需求的有意识的表达，也是尊严感的一种外在表达形式，它与经济社会发展的进程与水平密切相关，也受到现行身份格局的影响。本章主要运用课题组的问卷调查和访谈调查材料，在分析农民工身份意识的基础上，揭示农民工对尊严的认知与尊严感，以及农民工在权利知识、身份认同、人格保护、情绪体验等方面所展现的尊严诉求。

第一节 农民工的身份意识与权利、公平观

所谓身份意识，是个体对自己在社会结构中位置的一种感知。[1]农民工目前作为介于"农民与市民"之间的一个特殊社会群体，他们在社会结构和个人主观经验中认同何种类型的身份、如何确认自身认知，既会受到社会经济结构巨变所带来的深刻影响，又对他们的城市认同和尊严诉求产生程度不一的影响。

一 农民工的身份意识状况

身份意识产生的一个必要前提是"我群体"与"他群体"的存

---

① 王毅杰、史秋霞：《参照群体下流动儿童的身份意识及成因》，《南京工业大学学报》（社会科学版）2008 年第 3 期。

在，属于群体意识的一种。或者说，身份意识是一套在社会生活中人们以身份为重心的特殊心理内涵与行为倾向。[①] 身份意识是身份认同的首要的核心要素。[②] 依据本课题组的调查材料，拟从四个方面来揭示农民工的身份意识及其相关意识。

（一）农民工对自己身份定位的看法

这主要是指农民工在户籍制度框架下对"农村人—城里人"序列自身定位的回答。本次（2019年）问卷调查结果显示（见表3-1），占61.0%的农民工认为自己是农村人，只有13.2%的人把自己归为城里人，也有15.8%的人认为自己"既不是城里人也不是农村人"，还有10.0%的人不知道自己属于什么样身份的人。本课题组负责人所带研究团队于2007—2008年、2012年也对同一问题进行过调查，结果如表3-1所示。值得关注的是，认为自己的身份是农村人的一直在50%以上，认为自己是城里人的一直徘徊在10%左右，只有认为自己身份模糊不清的才略有下降，2019年仍然达到25.8%。这种状况正如已有的研究所指出的那样，农民工身份意识处于模糊状态，并没有某一种身份意识占据主导地位，城乡社会空间以及群体记忆互动使得农民工对自己身份评价出现模糊性和内心自我矛盾性。[③]

表3-1　　　　　　**农民工对自己身份定位的看法**　　　　单位:%

	城里人	农村人	既不是城里人也不是农村人	说不清
2019 年调查	13.2	61.0	15.8	10.0
2012 年调查	13.2	50.3	30.3	6.2
2007—2008 年调查	10.9	54.9	30.2	4.0

---

① 郭玉锦:《中国身份制及其潜功能研究》，黑龙江人民出版社2002年版，第10页。

② 王刘飞、王毅杰:《农民工身份意识及其影响因素的实证研究——基于建构论视角和893份调查问卷数据》，《湖南农业大学学报》（社会科学版）2014年第6期。

③ 王刘飞、王毅杰:《农民工身份意识及其影响因素的实证研究——基于建构论视角和893份调查问卷数据》，《湖南农业大学学报》（社会科学版）2014年第6期。

鉴于农民工在身份地位上所存在的模糊性，以及认为仍属于农村人的比例还是比较高的情况，我们再次展开了访谈调查，以窥见农民工的真实想法及个中缘由。

认定自己的身份是农村人的在受访者中确实不少，有些明显与经济收入不高有关，但一些经济收入高的人也持同样的看法。不过有一点要特别指出，这些认定自己是农村人的神态非常坦然，认为这不过是叙述一个客观事实而已，用不着藏着掖着，他们中间的多数也认为，当城里人不错，当农村人也没有什么不好。但从他们的言谈中还是多少可以看到城市社会歧视的印痕，正如有研究者所指出的那样：来自城市居民的社会支持会使农民工暂时忽视自己的农民身份，而来自他们的社会歧视则会强化其身份意识。[1]

个案7：冯某。与表哥、表弟一起从事室内装修工作，年收入10万—20万。"市民如何看我们？他们就觉得我们是农村人，有点感觉他们就是觉得比我们优越一些。对于自己的身份，我没有什么太多的感觉，就是农村人呀。觉得自己的经济收入相对于本地人来说不算高。社会地位的话，感觉自己也是很普通。"

个案25：潘某。育有两个子女，与妻子和母亲一道留在老家，年收入5万左右。"市民看我们当然是农村人啦，我看自己也是农村人，和当地人比就是不一样。我工资和大多数人相比还是低，社会地位中等吧。在城市生活的幸福感比农村低，在家里生活幸福点。今后的打算是回乡，不能在外打一辈子工，还是要回乡的。"

个案21：洪某。工资收入一年5万左右，工作劳动强度大，环境较艰苦，与同事一起住在工地。"在市民眼中我肯定是农村

---

[1] 王毅杰、高燕：《社会经济地位、社会支持与流动农民身份意识》，《市场与人口分析》2004年第2期。

人啦，但我不在乎。我觉得人人平等，每个岗位都有价值。在城市生活的幸福感与在农村相比，我觉得差不多，应该说各有优劣，家在农村，肯定心系田园，但城市毕竟繁荣，生活品质和各种设施更好。今后打算回乡，毕竟家在那边，回乡创业。"

认定自己身份是城市人的并不多，一般是开店办厂做生意的，在城市里居住的时间比较长，也有一笔可以看得见的资产，比如店铺、厂子、住房等。值得强调的是，他们在言谈中多谈及跟周边市民的交往甚多，相互之间的关系比较融洽。这种状况正如有研究者指出的那样：与城里人的互动使得农民工能接触到更多的城市生活方式，无形之中消解着他们乡土性的集体意识，在身份认知上增加了城市性元素。①

个案20：李某。在湖北武汉某小型私人企业工作。工资收入一年8万左右，比较稳定。"人家以为我是个老总，其实不是。在这里工作时间很长，基本上融入当地生活，在市民眼中我就是城里人。我感觉自己的身份是什么？我说是社会主义现代化的建设者。在城市的幸福感如何？一句话不好回答，在城市物质上好，精神上很不好，因为离家远，想家。就是他乡容不下我的灵魂，家乡挣不了钱。肯定是家乡幸福，有家人陪伴呀。"

个案5：陈某。长沙某高校小卖部店主。丈夫也在长沙做医药采购生意。"我认为自己现在已经是城里人了，在与城里人打交道时，从未产生过任何心理障碍，也没有发生过什么矛盾或争执。我也愿意让人知道自己来自农村，没有什么不能说的。但我想，既然在城市，就要适应城市生活，愿意和城里人打交道、做

---

① 王刘飞、王毅杰：《农民工身份意识及其影响因素的实证研究——基于建构论视角和893份调查问卷数据》，《湖南农业大学学报》（社会科学版）2014年第6期。

邻居、交朋友。我感到自己所接触的这些城里人对我还是比较热情、友好的。"

　　个案 26：陈某。在衡阳某县级市开书店，经营中小学生教辅资料买卖。"市民如何看待我的身份？他们叫我老板，我也认为自己是老板，早就是城里人了！农民工应该是那些到城里从事那些脏活累活的人，是那些帮人家打工的人，开店自主经营就要称作做生意的老板。我认为自己的经济收入地位和社会地位都是中等偏上。今后的打算肯定是定居城市，回不去了。"

　　对自己身份定位感到有点模糊不清的在受访者中间有一些，他们的共同特点是在城市居住的时间比较长，经济收入状况不一，有高有低，但对自己的身份定位多有迟疑不决之处。目前学界对此状况的解说不一，有的认为这是由于城市和农村两个区域的向外推力，造成农民工作为"双重边缘人"自我认同的困惑；[①] 有的认为这是在城市文化外在吸引力和乡村文化内在捆绑力的双向作用力下，农民工在城市想象和身份认同上都呈现的一种"半现代性"特征所致；[②] 还有的认为这是农民工所采用降低比较维度重要性的策略，以维护自尊的最佳选择。[③] 但有一点可以肯定，农民工的身份认同"不是简单地由社会结构所决定，而是在事件的驱动下间歇性地生产出来的，充满建构性和不确定性"[④]。

　　个案 29：易某。长沙市某打字复印店店主，丈夫与其一起开

---

　　① 唐文斌：《"城市边缘人"：城市农民工自我认同的形成与社会影响》，《中南民族大学学报》（人文社会科学版）2002 年第 S1 期。

　　② 高梦媛、郑欣：《农村居民的城市想象与身份认同：江苏证据》，《重庆社会科学》2013 年第 4 期。

　　③ 张淑华、王海雯、刘芳：《新生代农民工身份认同分化的认知基础——社会比较策略视角》，《心理与行为研究》2017 年第 2 期。

　　④ 熊易寒：《城市化的孩子：农民工子女的城乡认知与身份意识》，《中国农村观察》2009 年第 2 期。

店，年收入 10 多万。"市民看待我的身份，不是城里人，也不是农村人。我到长沙已经十多年了，十六岁就开始出来做事了，我是个吃得苦的人，什么事都做过，卖过菜、冰棍，在工厂里做过、自己开过店……现在开打字店已经 4 年多了。大多数顾客的素质还是蛮高的，别人对我好一点，我就会对他们好一些，这人都是相互的嘛。我每天早上 6 点就开门了，晚上要做到 11 点多，累得要命，有什么幸福不幸福的。"

个案 3：杨某。在广州市某地开了一家小广告公司。妻子做文员兼财务，岳母负责给员工做饭，打扫卫生。"你问我在广州本地人面前会有自卑感吗？当然不会，我有很多朋友是本地人，而且他们对我评价也很高。我不觉得自己比他们差，我是一个很自信的人。有没有打算定居？当然有，我对这座城市充满了感情，在这里我觉得自己才有发展的空间，但是我知道把户口迁进来有多难。可能是因为我的户口还在家里吧，这让我还是觉得自己始终是一个打工仔。你问我是城里人还是农民工，我说都是又都不是。"

个案 2：王某。长沙星沙某工厂工人。1986 年出来打工，先后去过东莞、福建。"从第一次打工到现在也有 30 多年了，我觉得我既不是农村人也不是城里人。我现在很少回家，一年也就那么几次，农活我不怎么懂了，农村的一些生活习惯我都不怎么熟悉了。而我现在虽然天天住在城里，但是没有自己的房子，工作也不稳定，基本的城市生活保障都没有，怎么能算城里人呢？问我未来的打算？如果我能在长沙买个房子，当然是希望住城里，不然，那也只能回老家了。"

（二）农民工对自己在城市所处地位的评价

农民工对自己在城市所处地位的评价，也即是在城市分层体系中"我和谁一样"的自我认知。本课题组从四个方面，并采用五个等级，对农民工地位的主观评价进行了测量。如表 3-2 所示，农民工对自身地位的主观评价不高，认为自身地位在中下层、底层者，两两相加，其中经济地位为 62.5%，社会地位为 59.9%，政治地位为 66.5%，综合地位为 62.9%；均值也都在中下等之列，不计综合地位，按社会地位、经济地位、政治地位顺序排列。

表 3 - 2　　　　　农民工对自己在城市所处地位的评价　　　　单位:%

	上层	中上层	中层	中下层	底层	均值
经济地位	0.6	5.6	31.3	39.4	23.1	2.21
社会地位	1.6	4.0	34.5	36.3	23.6	2.24
政治地位	1.1	4.2	28.2	32.8	33.7	2.06
综合地位	1.0	3.5	32.6	39.3	23.6	2.19

注：均值从"底层"依次到"上层"按 1、2、3、4、5 分赋值，然后进行加权处理。以下类似表格均同。

在影响综合地位的最主要因素中，农民工认为以经济收入居首，占 73.8%；以文化程度居次席，占 55.4%；以职业因素居第三位，占 45.9%。此外，如社会关系、权力、社会声望的影响作用也比较大，分别为 38.6%、36.2%、31.8%；过去影响比较大的户籍因素只占 18.7%，家庭背景因素也只占 29.2%。这表明，农民工还是认为综合地位取决于多种因素的交织影响，但以经济因素居首位。

在农民工所填写的经济收入中，月收入在 4000 元以下的占到了 53.7%，众数则集中于 2001—5000 元，表明农民工的经济收入处于中等偏下水平，这与他们对自己地位的主观评价是相一致的。

从访谈资料看，农民工给自己社会地位评价最高的也就是中等，也有不少在中等以下，这应该是农民工生活的真实写照。值得注意的是，尽管在不同的分层标准下，社会地位高低对农民工身份认同的影响有所不同，但从总体上看，社会分层中主、客观评价的低端处境对农民工的市民身份认同有一定的阻碍作用。[①]

个案 10：李某。在天津市滨海新区天津港工作，与丈夫一起生活，工资收入一年 5 万左右，在天津买了房。"市民把我们当城市人看，没有遇到过不受人尊重的情况。虽然生活水平和城市人没什么区别，但还是没什么融入感，总是有自己还是个外来人的感觉。经济收入算中等，社会地位也是中等，不高也不低。我们已在城市买房，打算在城市定居。自己在城里过得算是体面，当地人并没有排外的情况。在城里工作和生活幸福感较高，因为在城里工资高一些，农村干活又累又不赚钱。"

个案 12：朱某。在长沙某印刷厂工作，工资收入一年 4 万左右，妻子留在老家。不是很稳定，工作劳动强度大，与工友一起住厂里的宿舍。"自己的文化水平不是很高，就是一个外出打工的人。赚一些力气钱，工资也不高，收入低，社会地位也低。目前我还在城市打工，因为还有一个孩子在读书，家庭除了我打工又没有额外的经济收入。发展空间应该不大了，毕竟已经老了，没有年轻时的体力了。其实我在城里做事也没有觉得受到特殊对待，又不跟市民打交道，也就没有什么农民工和城里人的概念。"

个案 24：蒋某。在广东某建筑工地工作。育有三个子女，留在老家。工资收入一年 6 万左右，时低时高。"受歧视还没有，但待遇和当地人不一样，在工地上轻松一点的活别人都给认识的人做，我们只能做一些苦活累活。我们的工资没有别人的高，社会地位也低。农民工在城市有体面的生活，这是不可能的，农民工的地位都不高。在城市生活的幸福感比农村低，无论在哪里都没有在自己的家乡好。今后的打算是回乡，别无选择，城市消费高。"

---

① 徐臻：《社会分层与农业转移人口的身份认同》，《四川师范大学学报》（社会科学版）2018 年第 1 期。

（三）农民工对身份转型的意愿

对长期在城市打拼的农民工来说，在城市的社会体验不断冲击着他们作为"农民工"的角色扮演，不得不进行是"回乡"还是"留城"的抉择，不断地在"农民"与"市民"两种角色之间进行权衡。从农民工的未来打算来看，选择身份转型与保持原有农民身份的相差不多（见表3-3），前三项可视作回乡的占45.4%，后三项可视作愿意身份转型的占54.6%。

表3-3　　　　　　　　　农民工的未来打算

	频数	比例（%）
只是暂时在外面，将来一定回家乡	312	25.9
赚到一定的钱后回家乡	180	14.9
看一段时间，没有工作就回家	56	4.6
这里不能发展就到别的地方去	175	14.5
争取在这里定居	456	37.8
决不回家（除非回家探亲）	27	2.3

在表3-3中，农民工选择在目前所在城市实现身份转型的占37.8%，这并不意味着他们对所在城市的归属感不高。相反，从表3-4中可见，农民工对所在城市的认同度还比较高，从均值看，最低有3.43分，最高则达到了4.02分。

表3-4　　　　　　　　农民工对目前所在城市的认同　　　　　单位:%；分

	非常同意	比较同意	一般	不太同意	非常不同意	均值
我为我所在的城市感到自豪	14.4	37.1	44.4	3.6	0.5	3.61
我现在所在的城市对我的发展很重要	12.6	37.0	43.4	6.2	0.8	3.54

	非常同意	比较同意	一般	不太同意	非常不同意	均值
我对所在城市的工作条件比较满意	9.9	33.7	47.3	7.8	1.3	3.43
我对于城市的公共设施环境比较满意	10.5	39.5	42.2	7.1	0.7	3.52
当城市需要我的时候，我愿意付出时间和精力	15.9	38.1	38.9	6.1	1.0	3.62
我愿意遵守所在城市的行为规范	30.9	43.7	22.8	1.8	0.8	4.02

总的来说，农民工在身份转型及有关问题的选择上是比较理性的。从理想的层面来说，他们也看到了成为市民可能带来的优越性，但把城市就业机会多（占 67.7%）、有更好的发展空间（占 59.0%）、子女教育条件好（占 56.4%）放到了比较突出的位置（见表 3 - 5）。

表 3 - 5　　　　　　　农民工想成为城市市民的最大理由

	频数	比例（%）
城市社会保障水平高	490	40.6
城市就业机会多	816	67.7
城市生活条件好	543	45.0
子女教育条件好，并且高考容易	680	56.4
有更好的发展空间	711	59.0
城里人社会地位高	128	10.6
其他	23	1.9

在调查中，农民工也表达出了对大中城市的一种偏好，在回答"如果能成为市民，最想落户的城镇"问题时，愿意去大城市的占

27.8%，愿意去中等城市的占 36.8%，两者相加达到了 64.6%，但在实际选择中，还是会持一种理性的态度。他们在关注成为"城里人"的重要条件时，把能够稳定地在城市工作和生活放到了非常重要的位置。排在第一位的是在城市有自己的住房，占 75.7%；第二位是有稳定的工作，占 63.2%；而城市户口的重要性也只能屈居第三，占 46.4%；此外，稍高一点的是收入，占 31.3%；其余的如多交市民朋友、会说当地话等则比例甚低。

在我们的访谈中，受访者明确地表达了在城市有住房重要性的意见，有的甚至提出了"没有房子算什么城里人"的看法。正如有研究者指出的那样，在住房状况影响农民工城市身份认同过程中，存在着"住房状况→社会地位→城市身份认同"的逻辑链条，即住房状况的差距使得农民工主观社会认知出现分化，进而导致其城市身份认同存在差异。①

　　个案 31：杨某。在长沙市某企业当领班。"我觉得在城市生活，住房很重要。在以前没有买房子的时候，过了一段很苦的租房子的日子，租金一涨价就搬家，搬过好几次，每次搬家心里都不安稳，总是有一种人在漂的感觉。买房后，全家的居住质量提高了，我和爱人的关系也不像以前那么紧张了，孩子读书做作业的地方也宽敞了。全家的户口迁到了城市，一下子感到自己在城里有'根'了。没有房子算什么城里人啊！"

　　个案 30：覃某。常德某小区餐饮店店主。"是不是城市人关键是看有没有房子。像我一样，住过地下车库，租过门面，经过多年的努力，也购置了一套住房，算是在这里安家了。有房的感觉真不一样，在身份上更觉得自己是城市人，市民也认为我是城市人了。"

<hr>

　　① 祝仲坤、冷晨昕：《住房状况、社会地位与农民工的城市身份认同——基于社会融合调查数据的实证分析》，《中国农村观察》2018 年第 1 期。

在访谈中，有志于转变为市民的农民工发出的一个共同的声音是：努力＋能力。上文中已谈到个案5陈某说："我对自己的经济收入、住房条件、生活条件都还比较满意，尤其对自己的精神状况和发展机会非常满意。当然，对自己的银行存款不太满意，对消费水平和工作环境也只感到一般。总体上说，我觉得自己现在过得很舒适，心态也比较平和。如有可能，我想尽力留在城市。"

个案15：刘某。在长沙做滴滴司机，妻子和两个孩子一起进城。"因为工作因素，与城里人接触得比较多。是否感觉到受歧视？歧视什么?! 这个社会有技术、有钱就行。我开的车是自己的，只要交管理费给平台，剩下的就是自己的了。这年月，是城市人还是农村人没有多大差别，关键还是看自己有没有能力，看自己努不努力。城里人生活得不是很好的还蛮多的。我给自己的收入地位和社会地位打个中评吧。在城市的幸福感比农村高。我一家都在这里，肯定想定居城市，毕竟发展空间要大多了。"

二 农民工的社会公平感与权利意识

在市民化和城市融入的进程中，农民工的社会公平感与权利意识对其社会心理与行为有着重要的影响，尤其是对其尊严生活的维护与保障更是如此。

（一）农民工的社会公平感

社会公平感即农民工对社会公平实现程度的主观感受和主观评价。从个体层面来看，公平感可看作是有关个体对结果公平（或分配公平）和程序公平的感知，并成为人们理解社会公正的重要制度标准形式之一。[1] 社会公平感是与城市居民平等互动的心理基础，凡公平

---

① 郑建君：《政治信任、社会公正与社会参与的关系———项基于625名中国被试的实证分析》，《政治学研究》2013年第6期。

感高的农民工，其市民化意愿、自我认同以及社会认同度高，在城市
生活中持积极乐观的态度，社会参与度也高。[①]

　　为度量农民工的社会公平感，在调查问卷中所列举的八个方面
中，农民工主体感受是公平程度为中等水平，认为"很不公平"和
"不太公平"者两项相加，为16.4%—24.9%，其中最高者为住房保
障（占24.9%），收入分配（占23.8%）、政治参与（占22.0%）、
子女受教育权利（占21.0%）等也位列前茅，如表3-6所示。

表3-6　　　　　　　　　农民工的社会公平感　　　　　单位:%；分

	很公平	比较公平	一般	不太公平	很不公平	均值
收入分配	4.7	24.0	47.5	18.2	5.6	3.04
医疗保障	6.9	32.4	44.3	12.9	3.5	3.26
就业机会	4.2	27.2	48.1	16.7	3.8	3.11
子女受教育权利	7.1	30.4	41.5	15.8	5.2	3.18
住房保障	4.6	21.4	49.1	18.2	6.7	2.99
养老保障	5.9	27.4	49.4	12.2	5.1	3.17
司法与执法	9.9	27.4	44.6	13.1	5.0	3.24
政治参与	7.5	19.8	50.7	15.6	6.4	3.07

　　与事先估计有较大差异的是，在社会公平感上，新生代农民工在
八个方面的均值都高于老一代农民工，如表3-7所示。

　　在访谈中，不少受访者表现出来对社会公平的关注，以及对当今
社会存在不公平现象的不满，所表现出来的不公平感较问卷调查所呈
现的状况还要强烈一些，其中所涉及的焦点问题：一是相对剥夺感；
二是差别对待。这是值得高度重视的问题。有研究表明，公平对待会

---

　　① 时怡霞：《新生代农民工的社会公平感研究：职业流动与相对经济地位的影响》，
《同济大学学报》（社会科学版）2018年第1期。

激发集体自我概念，促使人们从个体身份转移到群体身份；不公平对待则会激发个体自我概念，促使个体的行为朝向直接的自我利益。[1] 另有研究成果显示，相对于高阶层者来说，低阶层者的目标追求易受社会公平感的影响，低阶层者的社会公平感水平越高，其追求目标的动机就越高，进而越有利于目标达成。[2]

表3-7　　　　　　　　两代农民工社会公平感的比较　　　　　　单位：分

	收入分配	医疗保障	就业机会	子女受教育权利	住房保障	养老保障	司法与执法	政治参与
新生代农民工	3.10	3.30	3.20	3.21	3.08	3.25	3.31	3.13
老一代农民工	2.94	3.20	2.97	3.13	2.83	3.03	3.12	2.96
合计	3.04	3.26	3.11	3.18	2.99	3.17	3.24	3.07

个案22：刘某。在广东开店，工资收入一年10万左右，工作从早上到半夜，与妻子儿子轮流看店。"住在我们附近的都是出来打工的，工厂里面的工人也都是外地的，大部分能够享受和当地人一样的公平待遇，但在城市生活方面所享受的待遇有明显差距：就业方面，做的都是体力劳动，休息时间很少；子女读书，外地人在广东读书，需要办理的证件很多，很烦琐，要跑上跑下；社会保障和市民相比差距更大。有时候想起来也会觉得不公平，像在我们周围工厂打工的工人，经常要拖欠工资什么的，连基本的工资都不能保证，还谈什么有体面、有尊严？"

个案8：吴某。在上海宝山与丈夫一起开装修店，工资收入一年5万，长期租房住。"市民如何看待我的身份？农村人呀，

---

[1]　陈超然、孔德仁、卢光莉：《公平对待方式对身份认同的影响》，《心理研究》2018年第5期。

[2]　胡小勇、郭永玉、李静、杨沈龙：《社会公平感对不同阶层目标达成的影响及其过程》，《心理学报》2016年第3期。

不要想了！因为是农村人，肯定不能得到像市民一样的公平待遇。权利受损的情况肯定有啊，待遇都不一样嘛。说农民工在城市要有体面、有尊严，这不可能，农民工没文化在城市怎么可能做到这样？农民工在就业、社会保障、子女入学等方面是否与市民一样？这是做梦，可能吗？没可能，条件有限，比如社保要积分，还有什么人才引进……我在城里就是一个普通人，自己的经济收入地位处于低等，社会地位什么都不是。"

（二）农民工的权利意识

从社会学角度看，权利意识是对"人应该得到别人和社会的什么样的对待"和"人实际得到了什么样的对待"；[①] 从法学角度看，权利意识是指特定社会的成员对自我利益和自由的认知、主张和要求，以及对他人认知、主张和要求利益和自由的社会评价。[②] 尽管这两种看法有一定的差异，但都涉及两个方面：一是个体对自我权利的认知、主张和要求；二是个体对他人认知、主张和要求权利的社会评价。本书主要从权利认知角度予以度量。

首先，关于对经济、社会权利的认知。从表3-8可见，按9项权利的重要性（"比较重要"＋"很重要"的比例）排序，位居第一的是子女受教育权（占86.5%），位居第二、第三位的分别是获得劳动保护的权利（占82.2%）、签订正规劳动合同的权利（占82.0%）。除城市文化设施的平等享用权的重要性判断值（占69.7%）较低外，其他的均在70%以上。

其次，关于对政治权利的认知。为了考察农民工对公民政治权利的认知，本课题列举了8项政治权利，以考察农民工对其重要性的判断。调查结果如表3-9所示，位居首位的是保持人格尊严权利，重要性的比例高达83.3%，在包括经济、社会权利在内的比较中仅次

---

① 林燕玲：《全球化下中国工人权利保护》，光明日报出版社2013年版，第3页。

② 夏勇主编：《走向权利的时代——中国公民权利发展研究》，中国政法大学出版社1995年版，第45页。

于子女受教育权利，表明人们对维护和保障人格尊严的看重；位居第二、第三的分别为表达利益诉求的权利（占81.1%）、与市民同等的身份权利（占71.7%）。值得指出的是，选举权与被选举权、参与公共事务管理的权利、加入工会组织或结社的权利的重要性比例均低于60%，最低一项为加入工会组织或结社的权利，其重要性比例仅为48.9%，选择人数尚未过半。

表3-8　　　　　农民工对公民经济、社会权利的认知　　　单位:%；分

	很重要	比较重要	一般	不太重要	根本不重要	均值
就业平等的权利	43.6	33.5	20.5	2.3	0.1	4.18
签订正规劳动合同的权利	50.7	31.3	15.7	1.8	0.5	4.30
获得劳动保护的权利	55.7	26.5	15.4	2.0	0.4	4.35
参加社会保险的权利	48.8	30.3	18.6	1.8	0.5	4.25
获得社会福利的权利	44.2	31.9	21.2	2.0	0.7	4.17
获得社会救助的权利	42.0	30.7	23.5	3.2	0.6	4.10
获得住房保障的权利	49.5	30.1	17.3	2.3	0.8	4.25
子女受教育权利	64.0	22.5	12.2	0.8	0.5	4.49
城市文化设施的平等享用权	41.4	28.3	24.8	4.8	0.7	4.05

表3-9　　　　　　农民工对公民政治权利的认知　　　单位:%；分

	很重要	比较重要	一般	不太重要	根本不重要	均值
与市民同等的身份权利	40.0	31.7	23.2	4.0	1.1	4.05
自由迁移的权利	29.3	33.7	31.1	4.8	1.1	3.85
选举权与被选举权	30.3	26.5	32.8	7.6	2.8	3.74
参与公共事务管理的权利	27.4	26.4	34.2	10.4	1.6	3.67
加入工会组织或结社的权利	25.1	23.8	39.4	10.0	1.7	3.61
言论自由的权利	39.3	31.5	24.4	4.1	0.7	4.05
表达利益诉求的权利	47.7	33.4	15.8	2.5	0.6	4.25
保持人格尊严的权利	58.1	25.2	13.7	2.1	0.9	4.38

最后，两代农民工对各项公民权利重要性判断的比较。从表3-10可见，在按均值计算的两代农民工对各项公民权利重要性判断的比较中，无论是经济、社会类各项权利，还是政治类各项权利，均呈现新生代农民工高于老一代农民工的格局，表明年轻一代农民工的权利意识更为强烈。并且，在两代农民工均值的比较中，有些指标差距还比较大，差距最大的是参与公共事务管理的权利，差0.48分；比较大的还有城市文化设施的平均享用权、言论自由的权利、选举权与被选举权；而差距最小的是子女受教育权利，仅差0.09分，表明在这一问题上两代人的观念相当接近，差别甚小的还有就业平等的权利、获得劳动保护的权利以及获得住房保障的权利。

表3-10　　**两代农民工对各项公民权利重要性评价均值的比较**　　单位：分

经济、社会、文化权	新生代农民工	老一代农民工	合计
就业平等的权利	4.24	4.08	4.18
签订正规劳动合同的权利	4.37	4.17	4.30
获得劳动保护的权利	4.42	4.23	4.35
参加社会保险的权利	4.34	4.11	4.25
获得社会福利的权利	4.26	4.02	4.17
获得社会救助的权利	4.19	3.95	4.10
获得住房保障的权利	4.32	4.13	4.25
子女受教育权利	4.53	4.44	4.49
城市文化设施的平均享用权	4.21	3.76	4.05
政治权	新生代农民工	老一代农民工	合计
与市民同等的身份权利	4.17	3.86	4.05
自由迁移的权利	4.01	3.59	3.85
选举权与被选举权	3.90	3.47	3.74
参与公共事务管理的权利	3.85	3.37	3.67
加入工会组织或结社的权利	3.75	3.36	3.61
言论自由的权利	4.21	3.77	4.05
表达利益诉求的权利	4.37	4.06	4.25
保持人格尊严的权利	4.48	4.19	4.38

在我们的访谈调查中，一些农民工也谈及了他们在城市工作和生活中权利受损以及得不到完全保障的情况。正如有研究者指出的那样，农民工的贫困问题实际上是一种权利贫困，是权利失衡与权利分配的不平等。[①] 农民工问题从本质上说是一个"身份—政治"的问题，是农民工的身份权利受到损害或没有得到满足的体现。[②]

> 个案17：叶某。上海某建筑工地做装潢工作，工资收入一年10万左右。"农民工在城市不可能与市民一样享受平等的待遇。要让农民工在城市有体面、有尊严，我并没有感觉到，理想很丰满，现实很残酷。今后的打算还是定居城市，不回乡，打死也不回乡，心有不甘。"

> 个案18：李某。在上海某建筑行业工作，工资收入一年20万左右，工作劳动强度大，与同事一起住在员工房里，妻子和子女留在老家。"我们是务工的，不可能享受和当地人一样的公平待遇。有权利受损的事情，如经常性的工资拖欠，要不到钱的时候就吃大亏。要让农民工在城市有体面、有尊严，我认为很难实现。农民工在城市，肯定会遇到过不受人尊重的情况，在老板面前肯定要低三下四的，那不低头不行，不低头他不把钱给你。"

> 个案23：吴某。在长沙某快递公司工作。"市民怎么看我这个不清楚，反正不能够享受和当地人一样的公平待遇，比如辞工的时候还没到发工资的时间，等我回家了发工资的时候被扣了几天的工资，再也要不回来。我也觉得自己的身份低，工资低，社会地位也低，一个从别的地方来打工的，肯定比不上本地人啊！"

---

① 刘铭秋：《改革开放以来农民工的城市权利：演进逻辑与未来进路》，《中共福建省委党校学报》2019年第3期。
② 郭忠华：《农民工公民身份权利的分析框架——本土化创新的尝试》，《人文杂志》2015年第2期。

第二节　农民工的尊严认知及其影响因素

尊严认知是人们在一定的社会环境中对尊严的认识以及基于此产生的对自身尊严状况的心理感受。农民工的尊严观以及由此形成的尊严感构成了农民工尊严认知的主要内容。本节主要从尊严观、尊严感两个方面来归纳农民工尊严认知的总体状况。

一　农民工的尊严观

尊严观是尊严概念在人们意识中的呈现或人们对尊严概念的理解和设想。[①] 农民工对于何谓人的尊严以及尊严与地位、公平、幸福、金钱等关系的认识构成了农民工尊严观的主要内容。

（一）农民工对尊严的认识

针对何谓人的尊严的问题（见表 3－11），在受访农民工中，绝大部分对此有较为理性的认识，倾向于将尊严理解为诸如权利（占 80.6%）、人格（占 78.7%）等内在的、固有的、平等的价值；但也分别有占 18.7%、11.9% 的农民工将尊严片面地理解为社会地位高、职业地位高，同时，还有占 12.9% 的农民工将尊严直接理解为有钱有权。以上数据说明，农民工的尊严观相对合理，但仍不够理性，突出表现为部分农民工对何谓尊严的认识存在偏差，将尊严理解为金钱、权势与地位等相对的、外在的、等级性的价值，将增加自己的财产、提升自己的权势和地位视为捍卫自身尊严的重要标准。两代农民工群体在尊严观上虽有共同认识，但相比于老一代农民工，新生代农民工的尊严观更为理性，有超过八成的新生代农民工将尊严理解为一种内在的、固有的、平等的价值，而将尊严理解为一种相对的、外在的、等级性的价值的新生代农民工要比老一代农民工少近一半的人数。

---

① 刘睿、任怡、许泉亮：《学生、教师和工人的尊严现状研究》，《改革与开放》2014 年第 17 期。

表 3 - 11　　　　　　　　农民工对尊严的理解　　　　　单位:%

	尊严就是合法权利受到保护	尊严就是人格受到尊重	尊严就是社会地位高	尊严就是职业地位高	尊严就是有钱有权
合　计	80.6	78.7	18.7	11.9	12.9
老一代农民工	77.4	76.1	23.5	13.9	16.3
新生代农民工	82.5	80.2	15.8	10.8	10.8

农民工的尊严观除在年龄结构上存在差异外，在性别、外出打工时间、受教育程度、职业等方面也存在着结构性差异（见表 3 - 12）。具体来说，从性别与尊严观的相关系数来看，"尊严就是有钱有权"这一项通过显著性检验，其相关系数为 6.420*，表明女性农民工比男性农民工更倾向于将尊严理解为金钱、权势等外在的、等级性的价值。从外出打工时间与尊严观的相关系数来看，"尊严就是职业地位高"这一项通过显著性检验，其相关系数为 21.893**，这可能与其在外务工期间所经历的就业待遇及由此产生的感受有很大的关系。从受教育程度、职业与尊严观的相关系数来看，均是"尊严就是合法权利受到保护"、"尊严就是社会地位高"、"尊严就是有钱有权"这三项通过显著性检验，表明受教育程度高和职业地位高的农民工已经认识到了合法权利等对于尊严的意义，但同时也认为拥有一个高的社会地位、有钱有权对于人获得尊严同样具有重要的意义。

表 3 - 12　　　　农民工不同结构性特征与尊严观的相关状况

	性别	外出打工时间	受教育程度	职业
尊严就是合法权利受到保护	2.637	6.355	23.285***	18.962*
尊严就是人格受到尊重	2.473	1.569	6.915	12.656
尊严就是社会地位高	0.836	8.076	41.659***	27.281**
尊严就是职业地位高	2.153	21.893**	7.380	10.292
尊严就是有钱有权	6.420*	6.959	17.438**	19.559*

注:* 表示 sig. <0.05，** 表示 sig. <0.01，*** 表示 sig. <0.001，下同。

总体而言，农民工的尊严观趋于合理，这说明当前农民工在现实中对自身尊严需求的满足度有一个较为理性的感知和评价，从侧面表明当前农民工在社会生活与交往中已经具有了一定的现代性，更倾向于将自己作为一个"正常社会人"看待，而非带有"外来务工者"等社会标签。相较于第一代农民工，新生代农民工的尊严观更为理性，说明新生代农民工比第一代农民工的现代意识更为强烈，他们在社会生活和交往中表现出了更为强烈的主体性。

（二）农民工对人格尊严的看法

总的来说，农民工对各项人格尊严都比较看重。如表3-13所示，有超过五成的农民工比较重视姓名权；超过六成的农民工表示比较重视肖像权；超过七成的农民工表示比较重视名誉权；对于隐私权，农民工赋予了最高的重视度，表示比较重视者超过八成；对于荣誉权，有近七成的农民工表示比较重视。从均值来看，各项人格权的重视程度由高至低分别为隐私权、名誉权、荣誉权、肖像权、姓名权。这表明农民工在现实生活中更可能在隐私、名誉等方面容易受到不公正的对待或侵犯，相应的尊严诉求也高。

表3-13　　　　　　　　农民工对人格尊严的看法　　　　　　　单位:%；分

	非常看重	比较看重	一般	不太看重	非常不看重	均值		
						老一代农民工	新生代农民工	合计
姓名权	25.8	27.9	34.7	9.5	2.1	3.45	3.79	3.66
肖像权	30.8	31.5	27.3	8.5	1.9	3.54	3.96	3.81
名誉权	43.0	33.1	18.4	3.7	1.8	3.88	4.26	4.12
隐私权	52.0	30.2	12.2	2.7	2.9	3.91	4.46	4.26
荣誉权	33.2	34.2	25.0	5.1	2.5	3.64	4.06	3.90

如表3-13所示，两代农民工对于人格尊严权都表现出了较高的

重视度，但相比于老一代农民工，新生代农民工的诉求更高。对于老一代农民工来说，各项人格尊严权在其心中的重视程度在均值上都介于3—4分之间，而对于新生代农民工来说，有隐私权、名誉权、荣誉权三项人格权的均值分在4分以上，且肖像权和姓名权的均值分也非常接近4分。这说明新生代农民工比老一代农民工具有更强的自我意识，他们在现实生活中习得的现代性促使其更加注重人格等内在价值对于尊严的重要意义。

（三）农民工对尊严与外在因素关系的认识

1. 对地位与尊严关系的认识。

如表3–14所示，农民工对不同地位在尊严中的重要性排序依次是：经济地位、社会地位、职业地位、身份地位、政治地位。近六成的农民工认为经济地位与社会地位在尊严中更为重要，而仅有不到三成的农民工认为政治地位在尊严中的作用较大，这表明农民工离政治生活较远，政治参与度不高，所以对政治地位的诉求不强。两代农民工对地位与尊严关系的理解大体一致，较之老一代农民工，新生代农民工对职业地位、政治地位的诉求更强，表明新生代农民工的法律意识与权利保护意识显著增强，在城市的社会工作生活中期待有更多的职业获得感与政治参与度。

表3–14　　　　　　　**农民工对地位与尊严关系的认识**　　　　　单位:%

	身份地位	职业地位	社会地位	经济地位	政治地位
合计	43.3	44.4	56.6	58.1	26.4
老一代农民工	41.8	38.5	58.2	59.7	19.2
新生代农民工	44.1	48.0	55.7	57.2	30.6

2. 对公平与尊严关系的认识。

如表3–15所示，有65.2%的农民工表明教育机会公平与尊严息息相关；有62.3%的农民工认为社会保障公平能带来尊严感；认为尊严与就业机会公平、收入分配公平的关系更为密切的分别占到了59.6%、49.8%；选择通过公平竞争环境和制度规则公平获得尊严感的农民工比重仅有43.4%和38.2%。总的来看，农民工进城务工后，受城乡二元结构限制与自身条件制约，他们对子女教育、社会保障、就业机会、收入分配、竞争环境、制度规则拥有很高的期望值，希望通过融入城市生活以谋求更好的发展并在城市更好地立足，因而更注重平等的就业权、劳动和社会保障权、教育发展权、话语表达权和享有基本公共服务权，并且认为这些权利的实现与尊严感的获得密切相关。两代农民工都认为公平能带来尊严。相比于老一代农民工，新生代农民工更关注教育机会公平。同时，新生代农民工在竞争环境公平与制度规则公平的关注度上远超老一代农民工，这意味着新生代农民工把竞争环境、制度规则等列为了基本环境，表明新生代农民工向着新市民的方向又迈进了一大步。

表 3 - 15　　　　　　　**农民工对公平与尊严关系的理解**　　　　单位:%

	教育机会公平	就业机会公平	收入分配公平	社会保障公平	公平竞争环境	制度规则公平
合计	65.2	59.6	49.8	62.3	43.4	38.2
老一代农民工	56.8	56.8	50.1	62.4	28.4	32.7
新生代农民工	70.1	61.3	49.7	62.2	52.3	41.5

3. 对幸福与尊严关系的认识。

如表 3 - 16 所示，超过八成的农民工认为"有尊严的生活就是幸福的生活"或"生活幸福才是有尊严"，仅有占 18.9% 的农民工认为幸福和尊严两者间没有关系。这充分说明，农民工认为尊严是在个体感受到幸福的基础上提升的[①]，有尊严的幸福，既要有体面的生活和

---

① 周宵、姚佳宁、张葵葵:《积极心理学视域中新生代农民工尊严的提升》,《中国石油大学胜利学院学报》2011 年第 4 期。

健全的身心，也需要基本物质生活的满足。农民工外出务工是为了提升自身及家庭物质生活的水平，但更看重自我价值的实现和社会对其的尊重。两代农民工都认为幸福与尊严有着较大关联。相对于老一代农民工，新生代农民工更趋向于"生活幸福才是有尊严"，这表明随着经济社会发展，新生代农民工更加注重物质丰足与精神需求的均衡化，更期望融入城市生活，获得与城市居民对等的权利义务以及身份、能力和价值的认可与尊重。

表 3 - 16　　　　　**农民工对幸福与尊严关系的理解**　　　　单位:%

	二者没有关系	有尊严的生活就是幸福的生活	生活幸福才是有尊严
合计	18.9	41.1	40.0
老一代农民工	17.3	43.8	38.9
新生代农民工	19.9	39.5	40.6

4. 对金钱与尊严关系的认识。

如表 3 - 17 所示，66.7% 的农民工表示拥有多少钱与是否拥有尊严没有必然联系，26.8% 的农民工认为有钱是有尊严的前提条件，仅有 6.5% 的农民工认为钱很多才算有尊严。相比于老一代农民工，新生代农民工对尊严与金钱关系的认知更为理性，有接近七成的新生代农民工将尊严理解为一种内在的、平等的价值，这种价值理念与金钱的多少并没有必然关联。

表 3 - 17　　　　　**农民工对金钱与尊严关系的理解**　　　　单位:%

	有钱是有尊严的前提条件	钱很多才算有尊严	拥有多少钱与是否拥有尊严没有必然联系
合计	26.8	6.5	66.7
老一代农民工	33.1	4.9	62.0
新生代农民工	23.1	7.4	69.5

二 农民工的尊严感

尊严感是一种内隐情感，它是个体对包括自尊和他尊在内的自身尊严状况的一种内在的认知，具有主观性和个体性的特点。[1] 对包括农民工在内的个体来说，尊严感是其在现实中基于尊严观对自身尊严需求满足度的感知或评价，当尊严被理解为内在的、固有的、平等的价值时，个体就会自动获得尊严感；反之，当尊严被理解为一种外在的、等级性价值，如财富与权势时，尊严就变成社会地位的象征和争夺的对象，个体就会在与他人的比较中对自身尊严需求的满足度形成过高或过低的不恰当评价，产生要么傲慢、要么自卑的心态。[2]

（一）农民工尊严感的现状分析

依据本课题组对农民工尊严感问题的问卷调查资料，主要从"生活有尊严的总体评价"、"人格尊严感"、"权利尊严感"、"个性、能力与价值的被认可感"、"被不公正对待与歧视感"等几个方面归纳农民工尊严感的总体状况。

1. 生活有尊严的总体评价。如表 3 - 18 所示，在受访农民工中，虽然有占 41.2% 的农民工"经常"乃至"总是"觉得自己的生活过得有尊严，但也有 6.2% 的农民工只是"偶尔"觉得自己的生活过得有尊严，甚至还有 2.2% 的农民工"从不"觉得自己的生活过得有尊严。这表明，仍有相当部分农民工对自己生活过得有尊严的评价较低。

2. 权利尊严感。个人合法权利神圣不可侵犯是人的尊严的集中体现，侵犯公民的任何合法权利就等同于践踏公民作为人本身的尊严。表 3 - 18 中的数据结果显示，有 38.4% 的农民工"总是"或"经常"感知到其合法权利得到保障，同时，但也有 7.3% 和 2.9% 的

---

[1] 关香丽、王晶晶：《西南高校农村大学生的尊严感研究——基于 9 所高校 1450 名大学生的调查结果》，《佳木斯职业学院学报》2018 年第 6 期。

[2] 刘睿：《论以和谐为取向的尊严观建设》，《江汉论坛》2013 年第 4 期。

农民工表示"偶尔"或"从不"感觉到自身的合法权利得到保障。在权利是否得到保障的感知方面，农民工对权利尊严感的评价多倾向于"一般"，均值分也仅为3.35分。

表3-18   农民工尊严感的总体评价   单位:%；分

	总是	经常	一般	偶尔	从不	均值
生活有尊严的总体评价	12.7	28.5	50.4	6.2	2.2	3.43
权利尊严感	10.0	28.4	51.4	7.3	2.9	3.35
人格尊严感	11.8	33.4	44.9	8.7	1.2	3.46
个性、能力和价值被认可感	9.6	28.9	50.5	9.0	2.0	3.35
被不公正对待与歧视感	2.4	11.5	29.2	42.0	14.9	2.44

3. 人格尊严感。人格尊严是人的尊严的底线。捍卫个体人格尊严首先要求法律所规定的公民人格权必须得到无条件尊重；其次还要求任何个体在行为、态度、礼节等方面都能得到作为人本身的平等尊重。所以，对人格尊严的维护与保障要求实现除了主体对自身的尊重外，还需要得到他人的尊重。调查结果显示，在感知人格是否被他人尊重方面，农民工的情况还算乐观，有45.2%的农民工表示自己的人格"总是"或"经常"得到他人的尊重，有44.9%的农民工表示"一般"，只有1.2%的农民工觉得自己的人格从来没有得到他人的尊重。

4. 个性、能力和价值被认可感。个性、能力和价值被他人认可是个体尊严感的基石和重要组成部分。表3-18的数据结果显示，在感觉自我个性、能力和价值是否被外界认可方面，有一半的农民工表示状态为"一般"，而且还有9%和2%的农民工感到自身个性、能力和价值只是"偶尔"或"从不"被他人认可，其进一步提升有待于社会环境的优化与改善。

5. 被不公正对待与歧视感。得到他人的公正对待不仅是个体尊严感的重要组成部分，同时也是性别、年龄、身份等结构性特征在尊严感知方面的集中反映。数据显示，有2.4%和11.5%的农民工"总是"或"经常"感受到被他人不公正对待，还有近三成的农民工"一般"感知到被他人不公正对待。这说明，农民工表面上看起来只是一种职业，实际上更是一种制度性身份，对农民工的不公正对待是歧视性的身份制度在城市空间中的延伸、再生。① 当前，要减少乃至消除农民工的被不公正对待与歧视感，不仅要重构已经形成的城市居民和农民工的二重社会，而且要尽可能降低已然出现的身份制世袭效应。农民工尊严感的提升不仅在于农民工自身，还在于农民工子女及其他亲属在城市的工作、学习、生活状况的进一步改善。

6. 农民工对尊严的日常情绪体验。

农民工对尊严状况的感知在其日常的情绪体验中其实也有所体现与反映。表3-19数据结果表明，在自我总的日常情绪体验方面，倾向于对自己作正向评价的农民工平均不到六成，有43.9%的农民工倾向于认为自己是一个失败者，更有44.5%的农民工时常感到自己毫无用处，45.2%的农民工时常认为自己一无是处；但感到自己是一个有价值的人的农民工占57.2%，感到自己有许多好的品质的占57.2%，觉得自己能像大多数人一样把事情做好的占57.5%，而希望自己能为自己赢得更多尊重的占到了58.7%。总的来说，农民工在尊严方面的日常情绪体验值的均值均介于2—3分之间，但相较于农民工在得到他人尊重的感知评价，农民工对自身尊严状况的感知评价要高一点。这说明农民工尊严感的提升除了基于农民工个体对自身的尊重外，更多的还得从外部环境的改善与优化方面着手。

---

① 祝军：《从生存到尊严——农民工市民化的一个维度》，《江汉论坛》2013年第8期。

表 3 – 19　　　　　　　　　农民工对尊严的日常情绪体验　　　　　单位:%；分

	非常符合	符合	不符合	很不符合	均值
我感到自己是一个有价值的人	11.7	45.5	35.5	7.3	2.62
我感到自己有许多好的品质	12.0	45.2	34.3	8.5	2.61
我能像大多数人一样把事情做好	14.9	42.6	33.0	9.5	2.63
我对自己持肯定态度	13.0	43.4	33.7	9.9	2.60
总的来说，我对自己是满意的	12.6	43.5	35.1	8.8	2.60
我希望我能为自己赢得更多尊重	16.7	42.0	28.0	13.3	2.62
我感到自己值得骄傲的地方不多	7.9	43.3	42.1	6.7	2.48
我倾向于认为自己是一个失败者	9.1	34.8	43.9	12.2	2.59
我确实是时常感到自己毫无用处	10.6	33.9	42.2	13.3	2.58
我时常认为自己一无是处	11.9	33.3	40.0	14.8	2.58

（二）农民工尊严感的结构性差异

农民工群体由于存在着结构上的区别，在尊严感知上也必然存在着程度不一的差异，对其展开分析，有助于把握农民工尊严感的变动规律与趋势。

1. 两代农民工尊严感的差异分析。

问卷调查结果显示，新生代农民工与老一代农民工的尊严感，在总体上看大体相同，但也初步显现出一些差异。独立样本 T 检验发现（见表 3 – 20），新生代农民工在对生活过得有尊严的总体评价、权利尊严感、人格尊严感以及个性、能力和价值被认可感四个方面均高于老一代农民工，且存在着显著性差异。这说明更具有现代性的新生代农民工比老一代农民工在自尊与他尊上的感知都更为强烈，现代性的习得有助于农民工形成更为正向的尊严感知。而这一感知在人格尊严上反映最为明显，其次则作用于农民工的主体认知和日常情绪体验上，使得两代农民工在尊严自我感知的总体评价上显示出明显差异。

现代性的习得对农民工的尊严感有正向影响，且它的影响程度由尊严底线到尊严自我感知到群体层面再到个体层面呈现出依次递减的趋势。

表 3 - 20　　　　两代农民工尊严感独立样本 T 检验结果

	项目	样本（N）	均值（M）	T 值	标准差（SD）
对生活有尊严的总体评价	老一代农民工	447	3.24	-5.980***	0.870
	新生代农民工	759	3.55		0.847
权利尊严感	老一代农民工	447	3.17	-5.837***	0.870
	新生代农民工	759	3.46		0.843
人格尊严感	老一代农民工	447	3.25	-6.633***	0.836
	新生代农民工	759	3.58		0.845
个性、能力和价值被认可感	老一代农民工	447	3.19	-5.197***	0.873
	新生代农民工	759	3.45		0.818
被不公正对待与歧视感	老一代农民工	447	2.45	0.021	0.948
	新生代农民工	759	2.44		0.967

同时，如表 3 - 20 所示，独立样本 T 检验发现，两代农民工在感知被他人不公正对待与歧视方面的均值均介于 2.4—2.5 之间，且在感知上不存在显著性差异。这说明，被他人不公正对待与歧视更多的是农民工这一群体因制度身份等特征而导致的，并不会因为年龄等结构性特征而产生差异。

2. 不同性别农民工尊严感的差异分析。

在性别与农民工尊严感的相关上，如表 3 - 21 的数据结果所示，"对生活有尊严的总体评价"与"人格尊严感"两项通过显著性检验，其相关系数分别为 8.169*、9.023*，表明女性农民工比男性农民工的尊严感更高。具体来说，在"对生活有尊严的总体评价"指标上，占 45.6% 的女性农民工表示"感受强烈"，但男性农民工这一比例要低出 7.8 个百分点；在"人格尊严感"指标上，有一半的女性农民工表示出"感受强烈"，而男性农民工只占到了 41.5%。另外三项指标的相关性并没有通过显著性检验，表明在合法权利、农民工的个性、能力和价值等方面的尊严感并不直接受性别因素的影响。

表 3 - 21　　　　　　　**不同性别农民工尊严感的比较**

	男性农民工（%）			女性农民工（%）			相关系数
	感受不强烈	感受一般	感受强烈	感受不强烈	感受一般	感受强烈	
对生活有尊严的总体评价	9.4	52.8	37.8	7.0	47.4	45.6	8.169*
权利尊严感	11.3	53.0	35.7	8.7	49.5	41.8	5.509
人格尊严感	11.0	47.5	41.5	8.6	41.4	50.0	9.023*
个性、能力和价值被认可感	11.9	51.2	36.9	9.7	49.8	40.5	2.429
被不公正对待与歧视感	54.4	31.2	14.4	60.3	26.4	13.3	4.344

　　注：将尊严感的感受从"从不"到"总是"五个等级合并划分为三个等级，其中"从不"、"偶尔"归为"感受不强烈"，"一般"为"感受一般"，"经常"、"总是"为"感受强烈"，分别赋值为 1、2、3，以下有类似表格均同。

　　3. 不同受教育程度农民工尊严感的差异分析。

　　在受教育程度与农民工尊严感的相关上，由表 3 - 22 可知，"对生活有尊严的总体评价"、"权利尊严感"、"人格尊严感"与"个性、能力和价值被认可感"四项指标通过显著性检验，且其相关程度由高至低的排序依次为：人格尊严感，个性、能力和价值被认可感，对生活有尊严的总体评价，权利尊严感。这说明越是受教育程度高的农民工，越倾向于从人格、个性、能力和价值中去获得尊严，更倾向于感知个性、能力和价值被认可所带来的尊严感；他们对尊严需求的满足更多地建立在一些等级性且以人的成就和知识为基础的报偿性价值上，同时也更倾向于对生活过得有尊严作出正向的评价。

表 3 - 22　　　　　　　不同受教育程度农民工尊严感的比较

	选项	小学及以下（%）	初中（%）	高中或中专（%）	大专及以上（%）	相关系数
对生活有尊严的总体评价	感受不强烈	10.6	12.3	6.2	5.5	47.749***
	一般感受	57.7	58.2	46.3	38.5	
	感受很强烈	31.7	29.5	47.5	56.0	
权利尊严感	感受不强烈	13.8	14.2	8.1	4.4	41.910***
	一般感受	53.7	58.2	48.7	40.7	
	感受很强烈	32.5	27.6	43.2	54.9	
人格尊严感	感受不强烈	12.2	16.7	6.6	3.3	70.383***
	一般感受	52.8	52.1	40.6	35.2	
	感受很强烈	35.0	31.2	52.8	61.5	
个性、能力和价值被认可感	感受不强烈	22.0	15.0	7.1	6.6	61.899***
	一般感受	43.9	59.1	48.0	44.0	
	感受很强烈	34.1	25.9	44.9	49.4	
被不公正对待与歧视感	感受不强烈	49.6	57.7	57.7	59.3	5.5
	一般感受	30.1	29.2	29.1	27.5	
	感受很强烈	20.3	13.1	13.2	13.2	

4. 不同外出打工时间农民工尊严感的差异分析。

在外出务工时间与农民工尊严感的相关上，由表 3 - 23 可知，"对生活有尊严的总体评价"、"权利尊严感"、"人格尊严感"与"个性、能力和价值被认可感"四项指标通过显著性检验，且其相关程度由高至低的排序依次为：权利尊严感、人格尊严感、对生活有尊严的总体评价以及个性、能力和价值被认可感。农民工在外出打工期间遭遇了一个从生存到尊严的情感体验转变，外出打工时间越长者越倾向于感知合法权利、人格、能力和价值等对于尊严的重要意义。值得关注的是，权利尊严感与外出打工时间的相关程度最高，表明权利尊严感在农民工中感受最深。随着合法权利越来越多地被赋予给农民工，农民工从中所获得的尊严感也就越来越高。

表 3 - 23　　　　　　　不同外出打工时间农民工尊严感的比较

	选项	1—4 年（%）	5—9 年（%）	10—14 年（%）	15 年及以上（%）	相关系数
对生活有尊严的总体评价	感受不强烈	8.9	13.9	17.8	59.4	37.241***
	一般感受	16.3	17.6	19.9	46.2	
	感受很强烈	25.4	20.7	19.5	34.4	
权利尊严感	感受不强烈	11.4	16.3	13.8	58.5	53.855***
	一般感受	15.3	16.1	22.4	46.2	
	感受很强烈	27.0	22.4	17.3	33.3	
人格尊严感	感受不强烈	5.0	13.4	20.8	60.8	46.159***
	一般感受	17.0	17.7	18.9	46.4	
	感受很强烈	25.0	20.5	20.0	34.5	
个性、能力和价值被认可感	感受不强烈	15.2	10.6	15.9	58.3	32.364***
	一般感受	17.0	17.8	20.0	45.2	
	感受很强烈	23.7	22.0	20.0	34.3	
被不公正对待与歧视感	感受不强烈	18.0	17.5	19.8	44.7	8.800
	一般感受	21.1	18.8	21.7	38.4	
	感受很强烈	21.4	22.6	14.3	41.7	

（三）农民工尊严感的影响因素

在社会学意义上，人的尊严主要指与个人建立了社会关系的他人、群体和社会对个人价值的承认和尊重，并由此形成了个人在人们心目中令人尊敬、敬畏的地位或身份。尊严包含内部和外部两方面，即个人的、主观的评价和来自他人的评价。① 对于农民工来说，其尊严感除了受到自身诸如性别、年龄、受教育程度等结构性因素的影响外，还受到社会文化环境和个人经历的影响。如表 3 - 24 所示，有 59.6% 和 55.3% 的农民工认为尊严感的主要影响因素是工作情况和职业发展，有 43.8% 的农民工认为尊严感的主要影响因素是公民权利的实现，占 35.2% 的农民工认为尊严感的主要影响因素是其融入城市的状况。对于农民工来说，自身工作情况和职业发展情况对其尊严感的影响是最大的，公民权利的实现以及融入城市的状况对其尊严感的影响次之，而农民工与亲人、朋友以及市民的关系对其尊严感的影响最弱。这也就说明了农民工从工作、职业发展情况等与自身能力和价值有密切关系的因素中更容易获得尊严感，而通过与他人交往的关系对其尊严感的影响较小。

表 3 - 24　　　　　　　　　　农民工尊严感的影响因素

	合计		老一代农民工		新生代农民工	
	频数	比例（%）	频数	比例（%）	频数	比例（%）
工作情况	719	59.6	258	57.7	461	60.7
职业发展	667	55.3	230	51.5	437	57.6
公民权利的实现	528	43.8	161	36.0	367	48.4
融入城市的状况	424	35.2	148	33.1	276	36.4
与市民的关系	161	13.3	65	14.5	96	12.6
亲人、朋友的关系	342	28.4	105	23.5	237	31.2

　　虽然两代农民工对影响尊严感主要因素的认识大体一致，但也还存在一定的差异性。在工作情况、职业发展、公民权利的实现、融入

---

① 刘璐、张云霞、杨芳：《养老机构中老年人尊严的研究进展》，《护理学杂志》2016 年第 11 期。

城市的状况以及农民工与亲人、朋友的关系等因素的影响强度上，新生代农民工都要高于老一代农民工，反而在"农民工与市民的关系"这一因素的认识上，老一代农民工要略高于新生代农民工。这就说明新生代农民工更多地将职业地位、合法权利、社会地位以及家庭关系构成其尊严感乃至尊严诉求的主要生成依据。

第三节　农民工的尊严诉求及其结构性差异

农民工的尊严诉求是农民工在一定的社会环境中，基于尊严认知，对自身尊严需求的有意识表达。依据对农民工尊严诉求的问卷调查资料，本节主要从农民工尊严诉求的表现形式、农民工尊严诉求的表达方式以及农民工尊严诉求的尊重与保障三个方面来阐述农民工尊严诉求的总体状况。

一　农民工对尊严受到侵犯的认知

首先来看农民工对其尊严受到侵犯时标准的认知。从表 3 - 25 可知，占 70.3% 的农民工认为尊严受到侵犯的标准是合法权利受到他人侵害，占 67.7% 的农民工认为是生命健康、人身安全受到他人危害或漠视时，占 56.6% 的农民工认为是当身份受到歧视时。由此可见，农民工对尊严受到侵犯时的标准，将合法权利排在第一位，其次是生存尊严，第三是人格尊严，最后是个人能力和价值被他人的认可程度。

两代农民工在对尊严受到侵犯标准的总体认识上大体相同，但也呈现出一定的差异性。老一代农民工对生存尊严和权利尊严赋予了相同的认知度，而新生代农民工对权利尊严的认知要高于生存尊严。这意味着新生代农民工比老一代农民工更加注重除生存尊严等基础尊严以外的尊严需求。在人格尊严认知上，新生代农民工更加希望个人名誉和隐私受到尊重，而老一代农民工更加希望自己的身份不受到歧视。这说明相比于老一代农民工，新生代农民工的身份意识更强，他们对城市的融入程度要高于老一代农民工。同时，在能力和价值被他

人认可度上，新生代农民工的认知比老一代农民工均要高出7—8个
百分点。

表3-25 农民工认为尊严受到侵犯的标准

	合计		老一代农民工		新生代农民工	
	频数	比例（%）	频数	比例（%）	频数	比例（%）
生命健康、人身安全受到他人危害或漠视	817	67.7	285	63.8	532	70.1
合法权利受到他人侵害	848	70.3	285	63.8	563	74.2
贡献或价值不被他人认可	487	40.4	157	35.1	330	43.5
身份受到歧视	683	56.6	237	53.0	446	58.8
个人能力被轻视	399	33.1	128	28.6	271	35.7
个人名誉和隐私不受尊重	652	54.1	189	42.3	463	61.0

　　农民工的尊严认知除了存在年龄结构的差异外，在性别、外出打
工时间、受教育程度等方面也呈现出了结构性差异（见表3-26）。
就性别与尊严诉求的相关系数来看，"贡献或价值不被他人认可"、
"个人能力被轻视"和"个人名誉和隐私不受尊重"这三项指标通过
了显著性检验，这表明女性农民工相比于男性农民工更加注重人格尊
严以及能力和价值被他人的认可度。就外出打工时间与尊严诉求的相
关系数来看，"合法权利受到他人侵害"、"贡献或价值不被他人认
可"、"个人能力被轻视"、"个人名誉和隐私不受尊重"这四项指标
通过了显著性检验，这表明外出打工时间越长的农民工越注重在人
格、能力和价值、合法权利等方面的尊严诉求。就受教育程度与尊严
诉求的相关系数来看，"合法权利受到他人侵害"、"贡献或价值不被
他人认可"、"个人名誉和隐私不受尊重"这三项指标通过了显著性
检验，这说明受教育程度越高的农民工越注重人格、贡献和价值、
合法权利等方面的尊严诉求。

表3-26　农民工的结构性因素与尊严受到侵犯标准的相关系数

	性别	外出打工时间	受教育程度
生命健康、人身安全受到他人危害或漠视	0.084	4.716	7.561
合法权利受到他人侵害	2.006	11.930*	16.483**
贡献或价值不被他人认可	12.266***	11.916*	21.177***
身份受到歧视	0.512	10.982	4.576
个人能力被轻视	11.919**	12.806*	6.880
个人名誉和隐私不受尊重	15.353***	23.516***	33.908***

　　从表3-26可知，只有"身份受到歧视"这一指标在性别、外出打工时间、受教育程度等方面均没有通过显著性检验。这说明在两代农民工之间，在身份方面的人格尊严认知并不具有显著性差异。而这一点在表3-27中可以得到验证：有超过八成的农民工认为农民工尊严受到侵犯与其外来务工身份有关系，但这种相关性在两代农民工之间并不具有差异，认为有关系的所占比例均在80%左右，而认为没有关系的比例也都在10%以下。

表3-27　农民工对尊严受到侵犯与外来务工身份关系的看法

	合计		老一代农民工		新生代农民工	
	频数	比例（%）	频数	比例（%）	频数	比例（%）
有很大关系	149	17.0	71	20.6	78	14.6
有一些关系	579	66.0	226	65.7	353	66.2
没有关系	78	8.9	26	7.6	52	9.8
说不清	71	8.1	21	6.1	50	9.4

　　从表3-28可知，仅有27.3%的农民工表示从未有过尊严受到侵

犯的经历，有56.8%的农民工表示"偶尔有"，有12.6%的农民工表示"经常有"，更有3.3%的农民工表示经历过很多次尊严受到侵犯的情况。这在一定程度上说明当前农民工或多或少地都存在着尊严缺失的情况，其尊严感的进一步提升有待于尊严诉求的进一步满足。而在两代农民工之间，尊严受到侵犯的情况在老一代农民工中发生得更多，这与新生代农民工的受教育程度、城市融入程度以及更具现代性等有一定的关系。

表3-28　　　　　　　　　农民工尊严受到侵犯的情况

	合　计		老一代农民工		新生代农民工	
	频数	比例（%）	频数	比例（%）	频数	比例（%）
从来没有	329	27.3	103	23.0	226	29.8
偶尔有	685	56.8	271	60.6	414	54.5
经常有	152	12.6	56	12.5	96	12.7
很多	40	3.3	17	3.9	23	3.0

由表3-29可知，在农民工尊严受到侵犯的类型归属上，占45.6%的农民工认为尊严受到侵犯主要是因为受到了不公平对待、歧视等，占22.5%的农民工认为是个人合法权利受到了侵犯，占17.0%的农民工认为是个人的能力、价值不被他人所认可，还有占14.9%的农民工认为是人格受到了侮辱。这说明当前农民工尊严受到侵犯更可能是受到了不公平对待与歧视以及个人合法权利没有得到保障，所以提升农民工的尊严感可通过构建公平正义的社会环境以及赋予农民工更多权利保障等途径来实现。两代农民工在尊严受到侵犯的类型归属上大体相同，但也存在着一定的差异性。对于老一代农民工而言，有近一半的人尊严受到侵犯是因为在日常工作生活中受到了"不公平对待和歧视"，这一点在新生代农民工中所占比例要低一些；老一代农民工尊严受到侵犯的情况排在第二位的是"个人的能力、价

值不被认可",排在第三位的是"个人合法权利受到侵犯",而新生代农民工尊严受到侵犯的排序恰好相反。提升农民工尊严感除了要保障和维护农民工尊严不受侵犯外,还要更多地注意农民工内部的异质性,以便有针对性地采取对策措施。

表 3 - 29　　　　　　　农民工尊严受到侵犯的类型归属

	合　计		老一代农民工		新生代农民工	
	频数	比例（%）	频数	比例（%）	频数	比例（%）
人格上受到侮辱	131	14.9	49	14.2	82	15.4
个人合法权利受到侵犯	197	22.5	59	17.2	138	25.9
受到不公平对待、歧视等	400	45.6	170	49.4	230	43.2
个人的能力、价值不被认可	149	17.0	66	19.2	83	15.5

二　农民工维护尊严的表达方式

如表 3 - 30 所示,在问及农民工尊严诉求受到侵犯时采取的主要措施时,占多半的农民工采取了较为理性的表达方式,但也有部分农民工采取了不太正确甚至是非理性的表达方式。具体来说,当尊严受到侵犯时,有超五成的农民工表示会寻求法律的帮助,这说明农民工已经具备了一定的法律意识;有 54.7% 的农民工表示会寻求街道、社区居委会组织的帮助,有 38.5% 的农民工表示会向上级政府反映,有 27.6% 的农民工表示会找媒体(报纸、电视)曝光,这说明农民工已经具有一定的组织性,倾向于通过寻找政府、社会组织或者是媒体等机构来维护尊严不受侵犯,这在一定程度上对社会组织的培育和政府、媒体对农民工的关注度提出了更高的要求;有 25.8% 的农民工表示会求助亲友或同乡,有 20.7% 的农民工表示会寻找德高望重的中间人调解,这说明农民工在尊严受到侵犯时更倾向于去寻找同质性群体或者是同伴群体来维权，其现代性意识有所觉醒但仍有待进一步提升。另外，也有21.8%的农民工选择能忍则忍，18.0%的农民工选择自己找对方理论、算账等方式来维权，更有甚者，还有12.0%的农民工选择采取强力手段来解决，这些都是不太理性的尊严维护方式。并且，当尊严受到侵犯时，新生代农民工较老一代农民工所采取的维护措施要更为理性。老一代农民工更倾向于先"寻求街道、社区居委会组织的帮助"再"寻求法律的帮助"，而新生代农民工则更倾向于先"寻求法律的帮助"再寻求"街道、社区居委会组织的帮助"；老一代农民工把"能忍则忍"也作为了其维护尊严的重要措施之一，这项指标在新生代农民工中所占的比例要低出10多个百分点。值得注意的是，采取"自己找对方理论、算账"或"采取强力手段解决"等不够理性的维权措施在新生代农民工中所占比例也达到了17.8%和14.1%，这说明新生代农民工的表达方式具有明显的二维性，带有混合乃至矛盾的特点。

表3-30　　　　农民工尊严受到侵犯时采取的维护措施

	合计		老一代农民工		新生代农民工	
	频数	比例（%）	频数	比例（%）	频数	比例（%）
寻求街道、社区居委会组织的帮助	660	54.7	248	55.5	412	54.3
向上级政府反映	464	38.5	158	35.3	306	40.3
求助亲友或同乡	311	25.8	122	27.3	189	24.9
找媒体（报纸、电视）曝光	333	27.6	114	25.5	219	28.9
寻找德高望重的中间人调解	250	20.7	87	19.5	163	21.5
自己找对方理论、算账	217	18.0	82	18.3	135	17.8

	合计		老一代农民工		新生代农民工	
	频数	比例（%）	频数	比例（%）	频数	比例（%）
采取强力手段解决	145	12.0	38	8.5	107	14.1
能忍则忍	263	21.8	127	28.4	136	17.9
寻求法律的帮助	663	55.0	209	46.8	454	59.8

三　农民工的尊严诉求

有尊严的幸福生活何以可能，一个必不可少的重大前提是"私人生活领域"的"个人自由"与"公共生活领域"的"社会正义"。[①]依循这一逻辑，实现农民工有尊严地生活，就个体而言，既包括对人的一定程度的物质文化需求的满足，也包含着保障人的基本权利的重要内容；就社会整体而言，则意味着社会公平与正义以及人与人之间相互尊重、相互承认的良好社会秩序。[②] 基于此，本章从国家社会层面和个体层面来探讨农民工尊严诉求。

（一）对国家和社会层面的尊严诉求

就国家和社会层面而言，本章主要从物质文化条件的满足、合法权利的保障、良好社会风气的培养、制度环境的建立与维护等方面展开探讨。

在国家和社会应如何保障人的尊严方面（见表 3-31），农民工最为重视制度环境的建设，期望社会制度的公平、公正，社会环境的安定、和谐。此外，农民工还相对重视社会平等、互相尊重氛围的构建（占 63.8%），人们合法权利保障体制的完善（占 63.1%），强调对损害他人权益的行为进行打击（占 56.8%），但也有近半数的农民工认为实现对人尊严的保障与维护只需提供基本的物质文化生活条件

---

① 贺来：《有尊严的幸福生活何以可能?》，《哲学研究》2011 年第 7 期。
② 柯敏、张志伟：《论有尊严的生活及其实现路径》，《武汉理工大学学报》（社会科学版）2018 年第 5 期。

即可（占54.8%）。总体而言，农民工对于国家和社会应如何保障人的尊严有着较为全面的认识，但也有部分农民工还停留在基本物质文化生活条件的保障上面。

表3－31　　　　　对国家应该如何保障农民工尊严的诉求

	合计		老一代农民工		新生代农民工	
	频数	比例（%）	频数	比例（%）	频数	比例（%）
提供基本的物质文化生活条件	661	54.8	244	54.6	417	54.9
帮助老百姓自由行使自己的合法权利	761	63.1	257	57.5	504	66.4
在全社会培养平等尊重人的社会风气	770	63.8	247	55.3	523	68.9
建立更为安定、公平、公正的制度环境	910	75.5	304	68.0	606	79.8
对损害他人权益的行为进行打击	685	56.8	240	53.7	445	58.6

对两代农民工来说，在保障和维护尊严的认识上基本一致。在五项测量指标的排序中，占前三位的是：老一代农民工依次为"建立更为安定、公平、公正的制度环境"、"帮助老百姓自由行使自己的合法权利"、"在全社会培养平等尊重人的社会风气"；而新生代农民工依次为"建立更为安定、公平、公正的制度环境"、"在全社会培养平等尊重人的社会风气"、"帮助老百姓自由行使自己的合法权利"。这表明，两代农民工都希望在制度环境的建立、合法权利的保障、良好社会风气的培养等方面来保障人的尊严。当然，从各项指标所占比例中可知，相比于老一代农民工，新生代农民工在国家和社会层面保障和维护人的尊严的认知上要更为强烈。

（二）对个体层面保障自身与他人尊严的诉求

对于个体生活来说，尊严时时处处都是以自尊和尊重他人的个体觉悟为主体条件的。[①] 农民工对自我尊严的守护与对他人尊严的充分尊重构成了有尊严的生活的主体基础。基于此，本章有关农民工个体层面的尊严诉求保障的分析，主要从农民工保障自身尊严和保障他人尊严两个方面来展开。

在保障自身的尊严方面，农民工总体上有着较为正确的认识。如表 3-32 所示，大部分农民工认识到合法权利与权益（占 67.0%）、人格尊严（占 63.4%）得到捍卫对于人尊严的意义；同时亦有相当部分农民工表示应通过提升自己的职业地位（占 49.3%）、提升自身的正义感（占 43.0%）、使自己物质生活过得更体面（占 41.4%）来保障自己的尊严；而较少的农民工将尊严的保障与有钱有权、社会地位的超越相联系。

表 3-32 　　　　　　　农民工对保障自身尊严的诉求

	合计		老一代农民工		新生代农民工	
	频数	比例（%）	频数	比例（%）	频数	比例（%）
使自己的物质生活过得更体面	499	41.4	207	46.3	292	38.5
提升自己的职业地位	594	49.3	197	44.1	397	52.3
在社会地位上想法超越他人	227	18.8	71	15.9	156	20.6
努力使自己变得有钱有权	347	28.8	119	26.6	228	30.0
积极捍卫自己的人格尊严	765	63.4	247	55.3	518	68.2
珍惜并捍卫自己的合法权利与权益	808	67.0	253	56.6	555	73.1
提高自身的正义感	518	43.0	160	35.8	358	47.2

① 刘佑生：《论有尊严的生活》，《伦理学研究》2012 年第 1 期。

调查结果同时显示，虽然两代农民工均认识到了合法权利和权益、人格得到捍卫对于人的尊严的意义，但新生代农民工的诉求要更为强烈。在新生代农民工那里，更加充分地认识到珍惜并捍卫自己的合法权利与权益（占 73.1%）、积极捍卫自己的人格尊严（占 68.2%）、提升自己的职业地位（占 52.3%）、提高自身的正义感（占 47.2%）对于保障尊严的意义。老一代农民工对保障自我尊严的理解要更为实际，他们较少将尊严的保障与有钱有权（占 26.6%）、社会地位的绝对超越（占 15.9%）相联系，但又更为充分地认识到基本物质需求的满足（占 46.3%）对于人获得尊严的先决性意义。

在对如何保障他人尊严的认识上，农民工同样有着较为正确的认识。如表 3-33 所示，农民工非常重视在日常的言行礼仪中尊重他人的人格（占 77.4%）、合法权利与利益（占 71.9%），相对充分地认识到了人格、合法权利与利益作为人的尊严底线的意义，它不允许受到任何人、任何形式的侮辱与践踏。在他们看来，尊重他人的人格、权利与利益，不歧视他人的重要性要高于尊重人的身份与地位（占 58.0%）以及个性、能力与价值（占 57.3%），更高于尊重人的道德人品（占 43.9%）。另外，从农民工保障他人尊严的具体举措来看，农民工更倾向于通过尊重来保障他人的尊严，而较少通过积极关爱、帮助他人和出手帮助受欺辱者等积极性行动来实现对他人尊严的保障。调查的数据结果还显示，两代农民工虽然对如何保障他人尊严的理解上大体相同，但在各项具体指标上的理解存在着明显的差异性。较之老一代农民工，新生代农民工对于如何保障他人的尊严认识更为理性、全面，他们更为重视尊重他人的人格尊严（占 79.2%）、身份和地位（占 63.0%）、合法权利与利益（占 74.0%），更加充分地认识到尊重他人的个性、能力与价值（占 64.8%）、不歧视他人（占 62.5%）、认可他人的道德人品（占 48.2%）对于保障他人尊严的重要意义，也更加倾向于且能够通过积极关爱、帮助他人（占 59.0%）、出手帮助受欺辱者（占 35.6%）等积极性行动来保障他人的尊严。

表3－33 农民工对应该如何保障他人尊严的呼吁

	合计		老一代农民工		新生代农民工	
	频数	比例（%）	频数	比例（%）	频数	比例（%）
尊重他人的人格尊严	933	77.4	332	74.3	601	79.2
尊重他人的合法权利与利益	867	71.9	305	68.2	562	74.0
尊重他人的身份、地位	700	58.0	222	49.7	478	63.0
积极关爱、帮助他人	652	54.1	204	45.6	448	59.0
认可他人的道德人品	529	43.9	163	36.5	366	48.2
尊重他人的个性、能力与价值	691	57.3	199	44.5	492	64.8
出手帮助受欺辱者	404	33.5	134	30.0	270	35.6
不歧视他人	721	59.8	247	55.3	474	62.5

　　总体上说，农民工对保障尊严的认识总体上是较为正确、理性的，但较之老一代农民工，新生代农民工的认识要更为理性与强烈，其尊严诉求主要体现在人格、合法权利等内在的、平等的价值保障上。在制定和完善农民工尊严保障政策和措施时，还必须充分考虑农民工内部的异质性以及新生代农民工群体内部存在的二维性。

第四章　城市身份格局中农民工的
政策期待

政策都是指向目标人群的，要使政策取得预期的成效，就必须选定目标，并面对决策时所遇到的困局。社会政策的发展虽然不能完全从需要、利益和要求的角度进行解释，但它应力图将"需要"和"系统性要求"结合起来，综合考虑社会整合与系统整合的问题。①本章继续运用课题组的问卷和访谈调查材料，在现行城市身份格局的背景下，揭示农民工群体对社会政策认知、接纳和期待，及其相关的社会态度，探讨社会政策的建构如何更好地回应农民工群体的利益诉求，协调不同群体之间的关系，以推动农民工的市民化和城市融入的进程。

第一节　农民工群体对现行社会政策的
认知与态度

在讨论社会政策的功效时，我们所关注的不能仅仅是具体的和单项的社会政策项目，还要把它们看成是社会政策体系。这一体系由一系列具有共同的价值导向的社会政策项目构成，并服务于特定的社会

---

① ［德］克劳斯·奥菲：《福利国家的矛盾》，郭忠华等译，吉林人民出版社 2011 年版，第 103、105 页。

发展目标。① 要使社会政策承担起它所肩负的社会性的目标和价值，必须代表其目标人群的立场或价值诉求。准确把握农民工对相关社会政策的认知与态度，是发挥社会政策功能中不可忽视的问题。

一 农民工对现行社会政策的认知

所谓政策认知，是人们根据以往的知识和经验对各种政策现象的认知、理解和判断。政策认知是一个包括主体、客体及环境等在内的各个因素相互作用的心理过程，可以分为政策知觉、政策印象和政策认知判断三个阶段。

（一）农民工对相关政策的知晓状况

严格意义上的政策认知，所关涉的实际上是对相关社会政策"知道什么"、"知道多少"以及"如何看待判断"的问题。从可操作性的角度看，弄清农民工对相关社会政策的知晓状况，可对其政策认知有一个基本的把握。

为了解农民工对相关社会政策的知晓状况，我们列举了9项与农民工关系密切的社会政策展开调查，如表4-1所示。调查结果显示，从均值来看，超过3分的只有两项，即医疗保险政策、养老保险政策，这两项政策推行时间较早，与农民工关系密切，知晓率相对较高；其他7项，得分均为2.58—2.95，就是理应为农民工所熟知的农村土地政策、粮补和林补等补贴政策，得分也不高。如果以"非常清楚＋比较清楚"表示知晓率的话，位居前三位的为医疗保险政策（34.3%）、养老保险政策（31.8%）、子女就学的政策（29.6%），知晓率最低的三位则是：收入分配政策（20.1%），社会救济政策（17.8%），粮补、林补等补贴政策（17.7%）。总的来说，农民工对相关社会政策的知晓率处于中等略偏下水平。

---

① 林卡：《社会政策、社会质量和中国大陆社会发展导向》，《当代社会政策研究》2004年8月（总第九辑）。

表 4 - 1　　　　　　农民工对相关社会政策的认知　　　单位:%;分

	非常清楚	比较清楚	一般	不太清楚	完全不清楚	均值
城市落户政策	5.5	18.9	35.8	33.7	6.1	2.84
养老保险政策	6.3	25.5	38.7	26.0	3.5	3.05
医疗保险政策	6.4	27.9	40.7	21.5	3.5	3.12
社会救济政策	3.5	14.3	38.3	35.7	8.2	2.69
劳动就业政策	4.9	18.2	40.0	30.8	6.1	2.85
收入分配政策	4.0	16.1	34.5	37.6	7.8	2.71
子女就学的政策	5.8	23.8	36.1	28.4	5.9	2.95
农村土地政策	4.7	16.4	35.3	34.7	8.9	2.73
粮补、林补等补贴政策	4.4	13.3	31.6	37.4	13.3	2.58

（二）农民工对相关社会政策知晓现状的原因

农民工对相关社会政策的知晓程度并不高，为此，我们在访谈中进行了调查，其原因大致可分为四个方面:

1. 无心或者无力关注。这其中有一些农民工受教育程度不高的原因，对相关社会政策难以理解（如个案23）；也有一些农民工政治冷漠的原因，认为这些关于政策的事情应该归政府操心，归专家解读，与平民百姓关系不大（如个案12）。

个案23:吴某。"我没读过什么书，对国家政策什么的都不了解，也不关注。希不希望有好政策？那当然希望啦！问题什么是好政策，我就搞不清楚了。当然啦，像我们这些外来的农民工与当地人有蛮大的区别，像我弟弟的孩子在学校上学被老师打伤也只是赔了点钱就没事了，不知道有没有政策管一管?"

个案12:朱某。"我不太关注政策，每天下班后只偶尔看看电视上的一些东西，对国家政策方面的事不太清楚。政策那些事是政府的事，与我们平头百姓有多少关系，要你操心你也搞不清楚。我们每天在工厂就是干同样的事情，也没有时间去操心其他事情。如果政策对农民工有利，当然是非常赞同的。"

2. 想关注，但又感觉太难。个案19作为读过职院的大学生，他觉得要关注政策，其中有一个不小的难处，就是获取政策信息较难。这一问题确实存在。我国有许多政策，从文本的角度讲，一个事情，颁发文件的层级多，变化也快。例如，与农民密切相关的户籍制度改革政策，有国务院及有关部委出台的决定、意见，有省级政府层面进一步落实的意见，还有城市政府一级的具体落户政策。国家、省级层面的政策大都比较有原则性，但有大政方针；市级层面的比较具体，但欠缺宏观。国家层面放宽对少数城市落户的限制条件及具体名单时常发生变化，在最近一版户籍制度改革文件之后，在全国城镇化规划以及中央其他文件中又有新的精神，使人很难及时掌握相关信息。同时，政策文本结构在类型上可区分为政策原文本、执行文本、宣传文本、解读文本及阅读文本，其中宣传文本、解读文本主要是作普及用的。① 但我国目前专供某一专门人群用的政策宣传文本、解读文本太少（除就某些专门人群立法，如残疾人保护法、老年人保护法、青少年保护法外），同时提供查询之用的政策原文本、政策执行文本的有关平台也比较缺乏，这就导致政策供需之间信息不平等的状况大量存在。

> 个案19：崔某。在苏州昆山某建筑工地工作。"对国家的有关政策，我不太关注，搞不清楚有哪些政策，不知道有什么权益。我是大专毕业，按道理是应该对国家有关政策表示关心，问题是怎么去关心，到哪里去查这些政策啊？上政府网站查，不查得你筋疲力尽才怪！说实话，对有关讨论农民工政策的事情，我

---

① 刘小年：《中国农民工政策研究》，湖南人民出版社2007年版，第27—28页。

不会参与，没有为什么，就是难得费神。"

3. 想关注，但又觉得无用。个案32实际上提出了一个政策文本与政策实施如何形成有机链条的问题，目前两者之间确实存在一定程度的脱节，"光听楼梯响，不见人影来"。久而久之，也就导致人们对政策关注失去兴趣。在农民工群体里，这一状况之所以产生，或是社会政策改革呈碎片化特征，单项的社会政策改革缺乏应有的力度，不能得到有效的实施；[①] 或者缺少中央、省与地方政府法律制定与执行权力的分权框架；地方政府在履行职责时常常捉襟见肘，无法达成原定的政策目标。[②]

> 个案32：谭某。长沙某电脑城销售。"坦率地讲，对于什么政策我是不太关注的。按理说，在电脑城搞销售应该关心政策，但我不这么认为：一则我不是老板，一个打工的关心那么多事干什么；二则在商业圈混久了就知道，好多时候文件是文件，做事是做事。国家肯定对农民工制定了一些政策，但真正落地的有多少？谁来落实？不落实怎么办？哪个又讲得清楚！反正我是不会操政策的心，听老板的话，做好分内的事就行了。"

4. 有选择地关注。个案13、个案40均谈到了这一问题，这是一种实用的方式，也是目前农民工对政策关注采取得比较多的方式。特别是个案40，她本身也是农民工，同时又是长沙某外来工社会组织的负责人，曾在深圳社工机构工作过，她就认为有政策需求才会引发对政策供给的兴趣。农民工之所以采取"有选择地关注"这种态度，与社会政策缺乏足够多的兴趣点和吸引力有关。有研究者谈及，现行

---

① 沈君彬：《社会政策视阈下的新生代农民工城市融入——一个分析的框架》，《中共福建省委党校学报》2012年第10期。
② 岳经纶：《农民工公共服务——国际经验、本土实践、政策建议》，中山大学出版社2012年版，第184页。

社会政策对农民工权利的回应都有消极性、应付性、变动性的特征，不利于农民工权利保障的规范化、系统化、法制化，要改变这一状况，必须针对农民工的权利诉求，使社会政策具备积极性、发展性、主动性的特点。① 也有研究者谈到，目前我国在农民工政策的制定和调整上，习惯性地进行权利损害风险的评估，注意保持权利稳定，事情和行为可控，社会秩序稳定，民众服从，所出台的往往是权利风险"微乎其微"的政策。②

> 个案13：刘某。在浙江温州某建筑工地工作。"对国家有关政策了解得不多，但与自己在外面打工、与家里人密切相关的政策，还是会想办法多了解一点。像我孩子在老家上学，我就对有关他们的教育政策比较关注，包括进城读书行不行，要什么手续，能不能进好一点的学校，都会打听清楚。我长时间在外地务工，很希望有政策能照顾到我们，当然对就业、工伤报销之类的政策比较关心。"

> 个案40：梅姐。长沙某外来工社会组织负责人。"农民工除非要买房，才会关注买房的政策；孩子需要上学，就关注孩子上学的政策。社区也是站在管理的角度，不会看重发展的问题，也不太关注政策。"

二　农民工对现行社会政策的态度

对政策所持的社会态度，是社会行为主体对政策这一客体所形成的较为一贯的固定化的反应倾向，或者说是其在社会生活中心理活动过程的一种显现，它既是指人们的内在体验，又是一种社会行为的倾向性。社会态度包括认知、情感、动机三个要素。本章主要从情感要

---

① 刘世青、刘雪：《农民工的权利诉求及社会政策回应》，《学习与实践》2011 年第12 期。

② 金维刚、石秀印主编：《中国农民工政策研究》，社会科学文献出版社2016 年版，第62 页。

素角度，运用满意度指标对农民工关于现行社会政策的社会态度进行考量。

（一）农民工对社会保险政策的满意度评价

对农民工来说，社会保险政策尤其是养老保险政策（俗称"新农保"）和医疗保险政策（俗称"新农合"）是起步较早，近年发展颇快的社会政策。问卷调查结果表明，农民工参加医疗保险比例达到了93.1%，养老保险也达到了57.6%，参加失业保险、工伤保险、住房公积金的甚少，其比例分别为21.3%、26.6%、16.4%。本课题负责人所率领的研究团队于2002年调查，当时农民工参加了社会保险的人只占被调查者的7.3%，表明在农村社会保险的发展速度是比较快的。

1. 社会保险政策满意度名列前茅。被调查者在回答对于政府已出台的相关政策的满意度如何时，医疗保险政策和养老保险政策又双双领先，其中医疗保险政策满意度达到52.2%，养老保险政策满意度达到41.9%，远超过其他社会政策的满意程度，如表4－2所示。

表4－2　　　　　　　　农民工对相关社会政策的满意程度

	频数	比例（%）
城市落户政策	288	23.9
养老保险政策	505	41.9
医疗保险政策	629	52.2
社会救济政策	198	16.4
劳动就业政策	239	19.8
收入分配政策	124	10.3
子女就学的政策	273	22.6
农村土地政策	219	18.2
粮补、林补等补贴政策	213	17.7

在访谈调查中，医疗保险和养老保险均受到不少好评，但养老保险得到的赞誉更高一些。

个案36：王某。以往长年在城市建筑工地当副工，现已回老家。"在国家的政策中，我很满意'新农保'。那个'新农保'，我是每年缴费100块，缴纳了4年，满60岁后就不用缴费了，每月还可享受105块。这个钱在农村虽然也不多，但我毕竟一共只缴纳400块钱呐。当时应该缴纳500、1000块的，每月享受比现在多多了。我老婆当时在城里儿子那里带小孩，入的是城镇居民养老保险，一次性缴纳3万8千元，现每月可享受1500块。"

个案1：王某。建筑工人，奔走于城市与乡村之间。他对养老保险赞誉有加，与个案36所谈的情况在具体数字上稍有区别，应该是地区间政策略有差别的原因吧！"养老保险是一个人每年要缴费100元，60岁以上的就不用交了，其他人需要缴满15年，缴满15年后就不需要再缴费了，到60岁的时候就可以领养老保险。养老保险还蛮好的，像我妈妈，现在74岁了，从来没有缴过费，现在也可以领养老保险，刚开始是每月70元，后面加到每月85元、95元，现在有103元了，估计以后还会增加的。我们村里应该所有人都参加养老保险了，这个政策好嘞，希望国家多出这样的政策。"

2. 社会保险政策存在问题及改革方向。

在访谈调查中，一些受访者也谈及了社会保险政策目前存在的问题，对养老保险更多地涉及的是保障水准的问题，对医疗保险需要改进的地方则明显地更多一些。

个案21 洪某将目光聚焦于养老保险和劳动保护，认为："对目前国家的有关政策，征地补偿、农村合作医疗这些都很得人心，但是农村人养老问题，虽然有保险了，但这个保障还是非常的低。我觉得劳动保护还不够好，一些作业保障不够安全，工伤比较多，职业病也多。"

个案25 潘某最不满意的是农民工子女入学政策："在目前国家有关政策中，最不满意的是农民工与市民不一样，子女入学就存在很大的问题，在外入学不能和市民子女享受一样的待遇，想要进好点的学校很难。"

个案1 王某对医疗保险中值得改进之处提了不少意见，他说："我觉得农村医疗保险缴费很高，一个人每年要交250元。我家除了上大学的儿子外都入了医疗保险，实在是没得办法，全家少入一个也不行，只要有一个人没入，家里有人住院就无法报销了。我们在外面住院，医疗报销也不太方便，要带身份证、户口本、医保卡和出院时开的医疗发票之类的，回到家里这边才可以报销。我有个朋友在贵州安顺那边住院了，回来后只报了30%多一点，差不多只能报家里的一半。"

访谈中谈到的医疗保险政策实施中存在的问题在问卷调查中已有所反映。被调查者认为，目前医疗保险中存在问题居前三位的分别是：个人缴费太高（占28%）、报销比例低（占21.5%）、异地结账麻烦（占20.3%）；稍低一点的还有：担心政策不稳定（占14.2%）、报销不及时（占12.4%）。在社会保险各个险种中，使用最频繁的是医疗保险，满意度最高的是医疗保险，反映问题最多的也是医疗保险，但在意料之中，这也是所谓"爱之深，痛之切"吧！

对农民工到底是继续参加"新农合"，还是加入医疗保险，抑或是单独设立有别于以上两类的农民工医疗保险？对此，政府有关部门和学术界也有一些不同的看法，受调查者的选择也是多样化，其中以继续参加"新农合"者比例最高，占28.5%；单独设立农民工医疗保险者次之，占17.7%；有人主张加入城镇居民医疗保险（14.0%）、城镇职工医疗保险（13.8%），但也有占26.0%的人表示"说不清"。

包括养老保险、医疗保险在内，目前城镇社会保障制度中的不少政策规定，如费率、费基、待遇享受门槛、退保等方面，确实不利于农民工参加城镇社会保险和享受相应待遇，而农村社会保障制度对农民工进城在保障方面所起作用还不够有力，建立城乡统一的社会保障制度应提上议事日程。在回答有无必要建立城乡统一的社会保障制度时，被调查者表示有必要的占 73.0%，近 3/4；认为没必要的只占6.6%；还有 20.4% 的人持"说不清"和"无所谓"的态度。但对于社会保障的哪些项目应最先实现城乡统一的问题，列前三位的选择是：医疗保险、养老保险、最低生活保障，如表 4-3 所示。

表 4-3　　农民工对最先实现城乡统一的社会保障项目的看法

	频数	比例（%）
养老保险	820	68.0
失业保险	411	34.1
医疗保险	849	70.4
最低生活保障	612	50.7
生育保险	230	19.1
工伤保险	489	40.5
其他救助制度	214	17.7

（二）农民工对其他社会政策满意度的评价

提及对其他社会政策进行评价时，农民工最先谈及的往往是经济政策，包括对税费改革、金融贷款等政策的满意与否问题。这些政策实际上影响到农民工的经济活动、经济收入，甚至在城市中的生存，他们给予足够的关注是顺理成章的。在我们的访谈中，个案 28 谈到了经济环境政策问题，个案 9 则谈及了创业政策问题。

　　个案 28 刘某作为小餐馆老板娘，对经济环境问题反复提及，她说："我觉得政策对农民工支持力度还是小了点，做事的环境一般。在外面做事不容易，主要是租金太贵了。好在这个门面不临街，不然城管会管得好严的。其他政府部门也管我们，税务、城管的有时会来一下，居委会的也会来一下。"

　　在岳阳某服装店工作的个案9曾某，颇为看重的是创业政策："在目前国家有关政策中，我最满意的是个人纳税起点提高，减轻了低收入人群的负担。农民工赚钱不容易，要有一技之长，要有销售平台。我现在还没考虑自己创业，感觉难处太多，资金就是个大问题。"

在问卷调查中，对城市落户政策的满意度为23.9%，虽然不是很高，但它在所有社会政策的满意度中居第三位。在访谈中，郭某（个案11）因其在天津市滨湖新区某公司任技术员，有在该地落户的强烈愿望，但对现行的落户政策，多少透露出不少忧虑："积分落户政策讲起来蛮好听，但真正落户难度很大。按照天津市现行落户政策，我们想落户还只能走购房、租房这条路。问题是租房居住每年只积6分。如果是购房的话，现在鼓励是在滨海、远郊地区落户，住房在市内六区的，每年积10分；住房在环城四区的，每年积11分；住房再远一点，每年的积分再增加；最远的滨海新区，每年的积分有15分。如果落不了户，有些市民能享受的待遇就无法享受。"

　　对于涉及农民工在城市生存和发展的热点问题，受访者更多地谈到就业、工资及收入中的政策问题。个案18李某关注的是拖欠工资清零问题："我最满意就是政府强调对农民工工资年前要清零，这个政策好。关键就是国家要采取政策确保农民工工资不能少，对拖欠工资的老板要有过硬手段。"

　　个案9曾某则针对就业平等问题直抒己见："最不满意的是就业政策，讲平等就业，那可能吗？有好多地方，我们连报考的机会都没有。我们也是文化程度不高，又没有这证那证的，想找个理想的工作那是不可能的。"

个案24蒋某则提出农民工在城市生存不易，应推行有关优惠性政策："对国家有关政策，谈不出什么满意不满意，但我觉得我们在城里生活得很难，孩子上学是个问题，也想让孩子上个比较好的学校。农民工还没有能力在城市定居，总想有一点优惠政策就好。"

值得指出的是，农民工在评价现行社会政策时，不少人从维护尊严、缩小差别角度来讨论政策的优劣，这是令我们大为称奇的地方。个案14卞某在调查员那里听到"让农民工在城市过体面的生活"时，马上接过话去，说："这个我喜欢，这个政策好。"个案17叶某目前在上海某建筑工地做装潢工作，曾到云南等处打过工，他所不满意的是："在目前国家有关政策中，最满意的没有，因为我没有享受到这些政策的福利。社会保障制度应该完善，农村的社会保险搞起来了，一辈子待在农村这些保障还可以，进了城就不行了，与城里的社保差多了。我看城乡的社保要一样，待在同一个地方，一个社保都差这么多还怎么玩！"

个案16张某对职业分贵贱同样持不满的态度，说："对国家政策，最不满意的是职业分贵贱。我为什么进城？还不是儿子读书需要钱，现在农村根本赚不到钱，种地收入太少了，加上丈夫在城里打工，也就跟来了。因为是在大学附近擦鞋，学生与老师的素质比较好，一般都比较友善，每月的收入可以满足家庭的基本生活费用。我凭劳动吃饭光荣，政策应该保护我们。"

个案22明确提出了政策要保障农民工有尊严、有体面，说："目前国家政策比过去完善，农民工权益受到损害，有相应的渠道来解决，不像以前没有人管。不满意地方是：说还是说的好，但要做起来就又是另一个样子了，没有真正地贯彻执行下去吧。要让农民工在城市有体面、有尊严地工作和生活，这话我们爱听，但实际上差别很大，农民工在城市生活遇到过许多不受人尊重的情况。"

第二节　城市融入进程中农民工群体的政策期待

农民工城市融入是其公民身份的现实拓展，更是获得社会的承认、通向体面工作和"有尊严的生活"的具体体现。[①] 作为弱势群体，农民工群体完全依靠自身的努力融入城市是很难的，他们需要社会政策发挥赋权增能的作用。近年来，国家围绕农民工的均等发展机会和公平待遇，采取了一系列保障和改善农民工权益状况的政策措施，取得了不错成效。然而，伴随着社会政策日臻完善，农民工作为政策的利益人和利益相关者，也必然会连带产生新的政策期待。

一　农民工群体对社会政策的总体期待

随着 80 后、90 后甚至 00 后新一代农民工逐步进入城市的舞台，成为农民工的主要力量，他们已不同于父辈追求满足生存的需要，而是渴望在城市就业、定居并最终融入城市生活，成为真正意义上的市民，更多关注的是发展权的获得。社会政策则恰能创造有利于促进农民工在经济、政治、文化等方面的发展环境，实现农民工的价值和尊严。

（一）农民工对城市居留落户政策的期盼

通常而言，农民工在城市实现稳定就业后，会将家庭成员和家庭生活带入城市，这便对城镇定居落户产生了客观的需求。因为农民工只有被赋予落户权，他们才可能获取大体等同的公共服务权利，才能显著提高其城镇生活的便利性和家庭迁移的完整性。[②] 调查中，针对

---

①　方向新：《农民工城市融入的演变趋向、突出特征与推进策略》，《求索》2019 年第 4 期。

②　赵俊超：《市民化政策应紧扣农民工定居决策过程》，《中国发展观察》2017 年第 2—3 期。

"您最需要哪些在城市落户的相关政策"的回答（见表4－4），居前两位的是农民工购房优惠补贴政策、城市购房落户政策。不难发现，对于农民工而言，落户城镇最大的消费支出是住房，最大的困扰也来自住房。近年来，城市房价不断高涨，一些农民工家庭花费两代人的积蓄在城市购买住房，当然，更多的农民工家庭根本无力承受购房费用。这样无房农民工群体则要承受高房价带来的重压，并成为住房保障政策的主要需求群体之一。[①]

表4－4　　　　　　农民工对城市落户政策的需求偏好

	频数	比例（%）
城市积分落户政策	235	19.5
城市购房落户政策	597	49.5
廉租房、公租房政策	376	31.2
农民工购房优惠补贴政策	717	59.5
农村宅基地在城市换房政策	350	29.0
其他政策	26	2.2

从农民工的户口类型、外出家庭成员形式来看。户口类型对所需要的在城市落户的相关政策的区分比较明显，如表4－5所示，有城镇户口类型者，选择城市积分落户政策、城市购房落户政策以及廉租房、公租房政策的比例要高一些；而持农村户口者，则对农民在城市的购房优惠补贴政策、农村宅基地在城市换房政策比较青睐。但外出家庭成员形式对此政策需求尚未呈现有规律的变化，其中：外出成员为个人式者，对城市积分落户政策、廉租房与公租房政策更为偏重；外出为家庭式者，对城市购房落户政策、农村宅基地在城市换房政策更为关注；外出为半家庭式者，对农民工购房优惠补贴政策更感兴趣一些。

———————

① 祝仲坤：《社会公平感知与农民工住房保障政策评价》，《劳动经济评论》2017年第2期。

表4-5　　　　　　　不同户口类型、外出形式农民工对
　　　　　　　　城市落户政策需求的偏好　　　　单位:%

	户口类型		外出家庭成员形式		
	农村户口	城镇户口	家庭式	半家庭式	个人式
城市积分落户政策	17.9	26.2	17.7	16.7	23.9
城市购房落户政策	46.2	64.0	51.2	44.8	47.3
廉租房、公租房政策	30.6	35.8	30.4	25.0	34.3
农民工购房优惠补贴政策	62.2	47.6	59.5	63.5	58.2
农村宅基地在城市换房政策	31.1	20.0	29.8	26.0	28.3
其他政策	1.09	3.1	2.3	3.1	1.6

　　从农民工外出打工时间来看，如表4-6所示。一个大致显现的分野是:外出时间较短者,比较关注积分落户以及廉租房、公租房政策;外出时间较长者,则把目光更多地投向购房优惠补贴、农村宅基地在城市换房的政策。

表4-6　　不同外出打工时间农民工对城市落户政策的需求偏好

单位:%

	1—4 年	5—9 年	10—14 年	15—19 年	20—24 年	25 年及以上
城市积分落户政策	29.1	23.2	19.9	10.8	16.9	11.6
城市购房落户政策	60.7	59.8	51.3	51.0	32.8	34.9
廉租房、公租房政策	34.6	29.0	30.5	27.4	33.9	30.8
农民工购房优惠补贴政策	53.4	60.3	47.9	63.1	67.8	70.3
农村宅基地在城市换房政策	27.8	28.1	28.8	28.7	33.3	27.9
其他政策	2.6	4.0	1.3	0.6	1.6	2.3

从不同经济收入的农民工来看，如表4－7所示，业已开始显现出一些变动的规律，经济收入为中等以上者（即月收入在3001元以上），对积分落户政策、购房落户政策以及廉租房、公租房政策更为偏重，而经济收入为下等者（即月收入在3000元及以下），则对购房优惠补贴、农村宅基地在城市换房政策比较关注。

表4－7　　　　不同月收入农民工对城市落户政策的需求偏好

单位:%

	2000 元以下	2001—3000 元	3001—4000 元	4001—5000 元	5001—6000 元	6000 元以上
城市积分落户政策	19.2	15.2	20.4	22.0	24.6	14.8
城市购房落户政策	40.0	44.8	53.6	45.9	50.3	59.3
廉租房、公租房政策	29.2	33.6	34.5	33.9	31.3	19.1
农民工购房优惠补贴政策	62.5	72.2	59.5	57.3	52.5	50.0
农村宅基地在城市换房政策	32.5	32.7	26.5	25.2	27.9	32.1
其他政策	2.5	3.1	1.3	1.4	3.4	19.1

从不同职业的农民工来看，如表4－8所示，在城市居留、落户政策上业已初显一些值得关注的趋向，专业技术人员对积分落户政策最为关注，这与不少城市采取的以吸引人才为主体的积分政策是分不开的；公司职员、专业技术人员也即通常所称的"白领"，对购房政策的关注度最高；而廉租房与公租房、购房优惠补贴、农村宅基地在城市换房政策，则以工厂工人、商业服务人员以及企业管理人员更为青睐一些。

表4－8　　　　　不同职业农民工对城市落户政策的需求偏好　　　单位：%

	建筑工人	工厂工人	商业服务人员	机关企事业单位临时工	个体工商户	公司职员	专业技术人员	企业管理人员	民营企业主	其他
城市积分落户政策	9.9	17.6	17.8	12.8	12.1	19.9	36.8	16.2	11.1	36.4
城市购房落户政策	7.7	43.2	50.0	50.0	52.6	64.6	63.2	51.4	44.4	47.7
廉租房、公租房政策	39.6	45.6	33.9	38.3	17.7	24.9	30.4	24.3	33.3	22.7
农民工购房优惠补贴政策	65.3	64.8	63.3	60.6	54.5	50.8	58.4	62.2	33.3	63.6
农村宅基地在城市换房政策	29.7	39.2	33.9	27.2	24.9	24.3	22.4	35.1	22.2	34.1
其他政策	2.0	0.8	1.1	2.1	3.8	3.9	1.6	0	0	0

　　从不同受教育程度的农民工来看，对政策的偏好显现得非常明显，对积分落户政策、购房落户政策的需求，依小学到大学的顺序逐层上升；而包括廉租房与公租房等在内的其他三项政策，又基本上呈由小学到大学依次下降的格局，如表4－9所示。

表4－9　　不同受教育程度农民工对城市落户政策的需求偏好　　　单位：%

	小学及以下	初中	高中	大专及以上
城市积分落户政策	13.8	16.2	20.7	31.9
城市购房落户政策	37.4	37.9	56.4	63.7
廉租房、公租房政策	39.0	32.6	28.9	30.8
农民工购房优惠补贴政策	60.2	68.8	55.5	49.5
农村宅基地在城市换房政策	40.7	28.4	27.5	26.4
其他政策	1.6	1.7	2.7	1.1

（二）农民工对有利于在城市发展政策的期盼

表4-10列出的是被调查者对政府最应推出的有利于农民工在城市发展政策的选择，占前两位的是农民工最低工资标准政策（占60.9%）、农民工就业帮扶政策（占58.9%）。显然，农民工对维护自身劳动权益的相关政策表现出高度期待，其中包括劳动报酬、公平就业、权益维权、社会福利等方面。

表4-10　　　　农民工对有利于城市发展政策的需求偏好　　单位：人；%

	频数	比例
继续教育政策	521	43.5
最低工资标准政策	783	60.9
就业帮扶政策	710	58.9
创业优惠政策	516	42.8
随迁子女异地高考政策	703	58.3
参与城市管理政策	284	23.5
公平就业政策	484	40.1
帮扶维权政策	574	47.6

从农民工的户口类型与外出成员类型来看。由表4-11可见，持城镇户口的农民工的政策需求更为旺盛，在八项政策中，有六项高于持农村户口的农民工，一项基本持平（创业优惠政策），只有一项真正低于持农村户口的农民工（帮扶维权政策）。同时，外出个人式的农民工有五项居首位，包括最低工资标准、就业帮扶、创业优惠、参与城市管理、公平就业政策，半家庭式两项，家庭式仅一项。

表 4 - 11　　　　　　不同户口类型和外出形式农民工对有利于
在城市发展政策的需求偏好　　　　单位：人；%

	户口类型		外出形式		
	农村户口	城镇户口	家庭式	半家庭式	个人式
继续教育政策	41.9	50.7	41.7	49.0	45.9
最低工资标准政策	60.7	62.2	59.2	60.4	64.6
就业帮扶政策	57.4	65.3	59.4	44.8	61.5
创业优惠政策	42.9	42.2	38.9	44.8	50.3
随迁子女异地高考政策	57.7	60.9	61.3	51.0	54.1
参与城市管理政策	21.7	31.6	22.8	19.8	26.1
公平就业政策	39.7	42.2	38.9	37.5	43.4
帮扶维权政策	48.4	44.0	45.2	55.2	50.5
其他	1.4	0.4	1.2	2.1	1.1

　　从农民工的外出打工时间来看，由表 4 - 12 可见，外出时间较短的农民工对城市政策发展的需求甚为强烈，其中外出打工时间只有1—4 年的农民工，在继续教育、就业帮扶、创业优惠、参与城市管理、公平就业五项中居首位；外出打工时间 15—19 年组对最低工资标准、随迁子女异地高考政策的需求最为迫切；外出时间在 25 年及以上组对最低工资标准政策则最为青睐。

表 4 - 12　　　　不同外出时间农民工对有利于在城市发展
政策的需求偏好　　　　单位：%

	1—4 年	5—9 年	10—14 年	15—19 年	20—24 年	25 年及以上
继续教育政策	52.1	45.1	42.8	48.4	37.2	33.1
最低工资标准政策	59.8	64.7	56.8	65.0	56.3	64.5
就业帮扶政策	64.5	62.9	59.3	56.7	51.9	54.7

	1—4 年	5—9 年	10—14 年	15—19 年	20—24 年	25 年及以上
创业优惠政策	51.7	47.3	41.9	38.2	40.4	32.6
随迁子女异地高考政策	58.1	61.6	53.8	65.0	57.4	55.2
参与城市管理政策	29.5	24.6	19.9	24.8	19.1	22.7
公平就业政策	48.7	40.6	40.3	36.9	35.5	35.5
帮扶维权政策	44.0	49.6	44.9	45.9	49.2	53.5
其他	1.7	1.3	0.4	0.6	1.6	1.7

从表4-13可见，在有利于农民工城市发展的政策需求中，尚未呈明显有规律的变化，值得提及的是，月收入在6000元以上的最高收入组，在继续教育、创业优惠、随迁子女异地高考、参与城市管理、公平就业五项政策的需求中拔得头筹，表明有意愿、有能力完成市民化的农民工的政策需求会更加强烈，这是值得关注的动向。

表4-13 不同月收入的农民工对有利于在城市发展政策的需求偏好

单位:%

	2000 元及以下	2001—3000 元	3001—4000 元	4001—5000 元	5001—6000 元	6000 元以上
继续教育政策	40.8	42.2	42.8	46.3	41.3	47.5
最低工资标准政策	58.3	65.0	60.2	65.6	60.9	52.5
就业帮扶政策	58.3	64.1	56.9	61.0	49.7	63.0
创业优惠政策	38.3	40.4	42.4	45.0	41.9	48.1
随迁子女异地高考政策	54.2	57.0	56.9	58.7	59.8	63.6
参与城市管理政策	25.0	18.8	26.3	24.3	20.1	26.5
公平就业政策	34.2	40.4	35.9	45.0	40.2	45.7
帮扶维权政策	45.8	45.7	46.4	52.8	46.9	47.5
其他	1.7	2.2	0.3	1.4	1.7	0.6

　　不同职业的农民工对有利于在城市发展政策的需求，也未呈规律性的变化，但也有值得一提之处。如表4－14所示，职业为企业管理人员的农民工，体现出对继续教育、最低工资标准、就业帮扶、随迁子女异地高考政策的需求偏好；职业为民营企业主者，对创业优惠、参与城市管理、帮扶维权等政策非常关注。

表4－14　不同职业农民工对有利于在城市发展政策的需求偏好

单位:%

	建筑工人	工厂工人	商业服务人员	机关企事业单位临时工	个体工商户	公司职员	专业技术人员	企业管理人员	民营企业主	其他
继续教育政策	31.7	43.2	45.6	27.7	45.9	47.0	55.2	67.6	33.3	47.7
最低工资标准政策	65.3	68.8	61.6	61.7	50.2	60.2	63.2	73.0	44.4	56.8
就业帮扶政策	50.0	62.4	56.1	63.8	55.0	62.4	64.8	81.1	22.2	65.9
创业优惠政策	30.2	37.6	46.7	48.9	44.0	45.9	52.0	48.6	55.6	34.1
随迁子女异地高考政策	50.0	53.6	59.4	66.0	64.1	59.7	56.8	67.6	66.7	50.0
参与城市管理政策	15.3	28.8	25.0	26.6	17.7	26.0	27.2	27.0	44.4	34.1
公平就业政策	28.2	42.4	43.9	38.3	38.3	50.8	41.6	37.8	44.4	38.6
帮扶维权政策	44.6	49.6	46.7	40.4	48.3	49.2	48.8	51.4	66.7	54.5
其他	2.0	1.6	0.6	2.1	0.5	1.1	1.1	1.6	0	0

从受教育程度来看，农民工尚未对有利于在城市发展政策的需求偏好显现出规律性的变化。如表4-15所示，大专及以上文化者对继续教育、参与城市管理、公平就业、帮扶维权等政策需求较高；高中文化者对就业帮扶、创业优惠政策的热情度高；小学及以下文化者则对最低工资标准、随迁子女异地高考政策投去了更多的目光。

表4-15　　　　不同受教育程度农民工对有利于在
城市发展政策的需求偏好　　　　　单位:%

	小学及以下	初中	高中	大专及以上
继续教育政策	30.9	36.8	48.3	53.8
最低工资标准政策	65.9	58.2	61.1	63.7
就业帮扶政策	57.7	52.4	62.7	59.3
创业优惠政策	22.8	38.2	49.4	41.8
随迁子女异地高考政策	64.2	53.5	59.4	61.5
参与城市管理政策	17.9	18.4	27.0	27.5
公平就业政策	39.8	30.9	43.6	52.7
帮扶维权政策	40.7	49.0	47.4	52.7
其他	0	1.7	1.3	1.1

二　农民工政策期待的重心

农民工政策期待实际上是围绕如何稳定地在城市工作和生活而展开的，主要涉及就业创业、子女教育、住房保障、培训等政策。

（一）就业与创业政策

我国城市劳动力市场属于双元结构劳动力市场，分为一级劳动力市场和二级劳动力市场。处于不同劳动力市场的就业人员，享有不同的工资水平、福利待遇和晋升机会。农民工由于自身所受教育和所掌握的生产技能较少，通常进城后从事的职业大多是装配工、外送员、快递员等城里人不愿意干的工作。尽管这些工作为他们在城市生活提供了最大可能的自主空间，但他们毕竟面临的是不平等的生存竞争，应聘的是待遇低、条件差、职业岗位没有保障的工作。

老张（个案39），只有高中文化的他到长沙做收废品的营生已有十多年。起初是一个人做，后来大儿子高中毕业后没事做就跟着一起收废品。他说："我对自己已经没有什么期盼了，倒是对我身边这个大儿子有些担忧。我并不想他来接我的班，我是腰椎受了伤背不起太重的东西，他是找不到别的事情可做。我倒是希望政府对我儿子这样的年轻人就业能够给予支持，有帮扶政策。"

显然，高中毕业后的儿子沿袭着父辈的生存路径，教育固化了他的农民工身份，而就业的不平衡则加剧了家庭在其城市中的弱势地位。然而，对于一些受过高等教育的新生代农民工而言，愿意从事一些富于挑战且回报更丰厚的业务工作，甚至将当老板作为自己的人生理想，表面似乎光鲜，背后折射的仍是其就业道路的狭窄与单一。农民工在城市创业，与城市生活接触度更高，遭受"创业歧视"是免不掉的。

老杨（个案27），在上海南汇某镇开一店面，专营铝合金门窗加工定做，他说："我们这些外地人在这边开店虽然没像那些小摊贩那样每天心惊胆战，但是也经常有各种各样的部门以各种各样的名目收费，有时候一个月就有几个部门跑上门来。希望我们也能得到像当地人一样的待遇。"

小杨（个案3），他利用打工掌握了技术，通过简单复制经营模式而拥有了自己的一家公司，他这样说："我们外地人在这边创业特别难，要想通过正规的、法定的途径成立一个什么公司，在这边没有关系根本是不太可能的。可是现在别说优惠条件，就是跟本地人同等的待遇也享受不到。所以我觉得政府应该关心农民工创业这个问题，只有尽可能地改善农民工创业环境，才会有更多的外地人来投资，来做老板。"

访谈者口中"外地人"、"当地人"的表述，一方面表明社会福利地方化，造成了"本地居民/外地居民"的区隔，农民工在很大程度上遭受经济和社会的双重排斥；另一方面表明农民工对现实的无奈。农民工城市创业，脱离了乡土，要在当地建立新的关系网络，这种困难有时超出农民工自身能力范围，是整个大环境的问题，这就需要国家政策的调整和扶持，平衡好这种关系。

作为农民工，他们在城市就业所受到的不公平待遇有宏观层面的，也有微观层面。有访谈者（个案22）这样描述："农民工在城市生活与市民相比所享受的待遇有明显差距，做的工作都是体力劳动，休息时间很少。"此外，访谈者理解的不公平和差异性还集中体现在工资收入、欠薪维权等方面。个案4表示"不应该看不起农民工，应该提供与他们劳动相应的报酬，而不是压榨农民工的劳动力，给他们廉价的工资待遇"。与此同时，他们还会遭遇一些私营老板拖欠工资等情况。干了活却收不到钱的不愉快经历，在工程建设领域的农民工深有体会，以致个案1老王会说"外出打工我们最需要的是每次工资能兑现"。同在建筑行业工作的老李（个案18）表示："解决工资拖欠，需要国家有政策，不能老要总理发话。"由此可见，农民工有对干了活所得报酬不合理以及与就业相关社会保障制度的抱怨，有对提高劳动报酬、充分保障休假权的期待。

农民工在其职业领域所感受到微观层面的不公平待遇也较为普遍。个案49小梅，是长沙市某政府机关打字员，她聊起这些时，也是万般感慨："每次我和别人一说自己在这单位上班，他们就羡慕呀，好像我真的端上了铁饭碗。但我自己心里清楚，我就是一个合同工，一个政府雇员编，作为打字员招聘进来，干到老也就是一个打字员。拿着每个月3000元的工资，做的是'随叫随到'、'召之即来'、'随便使唤'的工作。"

显然，在日常中，他们会从经济收入的差距、工作中"像听人使唤一样"的服务体验以及单位正式员工对他们的话语、态度中看到自己职业地位的卑微。而这种身份的感知会促使他们重新规划职业，追求自我发展。小梅告诉我们，她也在谋划自己的职业出路，前面几任基本都没做满 5 年，有的改做房地产销售，有的成了社工机构工作者。不难发现，农民工劳动者在就业过程中越来越重视"职业声望"、"利益获得"与"公平"。

（二）住房保障政策

有调查数据显示，农民工的住房解决方式多样，但仍以租房为主要形式，其中：私人出租房的占 35.5%，购买住房占 27.6%，集体宿舍占 19.3%，工作场所占 7.8%，有少量农民工（5.1%）住政府廉租房，还有占 4.7% 的人住在亲戚朋友家。相较于我国城市居民日益增长的人均居住面积以及日渐改善的居住条件，农民工的城市住房条件及环境有着天壤之别。由于城市生活成本较高，多数农民工通常是只身一人在城市居住和工作，为了节省成本开支，选择居住集体宿舍。通常，雇主或雇佣单位向农民工提供住房的主要是制造业、建筑业和服务业，一般是出于行业特点和方便管理，但住房条件普遍较差。

> 个案 1 老王回忆道："那时来长沙打工，就住在工地上，那个房子是板房，热得死，六月天里非常晒，火烤火蒸的，不透气，几个人住在里面很不舒服。晚上热得睡不着，白天也是一样，睡完一觉身上跟洗个澡差不多，全是汗。"

也许对农民工而言，居住环境条件恶劣尚能忍受，但随着工作年限的增长，他们对独立生活空间的向往表现得会越来越强烈。正如个案 32 所解释的："我在长沙打工 8 年，住过工棚、职工宿舍，目前还是买不起房，住在出租屋里。虽然租金有点高，条件还赶不上一些比较好的员工宿舍，但我也乐意，毕竟在这个房子里还是有自己的一片天地，想干什么就干什么，租久了，还有点是自己窝的感觉。"

个案 33 谈道："我们公司能提供员工宿舍，一般是 4—6 人住一个套间，是那种简单公寓类型，我到长沙 3 年，一直就住这种房子。住这种房子有个好处，就是简单，不要添置多少东西，容易收拾。年纪小住这种房子还无所谓，但年龄大了，老是混在一起，个人隐私也得不到保证，再者每个人的习惯不一样，过久了难免会产生矛盾。"

个案 38 武某，他之所以在长沙市直某事业单位任小车司机，主要是所在单位能提供家庭能住的宿舍，他说："我找单位主要看两条：一是小孩上学是否方便；二是能否提供可住的地方。我到现在这个单位当小车司机，工资确实不高，但附近有个好小学，单位也可以安排住的地方，虽然是老办公楼改的，毕竟有两间呐，一家四口都可以住下。我现在最期盼的是有经济适用房，比较便宜，对我们来说负担轻。长沙房价这么高，想买一套房子落户，真不知道是猴年马月的事情。"

农民工群体是住房的最大需求者，但是城市商品房高昂的价格、大城市对于买房权利的限制以及城市廉租房、经济适用房的稀缺都使得农民工很难拥有自己的住房。调查中，不少受调查者希望国家能切合农民工的实际，给予一定的住房补贴，从而减少他们在住房方面的费用，这是经济层面的现实问题。当问及政府给予哪种住房补贴形式更好时，对农民工在城市购房适当给予补贴（占 31.1%）、为农民工建经济适用房（占 30.9%）位居前两位，也有主张为农民工建廉租房（占 17.2%）、发放住房公积金（占 20.1%）的。

（三）子女在城市受教育政策

农民工多从事体力劳动，他们对子女的未来期望相对较高，也就越来越重视子女的教育问题。个案 47 老万，在长沙经营一家小文具店，大儿子小学三年级，小女儿也才幼儿园中班。但他对孩子的出路还是有自己想法的："以后教育政策是个什么样，还真不好说。但目前最现实的是，听说只有不到50%的学生能去普通高中继续学习。那也就是说，要想上大学，首先要能升上高中，虽说学习是个人努力的事，但能上一个好的初中确实帮助不少。作为家长，我还是希望教育政策更公平一些。听说长沙初中全部微机派位，这个政策就挺好。"

事实上，初中毕业的农民工子女主要有三种选择：很大一部分学生会进入中职学校，继续接受教育；还有一部分初三毕业后跟着父母干活，从事父母的生意，当学徒或是外出打工，成为新一代的农民工；只有很少一部分成绩优秀的学生会接受高中教育，为将来升大学做准备。据了解，全国有552万农民工随迁子女进入高中阶段，但其中完成高中学业进入大学的学生又不到总数的三分之一。农民工子女能否接受高等教育，对家庭所产生的冲击确实很大。

个案45 李大姐接受访谈时说到，她和丈夫来城务工有20年，如今大女儿在职业技术学校毕业后，继续在城里打工。小儿子在当地一所重点实验学校读高中，今年参加高考。谈及儿子，李大姐一方面感到骄傲，另一方面又觉得愧疚："我崽能考进这所重点学校，就证明他不蠢。但要说他成绩，那就真的比不上城里孩子了。在我们租住的房子，他都没有一张正式的书桌。今年高三了，我和他爸商量让小孩在学校寄宿，学习条件、氛围应该也好些。现在他爸去广州做事，那边工资高点，以后小孩用钱的地方多。我自己回乡下，既照顾80岁的老母亲，也打算在那里开间麻将馆，想挣点小钱。"

还有许多农民工子女考上了大学，却不得不为高额的学费发愁。虽然国家助学贷款和高校的助学金、奖学金制度能解决大部分农民工子女进入高等学校学习的费用问题，但是部分农民工子女会因为学费问题选择收费较少的专业。夏姐（个案46）的女儿当年考上长沙某师范大学，让她长长地舒了口气，但也感到忧愁："现在高校学费标准，基本在 5000 元左右，但像师范类学校比如我女儿考的这所学校比较低，而且我们选择教育专业，只要 3000 多元一学年。实际上，这所学校的专业收费差距还是比较大的，像艺术和新闻传播类、工科、医药专业就比教育、农林、航海等专业收费高出一大截。现在的小孩都是蜜罐里长大的，谁不想选些现代点的专业，以后工作更轻松一点，可这选择都需要钱来支撑。我也不知道这个专业选择对她将来意味着什么，只是想只要她愿意回乡下，教书总不成问题吧。"

农民工子女在城市入学要真正实现与市民一样享受平等待遇，还有较长的一段路要走。个案 40 梅姐作为某外来工社会组织负责人，特地分析了其中的缘由："以前最多是关注外来务工人员在城市中能不能上学，现在关注的是能否去教育资源更好的学校。初中上不了好学校，一到初二就分流了，成绩好的读高中，成绩不好的读职业技术学校。这些父母最焦虑的就是初二，它是一个分水岭。"

（四）职业技能培训政策

近年来，中央政府非常重视农民工的职业技能培训，并且将农民工培训上升至国家（发展）战略高度。《国家新型城镇化规划（2014—2020 年）》中将加强农民工职业技能培训作为推进符合条件农业转移人口落户城镇的重要路径之一。2014 年，中国实施了"春潮行动"，明确提出了在 2020 年前力争使每位农民工至少获得一次培训机会的目标。这在我们的问卷调查中有所体现：

在农民工回答在外打工以来是否参加过培训的问题中，回答参加过的占 61.1%。其中：参加过培训的次数，回答 1—5 次的占 85.8%，6—10 次的占 11%，11 次及以上的占 3.2%；参加工作单位组织培训的占 61.5%，社会培训机构的占 16.8%，职业院校的占 10.4%，政府部门的占 9.6%，其他占 1.7%。可以看出大半的农民工参加过正式培训，且其中一半以上参加的是单位组织的培训。

在回答农民工拥有技能状况问题时，有近 40% 的农民工回答获得了不同的技能等级，其中初级技工占被调查者的 15.1%，中级技工占11.6%，高级技工占3.3%。此外，拥有技师、高级技师等级的分别占3.2%和2.7%。

随着农民工对城市工作及生活的需求不断增加，他们对职业培训的需求主要是提高技能，占69.7%；但通过参加培训来提高学历的占13.3%，更新观念的占9.4%，扩大交往的占7%。可见，他们也在主动学习缩小自身与城市居民之间的差距。调查中，不少农民工从事建筑、机械制造、剪发等行业，这些行业通常对从业者的技能水平有较高的要求，他们对培训的要求更强。

个案35谈某，男，25岁，在永州市某理发店担任剪发师，他认为技术就是其职业的生命："搞理发这一行，随便学学也可以动手，但要提高还必须参加培训。像剪发中就有很多的手法，有水平裁剪、斜向裁剪、垂直裁剪，有手心剪入法、手背剪入法，还有右侧滑剪、左侧滑剪、自然滑剪，等等，更不用说美发了。"

个案48黄辉，35岁，在长沙一家知名美发连锁旗舰店担任首席设计师。他说："做美发这行，你工资收入多少，靠的是顾客量。而现在的顾客，尤其是年轻顾客，他们越来越希望获得个性化的定制服务，这对我们能力的要求就很高。很多时候不仅要学习专业剪烫染的技术，还要学习一些形象设计、风格构造等方面的专业知识。甚至很多时候，我们为了推广营销自己，还得学会发抖音、制作小视频。所以竞争压力大呀，只有不断地学习才能跟上潮流，才能吸引更多顾客。"

个案37马某，不到20岁就到了长沙做事，从承接打字复印业务到开办文印店，在打印业务不景气后，改行做了房地产中介。他说："我做了房地产中介后，通过考试，拿到了经纪人协理证书，也做成功了好多笔业务。做到现在，我感到自己的专业水平低了，毕竟不是科班出身，有点吃力，过几年还想去参加经纪人执业证书的考试。听说国外有社区大学搞课程培训，上完几门规定的课就有资格参加应聘，中国要有这样的学校就好了。"

在针对农民工首选的培训机构的调查显示，排在第一位的是有政府背景的人才市场培训机构，占 32.8%；第二位是正规的职业院校培训机构，同样占 32.8%；第三位是企业或行业协会培训机构，占 28.6%，社会职业中介举办的培训机构占 5.9%。可见，农民工对优质培训资源的渴望，期待更多有实力、有培训能力的机构组织开展有效培训。专业性强的培训费用基本都是自掏腰包，并且参加培训的经费贵，但在淘汰率高的行业，有不少农民工仍表现出强烈的参加培训的意愿。

第三节　农民工自身因素对社会政策构建的影响

在市民化和城市融入的进程中，农民工是一个内部差异性很大的异质性群体。这不仅在于农民工群体本身因年龄、性别、职业、受教育程度等存在明显的结构性差异，而且在文化心理、利益诉求、生活方式、行为观念上也都带有不同的群体特征。农民工所呈现的代际差异、性别差异、阶层差异以及观念差异等，对社会政策的构建产生一定的影响。

一　农民工内在结构性因素的影响

为了进行度量，我们从问卷调查资料选取了三个指标，即对城市落户政策的关注度、公共事务管理的参与意愿、对所在城市的归属感与农民工内在结构因素展开交叉分析，以反映农民工的政策需求以及参与政策过程可能发生的动态性变化。

（一）代际差异的影响

这里的代际差异主要是指通常所言的新生代农民工与老一代农民工的代际差异。从我们给定的三项指标来看，新生代农民工对城市落户政策的关注度、公共事务管理的参与意愿、对所在城市的归属感，所获得的均值都比老一代农民工高，如表 4-16 所示。

表 4 - 16　　　　　　两代农民工政策需求与意识上的差异

单位：人；分

	频数	对城市落户政策的关注度	公共事务管理的参与意愿	对所在城市的归属感
新生代农民工	759	2.88	3.27	3.68
老一代农民工	447	2.77	3.19	3.49

　　为了准确把握自然年龄结构变化所产生的影响，我们将所调查的农民工分成六个年龄组进行比较，因我们的问卷调查是在 2019 年进行的，前三组即是新生代农民工，后三组即为老一代农民工，调查结果如表 4 - 17 所示。从中有两点值得注意：一是 19 岁及以下年龄组，尽管所调查的人数只有 24 人，但动向值得关注，他们在三项指标的衡量中，均是排名第一；二是老一代农民工中的 40—49 岁组，他们在有关政策需求及参与意识上，比较靠近新生代农民工，特别是在城市落户政策的需求上更是如此，这一组别的农民工是进城潜在能力最强者。

表 4 - 17　　　　不同年龄组农民工政策需求与参与意识的差异

单位：人；分

	频数	对城市落户政策的关注度	公共事务管理的参与意愿	对所在城市的归属感
19 岁及以下	24	2.82	3.67	4.08
20—29 岁	428	2.78	3.25	3.69
30—39 岁	307	3.01	3.30	3.65
40—49 岁	292	2.81	3.27	3.52
50—59 岁	142	2.67	3.00	3.44
60 岁及以上	13	2.77	3.46	3.54

其实，无论是把农民工分成不同的年龄组，还是分成新生代和老一代这两代，他们因年龄区别而在政策需求等方面仍会表现出比较明显的差异。比如，在回答农民工还需要哪些在城市发展的政策时，在八个选项中，新生代农民工有六个选项高于老一代农民工，特别是继续教育政策高出13.5个百分点，就业帮扶政策高出9个百分点，促进公平就业政策高出8.3个百分点，创业优惠政策高出8.2个百分点，表明新生代农民工在城市发展有着更大的志向和更为积极的政策追求。如表4-18所示。

表4-18　　　　　两代农民工对城市发展政策的需求差异　　　　单位:%

	新生代农民工	老一代农民工
继续教育政策	48.6	35.1
最低工资标准政策	58.6	64.9
就业帮扶政策	62.2	53.2
创业优惠政策	45.8	37.6
随迁子女异地高考政策	59.2	56.8
参与城市管理政策	25.0	21.0
促进公平就业政策	43.2	34.9
帮助农民工维权政策	47.0	48.6
其他	1.3	1.1

在回答如何看待农民工参与城市政策过程的问题时，新生代更多地表达积极参与的态度。如表4-19所示，认为参与政策过程是农民工基本权利而应该参加者，新生代农民工占到了47.8%，较老一代农民工高出6.6个百分点；认为如果涉及农民工的权益维护则会争取参加者，新生代农民工也达到了33.6%，仍比老一代农民工高出0.3个百分点；其余表示相对消极态度的选择，则以老一代农民工居高为多。

表 4 - 19　　　**两代农民工对参与城市政策过程的看法**　　　单位:%

	新生代农民工	老一代农民工
这是农民工的基本权利，应该参加	47.8	41.2
如果涉及农民工的权益维护，会争取参加	33.6	33.3
反正走过场、搞形式，参不参加无所谓	7.4	9.8
政策制定是政府的事，与农民工无关	2.1	0.8
不知道，没想过	9.1	14.8

（二）性别差异的影响

对男女两性农民工来说，就三项指标的打分，差别很小，其中城市落户政策的关注度，男性稍高，平均分为 2.85，较女性平均分高 0.02 分；对公共事务管理的参与意愿度、对所在城市的归属感，均以女性为高，分别为 3.27 分、3.65 分，但分别只比男性高 0.03 分、0.06 分。

（三）受教育程度不同的影响

在三项指标衡量中，农民工大致按受教育程度由低到高的变化，其中在对城市落户政策的关注度上，赋值最高者为高中（中专）组（2.92 分），公共事务管理的参与意愿也以高中（中专）组为高（3.35 分），对所在城市的归属感则以大专及以上组最高（3.85 分），如表 4 - 20 所示。

表 4 - 20　不同受教育程度农民工在政策需求与参与意识的差异

单位：人；分

	频数	对城市落户政策的关注度	公共事务管理的参与意愿	对所在城市的归属感
小学及以下	123	2.65	3.04	3.42
初中	359	2.76	3.14	3.52

续表

	频数	对城市落户政策的关注度	公共事务管理的参与意愿	对所在城市的归属感
高中（中专）	633	2.92	3.35	3.70
大专及以上	91	2.79	3.26	3.85

（四）不同外出家庭形式的影响

我们问卷调查的农民工，其外出家庭成员形式可分为三种：家庭式（包括夫妻家庭、核心家庭以及少量的直系家庭）、半家庭式（一般为长辈为父母带未婚子女外出居多，也有兄弟、姐妹家庭）和个人式（包括与其他亲戚朋友一道外出）。从调查结果来看（见表4-21），目前只能看到一些端倪，尚未呈规律性变化，如对城市落户政策的关注度、公共事务管理的参与意愿均以半家庭式居第一，对所在城市的归属感则以家庭式居首。

表4-21　不同家庭形式的农民工在政策需求与参与意识的差异

单位：人；分

	频数	对城市落户政策的关注度	公共事务管理的参与意愿	对所在城市的归属感
家庭式	746	2.63	3.26	3.64
半家庭式	96	2.83	3.30	3.52
个人式	364	2.74	3.22	3.59

（五）外出时间不同的影响

在我们问卷调查的农民工中，外出时间长短不一，在20世纪八九十年代外出者也有不少。但在对三项指标的比较中，外出时间长短对政策需求及参与意识的影响有所体现，只是尚未完全呈规律性变化而已。如表4-22所示，在对城市落户政策的关注度中，以外出时间为5—9年、10—14年、15—19年三组平均分明显高于其他各组；公共事务管理的参与意愿，则以外出1—4年组一骑绝尘，其他各组相差无几；对所在城市的归属感，则以1—4年组、5—9年组明显高于其他各组。

表4－22　　不同外出时间的农民工在政策需求与参与意识的差异

单位：人；分

	频数	对城市落户政策的关注度	公共事务管理的参与意愿	对所在城市的归属感
1—4 年	234	2.76	3.43	3.76
5—9 年	224	2.92	3.21	3.71
10—14 年	236	2.89	3.18	3.53
15—19 年	157	2.97	3.20	3.60
20—24 年	183	2.73	3.25	3.49
25 年及以上	172	2.75	3.22	3.52

（六）经济收入不同的影响

在问卷调查中，调查了农民工上个月份的经济收入，从结果来看，分布基本合理。从不同经济收入对政策需求与参与意识的交叉分类中，业已呈现出一些变化，如表4－23所示。对城市落户政策的关注度，从3001—4000元组开始的四个组，其关注度平均分值高于前面两个低收入组，其中6000元以上组的均值位居第一（3.02分）；另外两个指标，其均值也都是以6000元以上组居首，分别达到3.36分和3.74分。

表4-23　　　不同月收入农民工的政策需求与参与意识差异

单位：人；分

	频数	对城市落户政策的关注度	公共事务管理的参与意愿	对所在城市的归属感
2000元以下	120	2.50	3.15	3.67
2000—3000元	223	2.70	3.24	3.63
3001—4000元	304	2.93	3.25	3.61
4001—5000元	218	2.83	3.21	3.61
5001—6000元	179	2.92	3.29	3.46
6000元以上	162	3.02	3.36	3.74

（七）不同职业的影响

所调查的农民工的职业涉及9个类别（不计其他），针对所给出的三项指标在大致按技术含量由简单到复杂、收入由高向低的排列中，其赋值平均分也大体呈由低到高的排列。如表4-24所示，对城市落户政策的关注度均值最高的职业是：专业技术人员（3.62分）、企业管理人员（3.08分）、公司职员（2.94分）；公共事务管理的参与意愿均值最高的职业是：民营企业主（3.67分）、企业管理人员（3.57分）、专业技术人员（3.45分）；对所在城市的归属感赋分最高的职业是：企业管理人员（4.00分）、民营企业主（3.89分）、专业技术人员（3.75分）。

表4-24　　　不同职业农民工的政策需求与参与意识的差异

单位：人；分

	频数	对城市落户政策的关注度	公共事务管理的参与意愿	对所在城市的归属感
建筑工人	202	2.57	3.08	3.45
工厂工人	125	2.88	3.18	3.46

续表

	频数	对城市落户政策的关注度	公共事务管理的参与意愿	对所在城市的归属感
商业服务人员	180	2.86	3.28	3.56
机关、企事业单位临时工	94	2.72	3.29	3.73
个体工商户	209	2.81	3.19	3.65
公司职员	181	2.94	3.29	3.61
专业技术人员	125	3.62	3.45	3.75
企业管理人员	37	3.08	3.57	4.00
民营企业主	9	2.78	3.67	3.89
其他	44	3.00	3.32	3.84

（八）户口的影响

农民工中实际上具有两种户口类型，即城镇户口和农村户口。在本课题负责人所主持的多次农民工调查中，均发现拥有城镇户口者接近 20%，其中 2002 年问卷调查中，农民工拥有城镇户口者占 16.4%；2007—2008 年问卷调查中，拥有城镇户口者占 19.7%；2019 年问卷调查（即本次），这一比例为 18.7%。在 21 世纪初期，农民工持有城镇户口者多系自理口粮进镇落户者；后来则多为在小城镇或小城市中落户者。尽管如此，农民工拥有城镇户口后对其政策需求以及参与意识的差异有着明显的影响。在我们所列出的三项测度指标中，持有城镇户口农民工的赋分值均高于持农村户口的农民工，有的指标还差距较大，如对城市落户政策的关注度，差 0.45 分；公共事务管理的参与意愿，差 0.11 分；对所在城市的归属感，差 0.28分。如表 4－25 所示。

表4-25　　不同类型户口农民工的政策需求与参与意识的差异

单位：人；分

	频数	对城市落户政策的关注度	公共事务管理的参与意愿	对所在城市的归属感
农村户口	981	2.71	3.23	3.56
城镇户口	225	3.16	3.34	3.84

（九）农民工政策需求与参与意识结构性差异的相关分析

上文从八个方面分析了农民工政策需求与参与意识的结构性差异，由于性别、家庭类型因素均不能通过显著性检验，现将其他六项因素和政策需求与参与意识的三项指标的相关系数列举如后（见表4-26）。

表4-26　　　农民工政策需求与参与意识的相关系数

	对城市落户政策的关注度	公共事务管理的参与意愿	对所在城市的归属感
年龄	-27.617	-35.198*	-64.331***
受教育程度	19.990	30.063**	45.719***
户口类型	35.335***	2.654	28.425***
职业	79.508**	60.836**	56.012**
经济收入	55.863***	23.461	-31.421*
外出时间	-20.699	-21.841	-52.294**

注：* 表示 sig ≤ 0.05，** 表示 sig ≤ 0.01，*** 表示 sig ≤ 0.001。

年龄的相关状况。由表4-26所见，"公共事务管理的参与意愿"与"对所在城市的归属感"通过显著性检验，其相关系数分别为-35.198*、-64.331***，表明新生代农民工比老一代农民工更高，特别是"对所在城市的归属感"，但"对城市落户政策的关注度"未能通过显著性检验。

受教育程度的相关状况。由表 4-26 所见，除"对城市落户政策的关注度"一项未能通过显著性检验外，其他两项均获通过，其相关系数分别为 30.063**、45.719***，表明受教育程度越高，其政策需求与参与意识越强烈，对所在城市的归属感也就越高。

户口类型的相关状况。由表 4-26 所见，"公共事务管理的参与意愿"未能通过显著性检验，其他两项通过显著性检验，相关系数还分别达到 35.335***、28.425***，表明持有城镇户口对城市落户政策的关注度更高，对所在城市的归属感更强。

职业的相关状况。由表 4-26 所见，所关联的三项指标均通过显著性检验，相关系数分别为 79.508**、60.836**、56.012**，表明职业层次越高者对城市落户的关注度越高，公共事务管理的参与意愿越高，对所在城市的归属感也越强。

经济收入的相关状况。由表 4-26 所见，在三项指标中有两项通过显著性检验，其中"对城市落户政策的关注度"的相关系数为 55.863***，表明经济收入越高者，对城市落户的相关政策愈发关心，对政策需求也更强烈；"对所在城市的归属感"的相关系数为 -31.421*，表明经济收入与对所在城市的归属感两者之间有关联，但呈负向，即经济收入越高者，反而不及经济收入低者对所在城市的认同度高。

外出时间长短的相关状况。由表 4-26 所见，在三项指标中只有一项通过显著性检验，即"对所在城市的归属感"，相关系数为 -52.294**，表明外出时间不太长的人反而对所在城市的归属感强。从外出时间分组状况来看确实如此，10 年以下者的城市认同感较强，10 年以上者所去过的城市更多，对城市认同的参照物可能更多。

二　农民工身份意识和尊严意识的影响

农民工所具有的思想意识，对其政策需求与参与意识的形成、发展也会产生一定的影响。本书拟择身份意识和尊严意识的相关影响展开，亦即从农民工的角度来继续探讨身份、尊严与社会政策之间的关系。

（一）农民工身份意识的影响

1. 身份定位意识的影响。

农民工的身份定位除非常明确的城里人、农村人以外，我们将另两种情况合并为定位不明者（含"既不是城里人也不是农村人"和"说不清"两种）。在给定的三项指标分别赋值时，均以定位为城里人者平均分最高，其中对城市落户政策的关注度项平均分为 3.21，较定位为农村人、定位不明者分别高 0.47 分、0.32 分；公共事务管理参与意愿项平均分为 3.46 分，较后两者分别高 0.28 分、0.15 分，对所在城市的归属感项平均分为 4.01 分，较后两者分别高 0.48、0.42 分，如表 4 - 27 所示。值得注意的是，定位为农村人的赋值平均分均不及定位不明者，意味着后者还存在选择的空间。此外，据问卷调查资料，身份定位意识的作用，从回答"对农民工参与政策过程持何态度"问题时再次看到，定位为城里人明确表示参加者占 86.2%，定位为农村人的为 76.6%，定位不明者为 80.6%，差距也比较明显。

表 4 - 27　　农民工身份定位意识对政策需求与参与意识的影响

单位：人；分

	频数	对城市落户政策的关注度	公共事务管理的参与意愿	对所在城市的归属感
定位为城里人	159	3.21	3.46	4.01
定位为农村人	736	2.74	3.18	3.53
定位不明者	311	2.89	3.31	3.59

2. 身份转换意识的影响。

这是一个农民工完成市民化与继续回农村之间进行选择的问题，持有由农民工向市民转换的强烈意识，对他的政策需求与参与意识有着明显的影响。如表 4 - 28 所示，在给定的三项指标赋值中，均以表示完成市民化者的平均分最高，其中对城市落户政策的关注度较表回农村者高 0.16 分；公共事务管理的参与意愿较后者高 0.04 分；对所在城市的归属感较后者高 0.12 分。此外，在回答"对农民工参与政策过程持何态度"问题时，完成市民化者明确表示参加者占80.4%，而要求回农村者持同一态度者只占 77.0%。

表 4 - 28　农民工身份转换意识对政策需求与参与意识的影响

单位：人；分

	频数	对城市落户政策的关注度	公共事务管理的参与意愿	对所在城市的归属感
完成市民化	658	2.91	3.27	3.67
继续回农村	548	2.75	3.23	3.55

（二）尊严意识的影响

1. 尊严权利意识的影响。

农民工对尊严权利重要性的认识，可分为根本不重要、不太重要、一般、比较重要、非常重要五个层级，对其政策需求与参与意识具有一定的影响。如表 4 - 29 所示，在给定的三项指标中，其中对城市落户政策的关注度一项，赋值平均分最高者为持尊严权利比较重要意识者；公共事物管理的参与意愿一项的平均分居第一的是持尊严权利很重要意识者，其次是持比较重要意识者；对所在城市的归属感一项赋值平均分较高者的依然是持尊严权利很重要者，其次则为持一般意识者。

相关分析结果表明，农民工的尊严权利意识与我们给定的三项指标之间存在着比较明显的相关关系，三项均通过显著性检验，其相关系数分别为：对城市落户政策的关注度为 67.268[***]，公共事务管理的参与意愿为 138.057[***]，对所在城市的归属感为255.162[***]。这表明，农民工持尊严权利重要性意识越强者，对城市落户政策的关注度越高，参与公共事务管理的意愿越强，对所在城市的归属感也就越高。

表4-29　　农民工尊严权利意识对政策需求与参与意识的影响

单位：人；分

	频数	对城市落户政策的关注度	公共事务管理的参与意愿	对所在城市的归属感
尊严权利根本不重要	11	2.09	2.64	2.64
尊严权利不太重要	25	2.46	2.84	3.44
一般	165	2.86	2.97	3.79
尊严权利比较重要	304	2.90	3.14	3.56
尊严权利很重要	701	2.83	3.39	3.71

　　2. 尊严感的影响。农民工是否觉得自己过得有尊严，这种感觉可分为从不、偶尔、一般、经常、总是五个层次，其尊严感的层次有别，对其政策需求与参与意识有明显的影响。如表4-30所示，在给定的三项指标中，对城市落户政策的关注度赋值平均分排前两位的，是"经常"和"总是"觉得自己过得有尊严者；公共事务管理的参与意愿和对所在城市的归属感两项，排名前两位的均为持"总是"和"经常"觉得自己过得有尊严者。

表4-30　　农民工的尊严感对政策需求与参与意识的影响

单位：人；分

	频数	对城市落户政策的关注度	公共事务管理的参与意愿	对所在城市的归属感
从不觉得自己过得有尊严	26	2.38	2.88	3.46
偶尔觉得自己过得有尊严	75	2.37	3.21	3.28
一般	608	2.68	3.15	3.45
经常觉得自己过得有尊严	344	3.15	3.38	3.79
总是觉得自己过得有尊严	153	3.08	3.43	4.05

相关分析结果表明，农民工的尊严感与我们给定的三项指标之间存在着非常明显的相关关系，三项全部通过显著性检验，其相关系数分别为：尊严感与对城市落户政策的关注度之间为105.379***，与公共事务管理的参与意愿之间为57.153***，与对所在城市的归属感之间为149.639***，其值均比较高。这表明，农民工的尊严感越高，对城市落户政策的关注度越高，参与公共事务管理的态度就更积极，对所在城市的归属感就更强。

第五章 农民工尊严保障与社会政策体系的建构

社会政策不仅关乎一个国家福利制度的设计，而且涉及国家财富的再分配，同时事关社会理想和社会公正原则。[①] 社会政策的制定和实施依赖于经济基础，而且伴随着社会进步而做出相应的调整。本章在回顾新中国成立以来社会政策所经历的阶段性变化的基础上，探讨社会政策在框架制定以及秩序确定上所应处理的价值关系，特别是公平与效率、人道与人权、重点人群与全民普惠的关系，分析我国所应建构的有利于保障农民工尊严的社会政策体系。

第一节 农民工市民化进程中社会政策的变迁

我国社会政策体系形成于计划经济时期，并且被深深镶嵌于计划经济体制之中。20 世纪 70 年代末启动的改革大潮推动了社会政策的整体发展，农民工市民化政策也不断出新。为民生托底，解社会难题，促进城乡融合和社会和谐发展，构成了我国现阶段社会政策体系建设的基调，也有力地推动了农民工市民化的历史进程。

一 社会政策的总体变迁过程

关于我国社会政策的变迁过程，学者们从不同研究视角以历史为

---

① 房莉杰：《推进新时代的社会政策研究》，《社会建设》2018 年第 4 期。

轴展开了多样化的社会政策发展轨迹梳理。葛道顺提出了"四个体系"说，总体性社会政策时期以各项社会事业为核心，发展性社会政策体系时期以社会保障为核心，一体化社会政策时期以城乡统筹发展为核心，包容性社会政策时期以发展成果全民共享为核心。① 黄博函、岳经纶提出"四个阶段"说，认为到目前我国已经建立起比较完善的社会政策体系框架。② 关信平提出"渐进性改革"说，关注社会政策的历史遗产、改革起步、改革转型、新发展。③ 岳经纶提出"三个范式"说，我国业已历经由国家主义、发展主义到人民中心主义的范式演进。④ 上述研究既有基于社会政策目标、核心理念、责任结构、运作模式的要素考察，也有基于社会政策范式变迁的整体考察，为理解我国社会政策发展的变迁提供了多方面的视角。在参考以上研究成果的基础上，本书认为我国社会政策的发展历程展现出与经济社会发展阶段相一致的变动趋势，大致可以分为四个时期：

（一）政治性社会政策时期（1949—1978 年）

1949 年新中国成立以来，在对政治经济社会全面开展社会主义改造的基础上，我国全面建立起社会主义计划经济体制，并以此为基础建立起国家统揽的社会主义社会福利制度。这一套制度具有明显的政治性目标，即确保工人阶级的相关权利，因此可以称为政治性社会政策。它主要包括两个部分：一是在城市，快速建立起来的以各项社会事业为主要依托，由国家统一举办为主要供给方式的社会福利和社会政策形态——以机关、企事业单位为实施主体的社会服务和单位福利。二是在农村，以集体经济所有制为基础实施五保制度，推行合作医疗制度，以回应广大农民特别是最贫困农民的基本生存需求。总体

---

① 葛道顺：《新中国 70 年社会政策的变迁与经验》，《红旗文稿》2019 年第 19 期。

② 黄博函、岳经纶：《新中国社会政策 70 年的演进、成效与挑战》，《社会工作》2019 年第 5 期。

③ 关信平：《改革开放 40 年我国社会政策的探索与发展》，《人民论坛·学术前沿》2019 年第 22 期。

④ 岳经纶、方珂：《从"社会身份本位"到"人类需要本位"：中国社会政策的范式演进》，《学术月刊》2019 年第 2 期。

而言，这种福利制度具有如下特征：第一，城乡二元结构和城市偏向明显，表现为在城市和乡村建构起完全隔绝、完全不同的两套社会政策体系，并将资源主要集中于城市地区的福利和服务的供给。在城市，国家通过完善的劳动保险制度和全面的单位福利制度，满足生产生活的全方位需求，并基本覆盖从摇篮到坟墓的全人生历程。而在农村则主要为农民提供基本的医疗服务，为最贫困的农民提供基本生活保障。第二，社会福利权利的身份等级特征明显，表现为个人福利权利存在着户籍身份、单位性质、职业性质、职业身份等基于社会等级身份的明显分野。① 这一时期社会福利制度体系的架构不仅建基于城乡分割的户籍制度，同时也与所有制性质密切相关，因而整个国家的公民不仅因为户籍身份的不同而所处的社会福利体制不同，还会因为职业身份与单位所有制性质的差异形成福利待遇的殊异。第三，福利供给的国家主义特征明显，表现为这一时期的社会政策主要是完全由国家来支配统揽并负责管理社会福利服务与项目，完全排斥市场和社会力量在福利提供中的作用。在具体的生产与提供过程中，则通过单位（主要是国有企业）来负责实施，即单位几乎全部包揽职工的基本需要。这种无所不包的单位福利被学者们称为"单位福利制度"或者"单位保障制度"，被普通百姓形象地称为"大锅饭"制度。

（二）经济性社会政策时期（1979—2002 年）

自 1978 年末开始的市场经济体制改革，解除了各种束缚生产要素自由流动的限制条件，最大限度地解放了生产力，极大地促成了以生产要素特别是劳动力市场化为根本特征的经济大发展和社会大流动，也促成了我国社会政策体系的全面转型变革。一方面，伴随教育、医疗、住房等领域产业化政策的推行，社会政策的经济性日渐凸显，以市场思维推进社会服务供给以提升供给效率的逻辑全面展开；另一方面，社会政策体系具有明显的镶嵌于经济政策之中的特征，在

---

① 黄博函、岳经纶：《新中国社会政策 70 年的演进、成效与挑战》，《社会工作》2019 年第 5 期。

公共政策体系之中，社会政策地位从属于经济政策，成为经济政策的配角，以至于有学者认为这一时期经济政策在某种程度上发挥着社会政策的功能①。因此，这一时期的社会政策可以被称为经济性社会政策时期。

这一时期社会政策领域值得重视的事件有三：一是以职工退休退职安置为主要内容的社会政策得以积极推行。以党政军机关、全民所有制企事业单位、群众团体职工为政策目标群体，通过国务院先后颁发并实施的《关于工人退休、退职的暂行办法》、《关于安置老弱病残干部的暂行办法》、《关于军队干部离职休养的暂行规定》等系列政策为核心初步建立起一套较为完整的职工退休、退职以及安置的政策体系。二是以社会保险为核心内容的社会政策体系初步形成。自1993年《中共中央关于建立社会主义市场经济体制若干问题的决定》明确将社会保障制度定位为社会主义市场经济基本框架的组成部分以来，我国全面铺开了建构与社会主义市场经济体制相适应的社会保障制度体系建设，先后进行了养老保险、医疗保险、失业保险等多项社会保险项目的制度设计与创新。同时推进的还有以《城市居民最低生活保障条例》为主要内容的社会救助体系建设以及全面的社会福利社会化改革。值得注意的是，上述政策都是针对城市社会而进行的改革。三是教育、医疗和住房服务的有偿化改革。受到政府集中精力发展经济而疏于社会建设和全球性的社会服务私营化市场化改革浪潮冲击的影响，我国的教育、医疗、住房等民生公共服务迅速被推向市场，教育产业化、医疗服务商业化、住房商品化浪潮涌动，社会政策在教育、就业、医疗卫生等公共服务领域全面后退。

上述社会政策事件表明这一时期社会政策的基本特征是社会主义市场经济体制建设的配套组成部分。在这一时期，建立社会主义市场经济体制是所有制度建设的总背景，因此社会政策不可避免地沦为配

---

① 徐道稳：《改革开放以来我国社会政策发展的回顾与展望》，《社会政策研究》2018年第3期。

套地位。社会政策的这一基本特征不仅决定了城镇社会保险改革的主要目标是为国有企业改革保驾护航，也决定了社会政策无法获得独立的价值追求，其建设动力和建设成果都取决于市场经济体制的需要而不是民众需要[①]。

（三）社会性社会政策时期（2003—2012 年）

2003 年是我国社会政策发展历程中具有划时代意义的一年。这一年中央首次提出以人为本的科学发展观，由此实现了整个国家发展的话语体系的全面更新。在科学发展观理念指导下，和谐社会建设成为四位一体发展的重要一维，社会政策时代之幕就此揭开，社会政策体系建设取代了原先的碎片化政策建设，社会政策作为和谐社会建设的操作推力获得了相对独立的地位，社会政策的社会性日益凸显。主要从三个方面展开：

一是社会保险制度更加完善。企业职工养老、医疗、工伤、失业四项保险全面拓宽，社会保险制度覆盖面逐步扩大至非公有制企业的员工、灵活就业人员和农民工。新型农村合作医疗、城镇居民基本医疗保险政策分别于 2003 年、2007 年相继推行，随后城乡居民社会养老保险先后试点。

二是社会救助体系逐渐完善。2003 年沸沸扬扬的"孙志刚事件"推进了《城市生活无着的流浪乞讨人员救助管理办法》的实施，开启了以人为本的社会救助体系建设之路。最低生活保障制度 2003 年从农村起步并扩展到城市，教育救助逐步覆盖基础教育、职业教育和高等教育。

三是民生公共服务体系脱虚转实。2003 年"非典"事件激发了系统的疾病预防控制体系建设，国家开始实施基本公共卫生服务项目和重大公共卫生服务专项。2009 年《中共中央国务院关于深化医药卫生体制改革的意见》针对医疗卫生服务商业化的积弊确立了医疗卫

---

① 徐道稳：《改革开放以来我国社会政策发展的回顾与展望》，《社会政策研究》2018 年第 3 期。

生领域的公益性原则、基本服务均等化原则、强化政府责任原则。2004 年西部地区"两基"攻坚计划启动，至 2008 年免费义务教育在全国得以推行，基础教育的公共性、民生性得以显著彰显。

（四）共享性社会政策时期（2012 年至今）

党的十八大以来，以习近平同志为核心的党中央提出并坚持以人民为中心的思想，提出"加紧建设对保障社会公平正义具有重大作用的制度，逐步建立社会公平保障体系"①。在社会政策体系建设方面，提出坚持在发展中保障和改善民生水平、既尽力而为又量力而行等重要原则，"让发展成果更多更公平惠及全体人民"成为主要的社会政策目标，社会政策体系的主要内容进一步增加，包括就业、教育、住房、社会保障、医疗卫生、收入分配、精准扶贫等，共享性特征成为社会政策体系建设的主基调。共享性社会政策的共享性主要表现在以下方面：

第一，社会政策体系更加完备。党的十九大报告在之前学有所教、劳有所得、病有所医、老有所养、住有所居的目标上增加了幼有所育和弱有所扶两个重要目标，这意味着我国社会政策体系建设不仅关注人生的弱势阶段，而且扩展至人生所有阶段，对人生的各个阶段覆盖的重要风险点进行全覆盖，表现为更积极的儿童发展服务政策、老年服务政策、家庭服务政策、就业创业服务政策等。

第二，精准脱贫攻坚战全面推进。2015 年 11 月中共中央政治局审议通过了关于精准扶贫的系统性工作方案——《关于打赢脱贫攻坚战的决定》，在这一顶层设计中，社会政策的作用得以特别重视和强调，教育脱贫、医疗保险和医疗救助脱贫、农村最低生活保障制度兜底脱贫被视为精准扶贫方略的重要内容。在各地的扶贫实践中，相关的教育政策、医疗政策和最低生活保障政策成为贫困户获得的最为普遍的扶助，凸显了社会政策在经济社会发展中不可或缺的牢固地位。

第三，社会保障城乡一体化取得实质性进展。如果说 2014 年 2

---

① 习近平：《紧紧围绕坚持和发展中国特色社会主义 学习宣传贯彻党的十八大精神》，《十八大以来重要文献选编》（上），中央文献出版社 2014 年版，第 78—79 页。

月出台的《城乡养老保险制度衔接暂行办法》是我国城乡社会保障体系接续融合的关键环节，那么 2017 年 3 月国务院发布《"十三五"推进基本公共服务均等化规划》则标志着我国开启了全民基本公共服务均等化的实质性征程。在这份五年规划中，中央政府制定了包括公共教育、劳动就业创业、社会保险等八个领域 81 个项目在内的基本公共服务清单，并向全社会作出了郑重承诺。以基本公共服务为主要依托，我国建立起了覆盖所有人群、满足人民基本生存发展的整体性制度安排，社会政策的共享性得到空前发展。

第四，社会政策实施取得明显成效。党的十八大以来，我国各项社会政策在尽力而为、量力而行的原则下不断推进，人民享受到的福利水平随着经济水平的提高而不断提高。城乡居民基本医保人均财政补助标准从 2012 年的 240 元增加到 2020 年的 550 元，全国基本医疗保障体系参保率持续增加，至 2019 年底参保人数超过 13.5 亿人，参保率超过 97%，俨然建成全球最大规模的医疗保障体系。城乡基本养老金水平持续上涨。各级各类教育事业蓬勃发展，全民受教育水平不断提高，教育公平不断推进。保障性住房建设扎实推进，城乡居民住房条件不断改善。

二 农民工政策的变迁过程

我国的农民工政策变化轨迹既有与我国社会政策的总体变化过程相重合的地方，也有明显地滞后于总体社会政策变迁的特征。

（一）控制性政策时期（2000 年之前）

20 世纪 70 年代末至 80 年代初期，大量下乡知识青年集中返城给城市发展带来充足的劳动力资源，在一定程度上给城市就业体系带来沉重的压力。在此情形下，各级城市政府将农民工进城可能引发的挤占城市公共资源、违法犯罪、影响市容等①负面影响视为城市管理中

---

① 任贤良、熊小立：《盲流还是潮流？——对农村劳动力流动的深层思考》，《农村经济》1989 年第 6 期。

的"洪水猛兽"，将农民工称为"盲流"并对其在城市的务工行为实行严格控制措施。80 年代中期以后城市就业压力缓解，促使政府开始放松严格控制农民工进城的政策，特别是 1985 年 1 月《关于进一步活跃农村经济的十项政策》颁布后，农民工外出务工成为扩大城乡经济交往的重要手段。同时，从 1985 年开始，统计部门正式将农村外出劳动力作为统计指标纳入统计体系，这两个事件标志着政府正式承认农民外出务工权利这一事实。而到了 90 年代初期，以劳动密集产业主导为根本特征的外向型经济迅速发展，经济发展急需大量廉价农村劳动力作为发展红利和竞争优势，因此政府适时松绑了一系列限制农民工进城务工的政策，农民工流动出现了一次高峰期。然而，随着 1993 年国有企业体制改革启动，大批国有企业职工下岗使得城市背负着沉重的就业压力，对农民工进城就业实行准入限制以缓解就业压力成为政府管理的必然选择。从整体上说，城市政府在这一阶段实际上秉持的是工具主义取向。在此种逻辑下，农民工问题被视为"农村剩余劳动力"转移的问题，农民工政策是市场经济体制改革的附属性安排，农民工被当作城市建设和城市经济发展所需要的劳动力而非公民来对待。[1]

（二）赋权性政策时期（2002—2012 年）

真正承认农民工的重要作用，将农民工作为有血有肉的公民对待，从城市化、工业化和现代化的战略高度认识农民工并开始将农民工权益保护作为政策重要靶向始于 21 世纪。在经济社会转型的过程中，受制于城乡二元结构，农民工在就业、入学、住房、劳动权益、社会保障等诸多领域的基本权利呈现不同程度的缺失，成为典型的弱势群体。为改善农民工弱势地位，中央的政策目标开始转向清理和取消针对农民工的流动与就业的歧视性规定和政策限制。2000 年 7 月，劳动和社会保障部等部委联合颁布《关于进一步开展农村劳动力开发就业试点工作的通知》，明确提出要取消对农民进城就业的各种不合

---

[1] 刘爱玉：《城市化过程中的农民工市民化问题》，《中国行政管理》2012 年第 1 期。

理限制。党的十六大报告明确要求"消除一切不利于城镇化发展的体制障碍和政策，为农村富余劳动力进城创造良好环境"。此后，农民工与城镇职工"同享权利、享同权利"的呼声高涨，为农民工维权成为各级政府和全社会共同关注的热点、焦点。2002年劳动和社会保障部在全国范围内开展对农民工工资支付情况的专项检查，2003年4月颁布的《工伤保险条例》首次将农民工纳入工伤保险的政策目标群体，2003年9月明确提出把农民工子女的义务教育工作纳入流入地普及九年义务教育工作的范畴，2004年中共中央一号文件要求把对进城农民的职业培训、子女教育、劳动保障及其他服务和管理经费纳入地方政府正常的财政预算，等等，使农民工政策的领域不断拓宽。2006年3月国务院发布《关于解决农民工问题的若干意见》，成为我国政府第一次全面、系统地认识和解决农民工问题的重要文件，特别是将农民工定义为"产业工人的重要组成部分"，是国家首次对农民工身份的政治确认，它标志着农民工获得与城市职工同等的公民身份资格。此后的政策，均是在此基础上着眼于如何在现有条件（包括现有户籍制度）下，尽可能地解决、满足农民工在经济、社会、政治、文化等多方面的各种需求，农民工的需求取代劳动力供求关系成为政策制定的基准。

（三）赋能性政策时期（2012年至今）

党的十八大以来，共享发展理念日渐深入人心，人人共建、人人共享的经济社会发展状态成为党和政府追求的治理目标。在共享发展理念观照下，中央政府着力加快顶层制度设计，相继出台多项政策和文件，并在中央财政转移支付上对农民工市民化给予支持，确保农民工与社会其他群体一起分享机会、分享资源、分享权利，通过共建共享实现共同富裕。党的十八大报告明确提出要把"加快改革户籍制度，有序推进农业转移人口市民化"作为新型城镇化发展的主要任务。2014年国务院出台《关于进一步做好为农民工服务工作的意见》，强调要着力推动农民工逐步实现平等享受城镇基本公共服务和在城镇落户，着力促进农民工社会融合，并且进一步明确了解决农民工突出问题的路线图和时间表。此后，国家相继出台的各种文件均体现了推进农民工社会融入的政策意图，如《国家新型城镇化规划（2014—2020年）》、《关于进一步推进户籍制度改革的意见》、《关于实施支持农业转移人口市民化若干财政政策的通知》、《关于推动1亿非户籍人口在城市落户方案的通知》、《关于进一步做好为农民工文化服务工作的意见》等，在推动农民工市民化的战略目标下，使这一时期的农民工政策设计开始走向系统化，涵盖了农民工就业保障、合法劳动权益、住房、基本公共服务、医疗保障、农民工子女教育、社会权利等诸多领域。这些顶层制度设计的政策目标旨在有序地撤除阻碍农民工进入普遍性的城市公共服务体系的制度和身份壁垒，体现出强烈而明显地推动农民工和城市原住民平等地共享城市经济、社会、文化生活的机会，在公平正义的社会环境下共建共享经济社会发展成果的治理意图，赋能性政策目标超过控制性和赋权性目标成为主要的政策工具，各级政府及各职能部门在满足农民工发展性需求方面越来越重视。

　　不难发现，农民工政策的变迁体现出如下的显著特征：第一，社会政策经历了对农民工的直接歧视到歧视消退再到包容共存的变化。在农民工进入城市阶段，社会政策对农民工的排斥与歧视十分明显，在农民工市民化起步阶段，社会政策中对农民工市民化进程具有阻碍、限制作用的相关政策逐渐被取消，比如历史悠久的城乡分割的户籍制度、饱受诟病的暂住证制度逐渐改革为城乡统一的户籍管理制度和居住证制度。与此同时，保护农民工合法权益并促进其市民化的政策逐渐建立和完善，比如户籍制度赋予长期居住城市的农民工与市民享有同等的住房、教育、医疗等公共服务，在工伤保险、养老保险制度等专项制度改革中，将农民工纳入其中，并制定灵活多样的参保制度、城乡衔接的接续制度等。第二，社会政策经历了对农民工公民权的完全漠视到实质承认的变化。从政策轨迹来看，农民工政策始终与国家经济发展战略高度相关。在前市民化阶段，社会政策可以说是完全不承认农民工的公民权，实际上是通过以城乡分割的户籍制度，

"把农民工降低到缺失的'他者'的社会结构地位，通过制度的合法性实现对城市资源的垄断性控制和分配"。[①] 在市民化起步阶段，社会政策开始正视农民工的基本人权，关注农民工的生存权利和经济权利。而在市民化推进阶段，社会政策对农民工作为国家公民的身份进行了实质认可，政策目标开始关注农民工"进得来"、"留得下"、"过得好"等整个谱系的问题，制定了一系列政策积极影响农民工的行为，帮助他们融入城市社会。第三，社会政策经历了以保障农民工生存权到保障农民工发展权的变化。在市民化起步阶段，农民工政策较多关注如何去除加于农民工身份上的种种社会排斥，维护农民工合法的生存权益特别是经济权益。在市民化推进阶段，社会政策的重点从"维权"与"赋权"转向"增能"与"促融"，通过社会资本、人力资本来提升农民工融入城市的经济、社会、文化能力，帮助其形成适应现代城市生活生产的能力，相应的政策设计更多关注教育培训、医疗健康、住房条件乃至政治权利等方面的内容，以增加农民工参加社会生产的机会，提升其应对社会风险的能力。

第二节　社会政策体系建构的价值选择

社会政策肩负着实现福利、克服贫困、谋求发展的神圣而重要的使命。因而从国家诞生之日起，社会政策一直是统治者的施政重点和普通百姓的关注焦点，特别是近代以来，生产方式和社会结构的巨大变化使得社会政策重要性获得极大的提高。在人们不断思考和追问社会政策是什么、社会政策的核心价值是什么、社会政策的目标是什么等一系列问题中，始终不能离开对公平与效率、人道与人权、重点人群与全民普惠三对关系的思考。

一　公平与效率的关系

公平与效率是人类发展永恒的话题。公平与效率的关系不仅存在

---

① 王春雷：《我国农民工政策取向的演变历程》，《商业时代》2013 年第 17 期。

于经济政策的变迁之中，也存在于社会政策的变迁之中，以及经济政策与社会政策关系的变迁之中。公平是一个与政治、经济、文化、社会、道德、法律等多种因素相关涉的概念，"意指人们在利益关系上的某种形式的无差别性，即按照某种社会所确认的原则或标准（经济的、政策的、法律的或道德的等等）同等地待人处事的态度和方式"①。效率是指"在一定时间内投入与产出的比率，以最小投入在最短时间内获得最大产出即实现了效率最大化"②。对于公平与效率的关系，有三种比较突出的观点：

其一，效率优先论。主张效率优先的学者认为，在效率与公平关系中，效率占绝对优势地位，只有提高效率才能实现公平，效率提高必然带来公平的实现。他们强调要充分尊重市场经济的自由竞争，反对通过包括行政干预在内的一切人为措施谋求公平。弗里德曼（Milton Friedmann）、斯密（Adam Smith）、哈耶克（Friedrich August von Hayek）、诺齐克（Robert Nozick）等是这一派学者的典型代表。弗里德曼认为"一个社会把平等（即所谓结果均等）放在自由之上，其结果是既得不到平等，也得不到自由"③，而充分自由、平等的市场机制则具有解决生产分配问题的强大能力。斯密坚信在市场这只看不见的手的指引下，不仅可以实现经济要素的自由流动和有效配置，而且能够实现要素所有者收益的最大化。哈耶克对自由竞争市场更为推崇，他认为自由竞争的市场带来了前所未有的经济发展效率，自由竞争形成的市场自发分配则天然具有公平性。诺齐克则从伦理角度为效率优先论提供了最有力的辩护，他认为市场自发分配形成的贫富悬殊是合法的，而以要求平等为目的的再分配却是对他人权利的一种严重

---

① 陈文江、周亚平：《社会公平：构建和谐社会的重要推动力量》，《甘肃社会科学》2006 年第 2 期。

② 刘士文：《公平与效率协调实现的途径研究》，《改革与战略》2014 年第 1 期。

③ ［美］米尔顿·弗里德曼、罗斯·弗里德曼：《自由选择》，胡骑、席学媛、安强等译，商务印书馆 1982 年版，第 151—152 页。

的非法侵犯。① 在公平与效率的关系上，主张效率优先的学者认为公平与效率的关系如同跷跷板的两头，为了效率就要牺牲某些平等，并且为了平等就要牺牲某些效率；实现效率目标必然缺少充分的优胜劣汰竞争，实现公平目标则必然带来效率的损失。他们甚至认为，效率竞争必然带来无可避免的收入差距，而收入差距的扩大是充分而自由竞争的自然结果，它虽然有悖于公平的目标，但却是效率目标实现的有效激励。

其二，公平优先论。主张公平优先的学者认为，有公平才能有效率，只有公平才能保障社会的稳定，提高劳动者的积极性，进而实现效率的提高。相反，没有公平则会导致劳动者积极性丧失，社会生产无法正常进行，必然降低效率。罗尔斯和德沃金是这一观点的代表人物。罗尔斯认为社会正义"适合于最少受惠者的最大利益"②，在保证个人自由、平等等基本权利不受侵犯的前提下，照顾弱势群体，缓和贫富冲突，使社会日趋安定团结。德沃金将造成人类经济不平等的主要原因归咎于不平等的资源占有，强调通过市场开展资源的"公开拍卖"以消弭资源占有的不平等，并实现真正的平等。

其三，效率与公平兼顾论。持此论的学者认为，公平与效率不能相互替代，在处理公平与效率关系时应该遵循公平与效率同等重要的基本准则。这些学者强调，应依据具体情况来适时选择效率或公平，但在总体上应该兼顾两者的动态平衡。阿瑟·奥肯是这一派观点的代表人物。他认为平等与效率间的抉择是更为困扰人心、更为普遍的抉择，也即最大的社会经济抉择，我们无法在保留市场效率这块蛋糕的同时又平等地分享它。人们不可能同时获得公平和效率，只能在公平问题格外凸显的情况下牺牲效率以实现公平，在效率问题格外凸显的情况下牺牲公平以提高效率。最理想的方式则是"在平等中注入一些

---

① 朱琳：《包容性增长：公平与效率的关系考量》，《西南石油大学学报》（社会科学版）2013年第3期。

② ［美］约翰·罗尔斯：《正义论》，何怀宏、何包钢、廖申白译，中国社会科学出版社2009年版，第237页。

合理性，在效率中注入一些人道"①。

从总体上说，公平与效率的关系是同一个硬币的两面，不可分割，但两者之间的联系十分复杂，不仅在不同的层面两者的互动联系各有不同，即使在同一层面两者的关系在不同情况下也依然具有不同的特点，有时互相促进，有时互相矛盾。② 可以说，公平与效率的关系是辩证关系，在不同的情况下展现不同的状态。关信平认为，尽管公平和效率是两种不同取向的价值，但它们不是截然对立的。公平与效率这两个价值目标同等重要，没有先后次序，二者必须兼顾，关键是要区分公平与平等的不同含义。③ 熊跃根则认为，在社会政策领域，平等则更多的是指参与竞争的机会和规则的一致性。在社会政策实践中，决策者会从机会平等和结果平等两项内容中选择其一，前者侧重起点的同等对待，而后者强调个人价值的均等。④

二　人道与人权的关系

人道与人权是一对关系复杂的历史性概念，人类关于社会政策思想的发展过程自始至终都包含着对人道与人权关系的探寻，人道与人权思想的发展在现代社会政策的形成中发挥着重要的作用。

"人道"概念，在中国古代哲学范畴中，是与"天道"概念相对应的，即所谓"有天道焉，有人道焉"。人道在中国传统文化中是超越身份等级、国家、民族等一切羁绊的，是将人的尊严和价值放在首位的。因此，人道在历史长河的积淀中被赋予了更高的人文含义，引申为以爱护人的生命、关怀人的幸福、维护人的尊严、保障人的自由等为原则的人事或为人之道。"人道主义"一词来源于拉丁文 humani-stas（人道精神），其最初含义是专指一种最能促进个人才能极致发挥的具有人道精神的教育制度。在资产阶级革命的过程中，人道主义成

---

① ［美］阿瑟·奥肯：《平等与效率》，王奔洲等译，华夏出版社1999年版，第116页。
② 刘士文：《公平与效率协调实现的途径研究》，《改革与战略》2014年第7期。
③ 关信平主编：《社会政策概论》，高等教育出版社2009年版，第168页。
④ 熊跃根：《社会政策——理论与分析方法》，中国人民大学出版社2009年版，第77页。

为反对封建教会专制和论证民主主义的重要思想武器，在以人为中心，关怀人和尊重人的思想主张下，洛克、卢梭等启蒙思想家提出人人生而自由平等，人生而按其本性理应拥有各种"自然权利"。就其主要内容而言，靳辉明认为人道主义具有四个层面的基本含义：第一，人道主义是主张"以人为中心"的方法论，把人视为问题研究的根本出发点和最终归宿；第二，人道主义是关于人、人性、人的本质、人的价值和人的发展的一种思想体系；第三，人道主义是一种道德伦理原则，一种世界观、历史观；第四，人道主义可以被理解为合理社会制度的目标，是"理性王国"的根本内容。[1]

"人权是指人按其本性所应当享有的在社会中得以生存和发展的自由度。"[2] 从其起源来看，人权概念的内涵发端于近代西方思想史上的"自然权利"学说。人权概念得以不断丰富发展得益于二战后起草《世界人权宣言》的过程，在多元文化的洗礼下，无论男女、种族，人人平等享有与生俱来的权利成为共识，权利的内容也从自由权、财产权、政治权扩展为政治权、经济权、社会权和文化权。同时，人权的绝对主义被抛弃，人权是权利与义务的统一，受社会公共利益限制的观念日渐形成。当代人权与各国家（地区）的现实需求相结合，其概念内涵更为丰富，不仅包括基本生活水准权，也包括社会保障权、健康权、教育权和文化权等积极权利；不仅强调权利的平等享有，还强调对妇女、儿童、残疾人、老年人、原住民、少数族裔、移徙工人、无国籍人等弱势群体的特殊保护，以实现人人都能享有体面而有尊严的生活。

人道与人权作为一对历史概念，随着人类社会历史的变化而不断演变，两者相互交织，呈现出一种错综复杂的关系状态。首先，人道与人权都发端于人性论。人在自然本性上的平等思想在西方资产阶级那里发展成为人们对自身自由幸福具有绝对主宰权利、个体必须而且

---

① 靳辉明：《论人道主义的历史演进和基本内涵》，《学海》2002 年第 2 期。
② 林喆：《人性论、人道主义与人权研究》，《法学家》2006 年第 6 期。

只能对自己负责的个人利己主义，其基本要义是"人人都享有天赋的自由、平等权利，不受约束的自由和自主地寻求个人需要的满足是实现个人权利的保证"①。在形成个人利己主义的同时，人性论中的自由平等论观念也引申出了人道主义、利他主义的道德理想，使得人们不断思考如何通过集体主义的方法来寻求个人权利的实现。其次，人权是一种人道主义的要求。从人权思想的起源来看，人权来源于人的道德性，这种人性不同于一般生物的生理性需求，而是一种人之为人的社会性需求，人们需要人权的目的不是为了作为生命体而"活着"，而是为了作为人而有尊严地"活着"。因此，在俞可平看来，人权本质上是一种道德权利。② 从人权的发展历程来看，人道主义的道德动机是人权产生并逐渐拓展延伸的重要根源。再次，人权是对人道的一种超越。随着社会历史的变化，人权在漫长的历史实践中经历了从最初的法律权利到政治权利再到社会权利的发展变化。在当代，人权业已成为一种整体概念，包括法律权利、政治权利、经济权利、社会权利等诸多人类权利，不仅包括教育、医疗、养老等基本生活保障，还包括缩小社会差距、促进社会正义等目标。最后，人道是维护弱者人权的要求。最基本的人道是人的生存尊严，这是人区别于动物、人之为人应该享有的最起码的保障。因此，每个人都应该具有要求社会提供最起码的生存保障的权利，而在能力具备的情况下，国家（社会）以及经济状况好的人为底层弱势群体提供最起码的生存保障应该是一种国家责任和社会责任。在此种意义上，为陷入贫困的人提供基本的救济援助，可以被视为一种维护弱者人权的基本要求。

人道与人权都关注社会福利。在不同历史时期，随着人道与人权关系的变化，在社会福利与社会政策领域就形成了以慈善事业为主的社会政策体系向现代以社会福利制度化为特征的社会政策体系的转型。受到人道主义道德理想中人生而自由平等、人生而有权利得到关

---

① 钱宁：《从人道主义到公民权利——现代社会福利政治道德观念的历史演变》，《社会学研究》2004 年第 1 期。

② 俞可平：《权利政治与公益政治》，社会科学文献出版社 2000 年版，第 107 页。

心尊重观念的影响，从 17 世纪开始，人道及人道主义就成为验证统治阶级和国家（政府）合法性的重要武器。也正是由于人道主义思想对国家社会福利制度和政府社会政策的挑战，形成了工业化初期以帮助困境中的穷人和遭遇不幸的人群实施人道主义救济的慈善事业的发展，这种非系统化、非制度化的救济政策可以视为人类社会政策体系的开端。随着人权思想的发展，人权成为人类追求社会公平正义理想的有效方式，福利权利不仅成为人权的重要内容，在一定程度上甚至成为人权的本质内容。对社会福利与人权的这一关系，马歇尔就曾有过经典的论述："任何法定的权利都会与福利本质上与经济必然具有的直接的或间接的性质存在着关联，因为权利存在于那些可以被期待带来福利的利益，以及就平均的计算而言，那些将会带来福利的利益。"①

从人类福利思想的演变来看，社会福利思想的道德根源在于人道主义的考虑，而人权思想则是全民福利制度和福利国家形成的直接推力，即"在公民权利的理念下，个人对国家拥有了福利的要求权，而国家也必须建立福利保障制度来履行其对公民的福利责任"②。从人道主义到公民权利的演变是社会福利从慈善救济的人道关怀到福利制度的普世关怀转变的过程，其中公民权利思想的确立是现代社会福利的思想根基，我国学者钱宁认为公民权利观念的确立对社会福利思想的贡献在于"把社会福利从一般的道德要求提升到了政治道德的高度，使福利脱离了慈善救济的人道关怀的局限性，变成人人拥有的经济与社会权利"③。不过，普遍的福利制度也存在福利依赖、财政危机等诸多弊端。从 20 世纪 70 年代以来，福利国家的制度受到各方的普遍批判，理解乃至超越现有的人道与人权的关系依旧是一个国家或

---

① 参见钱宁《从人道主义到公民权利——现代社会福利政治道德观念的历史演变》，《社会学研究》2004 年第 1 期。

② 钱宁：《从人道主义到公民权利——现代社会福利政治道德观念的历史演变》，《社会学研究》2004 年第 1 期。

③ 钱宁：《从人道主义到公民权利——现代社会福利政治道德观念的历史演变》，《社会学研究》2004 年第 1 期。

地区社会福利与社会政策实践中不可回避的中心话题。

三 重点人群与全民普惠的关系

重点人群与全民普惠的关系是两种不同的社会政策目标对象的选择，它反映的是社会政策理念的不同。在社会福利领域中，谁应该成为社会政策的目标对象是根据社会经济条件变化而不断变化的。早期的慈善服务仅仅是向少数陷入贫穷的人提供零星的经济援助，显然其政策目标是针对特定人群。随着公民权理论的发展特别是公民社会权利的提出，社会福利权成为一种普遍人权，社会福利走向制度化，福利国家成为社会福利制度的重要制度安排，社会福利成为一项面向全体国民的公共或社会政策。当前，国际社会政策领域对全民普惠的认识主要有三种[①]：第一种观点以 Anneli Attonen 为代表，认为普惠的内涵包括：社会政策基于强制的立法而非自愿的安排；受益资格适用于所有公民，无论个体的经济需求和收入状况如何；任何公民都可以获得津贴或服务，并且事实上大部分公民在有需要的时候领取津贴和使用服务；普惠型的社会政策体系在全国范围内提供统一标准的津贴水平；普惠意味着获得社会津贴和社会服务是公民的社会权利；普惠型社会政策的核心特征是由税收和财政支持其运作。第二种观点以 Goul-Andersen 为代表，认为普惠的特征包括：法律保障社会津贴和社会服务作为公民的社会权利；所有公民都被同一种社会政策体系所覆盖；社会政策经费来源由税收支持，而非基于社会保险的缴费；社会政策不排斥任何公民，但有时也可以在普惠的原则内进行目标定位；津贴和服务水平足够保障完全公民权的实现，只取得减贫效果的津贴替代率不能被称为普惠型社会政策。第三种观点以 Kildal 和 Kuhnle 为代表。他们认为社会政策中的普惠理念至少有两个维度的原则：成员资格和分配方式。即是否公民都被社会政策体系所覆盖，分配是否基

---

① 参见张佳华《论社会政策中的"普惠"理念及其实践——以我国适度普惠型儿童福利制度建设为例》，《青年学报》2017 年第 1 期。

于需要而且以财政为经费来源。从上面的文献中不难发现，尽管在具体内容和表述上有所差异，但是普惠意味着社会政策的资格群体为全体公民，不排斥任何社会成员，这一点是毫无争议的。

在普惠理念不断深入的同时，各国也在不断试图寻求社会福利制度的有效供给。这些努力大多缘于人们对福利国家这种普遍的福利制度存在的诸多缺陷的反思，人们对福利国家的普惠原则日益认同的同时，也一直不乏对福利依赖和福利科层化及其导致的低效率与高负担的诟病。伴随着当代福利国家缩减的全球化趋势，社会政策在全民普惠的基础上着重增强重点人群的政策供给业已成为一种全球共识。

国际社会政策关于重点人群与全民普惠关系认识的不断深化，也在我国社会政策的变迁轨迹中可窥踪迹。在政治性社会政策阶段、经济型社会政策阶段，我国的社会政策中直接由国家公共财政支出提供的福利服务都是面向某些特殊人群或弱势群体的，而在社会性社会政策与共享性社会政策阶段由国家公共财政支出提供的福利服务则明显体现了社会政策面向全体国民的发展趋势。在现阶段，由于日益认识到重点人群与全民普惠关系的辩证统一性，一方面，社会政策的普惠性成为构建社会福利制度的根本性原则，普惠性不仅要求政策对象面向全体国民，而且要求政策内容全面惠及人们生活的各种需求；另一方面，社会政策仍然要抓住特定时期的主要矛盾，并遵循弱者优先的原则，把妇女、儿童、老年人、残疾人、贫困者、失业者等群体作为重点政策对象，从解决最棘手、最主要的福利问题开始，再进一步拓展到全体人群。对此，学界有诸多值得重视的论述，如景天魁认为我国特色社会福利制度的发展方向应该是从"小福利"向"大福利"转变，其中"大福利"的要义在于：全民普遍享有，城乡居民全覆盖；基础整合，打破区域、部门、身份局限；内容多样，涵括社会救助、保险、医疗、教育、住房、社会服务等与民生相关的福利项目。[①]潘屹从福利广度、服务目标、福利项目、保障水平四个维度提出建立

---

① 景天魁：《应对金融危机的"大福利构想"》，《探索与争鸣》2010 年第 1 期。

适度普惠型福利制度，由此实现社会福利从覆盖部分人到涵盖所有的公民、从服务弱势群体或少部分人到服务全体人民、从提供经济保障到提供人民群众需求的各种基本社会服务、从基本的收入保障到人民享有体面和有尊严的生活的全方位拓展。① 在此意义上，当前我国的共享性社会政策体系本质上就是建设"适度普惠型"社会福利制度的政策安排。

第三节 基于农民工尊严保障的社会政策构建

为了实现农民工在城市体面地、有尊严地工作生活，从 2003 年开始自中央政府到地方政府在农民工就业、户籍、教育、医疗、住房、社会保障等诸多领域掀起了一场"自上而下"重构农民工社会政策的运动，这些制度变革与创新无论是广度还是深度都可谓前所未有，在保障农民工尊严方面发挥着重要的作用。

一 子女教育政策

从国际移民经验来看，移民的融入需要两到三代人的努力，其中教育政策是帮助移民融入主流社会最有效的途径。农民工城市融入的实现关键在于第二代，农民工子女教育不仅涉及农民工子女的个人发展，更是农民工城市融入的重要途径，只有通过适宜的教育才能将农民工子女培养成为合格的城市公民。

我国农民工子女教育政策经历了从无到有、从排斥到吸纳的发展过程。2001 年《国务院关于基础教育改革与发展的决定》明确提出解决农民工子女入学问题的"两为主"政策。2010 年《国家中长期教育改革和发展规划纲要（2010—2020 年）》明确了保障农民工子女受教育权利的"两纳入"政策。2012 年国务院明确要求各地在

---

① 潘屹：《通往适度普惠的制度型福利之路：新时期我国福利制度发展研究》，《江苏社会科学》2019 年第 2 期。

2012 年底前出台异地高考具体办法。2015 年《关于进一步完善城乡义务教育经费保障机制的通知》将义务教育阶段学生和学校"两免一补"政策覆盖至农民工子弟学校，并明确向农民工子弟学校提供统一公用经费基准定额补助的财政支持政策。

伴随着我国农民工子女教育政策的发展，农民工子女入学问题得到了有效解决，然而这仅仅是起点公平问题的一定程度解决。张水玲的研究表明就读城市公办学校的农民工子女和城市儿童在入学机会、受教育过程中的机会以及取得学业成就机会等方面仍然存在明显不平等。[①] 候玉娜等人的实证研究表明，在"同城待遇"的政策背景下，通过人力资本的代际传递，农民工父母教育背景的弱势更多地被传递到其子女身上。[②] 此外，随着农民工子女主体进入高中阶段以及在城市出生的农民工子女数量剧增，农民工子女高中教育以及学前教育问题日益凸显。种种迹象表明，农民工子女教育问题远未实现解决，且由于农民工子女教育公平的相关问题正在从外部转向内部、从显性转向隐性，农民工子女教育问题的解决还变得越来越复杂棘手。因此，立足于新的现实社会经济条件和农民工子女教育新的现实问题，妥善解决教育的起点公平、过程公平以及结果公平仍然是农民工社会政策需要进一步重点探讨与解决的问题。

建立农民工子女教育补偿制度应该成为今后社会政策的一个重点。罗尔斯在《正义论》中提出了著名的补偿原则："为了平等地对待所有人，提供真正的同等机会，社会必须更多地关注那些天赋较低和出身于较不利的社会地位的人们。这个观念就是要按平等的方向补偿由偶然因素造成的倾斜。"[③] 农民工子女是经济境况和社会地位相

---

① 张水玲：《美国弱势群体教育计划对我国农民工子女教育的启示》，《青年探索》2011 年第 3 期。

② 候玉娜、张鼎权、范栖银：《代际传递与社会融入视角下农民工随迁子女的教育期望研究——基于"中国教育追踪调查"初中生数据的实证分析》，《教育发展研究》2020 年第 6 期。

③ ［美］约翰·罗尔斯：《正义论》，何怀宏、何包钢、廖申白译，中国社会科学出版社 2009 年版，第 77 页。

对不利的群体。按照补偿原则，国家应该给予他们适当的机会和经济补偿，而这些补偿中教育补偿从长远来看具有多方面的重要意义和作用，是其他机会补偿、经济补偿所不能替代的。结合我国的政治经济社会环境，我们认为以国家立法的方式建立农民工子女的教育补偿制度不失为一种最有效率的方式。具体的补偿政策至少应该包括两个方面：一是在宏观政策设计方面，由中央政府设立农民工子女教育专项经费，为贫困农民工子女提供经济援助，消除因家庭经济困难形成的农民工子女教育机会不均等现象。同时，为减轻流入地财政压力，中央政府应提高对农民工子女教育特别是高中教育投资的力度，扶持流入地高中阶段教育。① 二是在微观措施设计方面，为满足农民工子女的教育需求，要着重从教育实践出发对农民工子女予以正规学校教育之外的有针对性的补偿性教育，以显著缩小农民工子女与城市儿童之间接受教育上的差距。补偿性教育作为学校教育的有益补充与完善，其价值在于：有明确的受益对象，即有特殊需求的农民工子女；有明确的针对性，即可以发展适合农民工子女需求的教育内容；有较好的学习改善效果，即可以显著改善农民工子女的学习困境；有较高的持续性，即可以通过社会共同参与来保障服务供给的效率。在具体操作上，补偿性教育可借鉴美国 MEP 计划的"暑期学校"、KIPP 计划的"超学时学习"② 等经验，通过学校、社会共同提供的方式为农民工子女提供额外教育服务，促使他们在学校基础上获得更高的教育水平，最终保障农民工子女与城市儿童享有大致相同的发展机会。

二　教育培训政策

较高的职业技能水平是农民工能够长期稳定在城市生活的根本保证，促进农民工城市融入的社会政策必须将农民工的教育培训作为重

---

① 李倡平、孙中民：《农民工随迁子女教育政策的演变与未来走向》，《教育探索》2010 年第 9 期。

② 张水玲：《美国弱势群体教育计划对我国农民工子女教育的启示》，《青年探索》2011 年第 3 期。

中之重。从国际经验看，发达国家在解决农民工问题时，都将教育培训作为重要的政策之一。在对农民工教学教育培训时，发达国家一般都予以充分的法律保障，包括多元化的教育培训形式、广泛的教育培训资金来源，以及丰富的培训内容。[①]

我国的农民工教育培训始于 2003 年。国家农业部、教育部等六部委联合发布《2003—2010 年全国农民培训规划》首次将农民工培训列为国家计划，提出对农民工开展引导性培训和职业技能培训，并对培训的主要责任主体、经费投入机制、培训渠道以及培训管理等进行了明确，提出"用人单位负有培训本单位所用农民工的责任"，"农民工培训经费实行政府、用人单位和农民工个人共同分担的投入机制"，等等。在此规划精神的指引下，中央各部门在 2003—2006 年相继推出星火科技培训专项行动、农村劳动力转移培训阳光工程、农村劳动力技能就业计划等众多农民工培训计划。2008 年《就业促进法》以法律形式明确了地方政府对农民工培训的责任。2009 年中华人民共和国教育部发布《关于做好 2009 年中等职业学校招生工作的通知》提出将农民工作为职业学校扩大招生范围的重要生源之一，使得农民工培训超越了以往的项目式、短期制的模式，"农民工的职业教育"正式纳入国家教育政策视野。[②] 2010 年国务院办公厅发布《关于进一步做好农民工培训工作的指导意见》，提出"到 2015 年力争使有培训需求的农民工都得到一次以上的技能培训，掌握一项适应就业需要的实用技能的目标"，并着重强调了明确农民工培训重点、增强农民工培训针对性，鼓励有条件的地区探索推行有利于农民工灵活选择的培训项目、培训方式和培训地点的办法，充分发挥企业培训促进就业的作用，规范培训基金管理制度等。[③] 2012 年国家又将农民工纳入终身职业培训体系中，2014 年国务院下发文件对农民工的各项培

① 王春林：《发达国家农民工教育培训政策的探析》，《湖北社会科学》2011 年第 3 期。

② 王东：《对农民工职业教育政策的反思》，《职教论坛》2014 年第 9 期。

③ 国务院办公厅：《国务院办公厅关于进一步做好农民工培训工作的指导意见》，http://www.gov.cn/zwgk/2010-01/25/content_1518915.htm。

训如职业技能提升、新成长劳动力职业教育、就业创业等提出了具体目标。2018 年 5 月国务院又印发了《关于推行终身职业技能培训制度的意见》将农民工纳入终身职业技能培训制度中，提出要将农村转移就业人员和新生代农民工培养成为高素质技能劳动者。2019 年人社部印发《新生代农民工职业技能提升计划（2019—2022 年）》指出要扩大农民工培训供给，明确提出要通过政府示范激励，逐步推进职业技能培训市场化、社会化。

上述政策的变迁过程表明，国家对农民工培训的政策经历了从最初的引导扶持到规范发展的过程，政府、企业、个人三位一体的培训机制日渐形成和巩固，特别是政府在农民工培训中的福利责任、农民工作为劳动者与城市职工平等享有培训权利等日渐清晰。对农民工而言，培训不仅是一种谋生的必需行为，而且成为一种普惠的福利机会。当然，农民工培训仍然有一个如何提高质量、增强实用性的问题。未来农民工培训政策应该着力建立适应市场需求和农民工特色的科学培训体系。在课程体系设计上要以提高就业能力和职业发展竞争力为目标，凸显就业发展的导向，推广终身教育的形式。在培养模式上，除了要大力推广岗位成才、互助学习等个性化学习模式外，还要着力架构一种适合农民工特点、满足农民工需求的整体性网络体系，包括为农民工学习提供多样化服务的政府及社会机构组成的服务体系、集中社会教育培训资源且分布广泛的培训机构体系、以互联网等信息技术为手段的学习资源供给网络。① 此外，农民工教育培训是一种全民性的继续教育，要考虑农民工跨区域流动、分布分散的特点，借鉴美国的人力发展培训计划，以社区为载体成立民间非营利学习中心来开展农民工教育培训工作。②

---

① 王成辽：《新生代农民工培训供给需求与培训意愿综合关系实证研究》，《中国劳动关系学院学报》2011 年第 2 期。
② 寿钰婷：《美国人力发展培训计划及其对我国农民工教育培训的启示》，《外国教育研究》2007 年第 8 期。

三 社会保障政策

农民工的社会保障政策主要包括三个部分：社会保险、社会救助与社会福利政策。从现行政策体系来看，农民工的社会保险政策较为成熟，特别是农民工养老保险、农民工医疗保险与工伤保险受到政府的普遍关注和重视。

从养老保险来看，2010 年 1 月 1 日实施的《城镇企业职工基本养老保险关系转移接续暂行办法》规定："农民工在内的参加城镇企业职工基本养老保险的所有人员，其基本养老保险关系可在跨省就业时随同转移；在转移个人账户储存额的同时，还转移部分单位缴费；参保人员在各地的缴费年限合并计算，个人账户储存额累计计算，对农民工一视同仁。"不过由于 2011 年 7 月 1 日正式实施的《中华人民共和国社会保险法》并没有明确具有双重身份的农民工应当适用何种社会保险模式，因此各地对于农民工参加养老保险的做法各不相同，归纳起来有"城保模式"、"双低模式"、"综合保险模式"和"农保模式"四种。其中"城保模式"是将农民工直接纳入城镇职工社会保险体系，在资格条件、缴费基数、缴费费率、待遇计发等方面与城镇职工无异；"双低模式"虽然也是对接城镇职工社会保险体系，但又考虑农民工收入较低的特点，对农民工的缴费费率、缴费基数进行适当下调，以减轻农民工的参保成本，相应地在待遇计发方面也进行适当下调；"综合保险模式"是专门为农民工设计的一种保险模式，其突出特点是统筹考虑农民工的养老、医疗、工伤需求，将其打捆设计成一种费率较低的综合保险，参与的农民工可以同时享有养老、医疗、工伤三方面的保障；"农保模式"又名"返乡模式"，顾名思义就是把农民工纳入流出地农村社会保障体系。上述四种模式除"综合保险模式"是一种制度重建外，其余三种都是对原有社会保险模式的重组。四种模式各有优劣，城保模式将农民工与城镇职工一视同仁，体现了公平正义、平等共享之义，也符合我国社会保障城乡一体化的趋势，但是由于制度缴费门槛超出农民工的支付能力，在实践中存在农民工积极性不足、参保率不高的困境。农保模式虽然缴费费率不高，符合农民工的支付能力，但是由于费用缴纳、待遇享受等方面都需要返回农村，无法保障工伤风险等，对常年生活在城市的农民工而言短期存在成本增加、实用性不足等问题，长期存在不利于市民化完整实现的风险。综合保险模式虽然充分考虑了农民工的特点和需求，既能满足农民工暂时和长期需求，又具有费率低的特点，容易被用工单位和农民工接受，但是由于其本身是一种新设体系，存在同其他保险体系接续难等障碍，基金本身的持续发展也具有较大难度。相对而言，双低模式在参保成本、管理成本以及公平正义方面都具有优势，是一种相对而言的最优选择，但是仍然需要进一步完善制度设计，特别是考虑到农民工群体的复杂性、流动性等特点，在统筹层次、缴费激励机制、待遇调整机制、基金运行机制等方面做出优化。令人欣喜的是，为解决现有社会保险政策碎片化严重，农民工参加城镇职工社会保险体系面临着城乡对接、体系对接、异地转移对接等亟待完善的问题，中央政府正在加快制度创新的步伐，如 2014 年 2 月国务院办公厅转发人社部和财政部的《城乡养老保险制度衔接暂行办法》就是对不同社保体系对接问题的部分解决和处理。

从农民工医疗保险来看，农民工参加不同医疗保险的制度障碍业已基本消除。2009 年 3 月颁布的《中共中央国务院关于深化医疗卫生体制改革的意见》中详细指出："签订劳动合同并与企业建立稳定劳动关系的农民工要按照国家的规定明确用人单位缴费责任，将其纳入城镇职工医保，其他农民工根据实际情况可自愿选择参加户籍所在地的新农合或务工所在地的城镇居民医保。"此后，2016 年国务院颁布的《关于整合城乡居民基本医疗保险制度的意见》指出："农民工和灵活就业人员依法参加职工基本医疗保险，有困难的可按照当地规定参加城乡居民医保。"不过农民工参加医疗保险也仍然面临着不同保险体系如何对接的问题，政策间的整合仍然任重道远。

从农民工工伤保险来看。2006 年国务院颁布的《关于解决农民工问题的若干意见》明确要求作业风险程度大、农民工较为集中的建筑行业和煤炭挖掘业的农民工务必参加工伤保险，并明确提出企业单位应该依法将农民工纳入工伤保险的范围。2015 年人社部出台《关于进一步做好建筑业工伤保险工作的意见》，要求全国 3600 万名建筑业农民工被纳入工伤保险。由于国家对农民工参加工伤保险实行强制参与的政策，并对用人单位不给农民工参保进行相应的处罚，因此工伤保险成为农民工参保比例最高的保险项目。

相较而言，农民工社会救助与社会福利政策较为薄弱，特别是作为社会保障制度的最底层的社会救助政策基本不涉及农民工，农民工遇到超出个人承受能力的风险时能够获得的救济十分稀少。社会救助是对社会保险无法保障或保障后家庭收入仍然低于最低生活标准的贫困群体的一种"兜底"保障，是社会安全网的最后一道屏障，将农民工纳入适合城市社会救助体系是确保社会公平正义的必然选择。因此农民工社会保障政策未来应该进一步扩大社会救助与福利体系覆盖面，将困难农民工纳入城市社会救助与福利体系之中。第一，为提高保障制度的权威性，应由全国人大常委会立法制定并颁布农民工社会救助法规，对所涉及的各种社会关系进行全面规范、顶层规范，明确救助门槛、救助内容、救助标准、救助方式、资金筹集等政策框架。各地政府应根据自身情况制定相应的实施办法和操作细则。第二，农民工社会救助政策体系要坚持分类救助、精准救助的原则，坚持提高农民工的自救能力，促进农民工就业创业的政策导向，在救助内容上优先失业、医疗、住房和教育等专项社会救助。[①] 在优先次序上，要将加强失业救助、医疗救助和最低生活保障摆在首位，坚守社会救助的三条底线。第三，农民工社会救助在操作中要坚持发挥社会救助解决临时性、急迫性问题的作用，适当简化审批程序、缩短审批时间以

---

① 徐增阳、付守芳：《农民工的社会救助：需求、认知与意愿——以武汉市为例》，《华中师范大学学报》（人文社会科学版）2011 年第 2 期。

确保农民工及时获得有效救助。第四，要完善资金筹集机制，在明确中央政府财政支付责任的基础上，大力拓展多渠道、多层次的资金筹集机制。第五，要统筹现有机构、资源、平台，构建救助信息网络平台，积极完善农民工社会救助输送机制，提高救助效率并确保有需要的农民工能够及时得到有效救助。

四　住房保障政策

农民工城市融入面临许多问题，而住房问题是他们面临的最突出的问题之一。尽管随着我国市场制度和社会保障制度的不断改革，城市住房保障体系改革不断推进，无论是廉租房、公租房等保障性住房，还是住房公积金制度，覆盖的受益者都越来越多。但是，城市住房改革对农民工的正面意义微乎其微：他们没有权利享受各种住房津贴，没有权利获得住房公积金支持购房，也不能申请针对城市低收入群体的保障性住房。[1] 相反，负面的影响却逐渐增加，不仅进一步增强了农民工的相对剥脱感，大量农民工被迫聚集在卫生环境状况恶劣的城中村或者城乡接合部，还形成了新的空间隔离与社会排斥。从 2006 年开始至今，中央多次提出要采取多种方式改善农民工居住条件，并出台了相关的政策文件，主要包括《关于住房公积金管理若干具体问题的指导意见》、《国务院关于解决农民工问题的若干意见》、《国务院关于解决城市低收入家庭住房困难的若干意见》等。各地方政府在实践中也结合自身情况推出了多项政策，例如将农民工纳入住房公积金覆盖范围，通过"城中村"改造、农民工公寓建设，将农民工纳入公共租赁住房保障体系，商品房配建保障性住房，推进农民工积分落户制度；城乡用地制度改革等。

从政策变迁来看，农民工住房政策经历了从无到有再到大力扶

---

① 彭华民、唐慧慧：《排斥与融入：低收入农民工城市住房困境与住房保障政策》，《山东社会科学》2012 年第 5 期。

持的转变过程，在各方的关注与推动下，农民工城市住房条件得到了一定改善。但由于政策本身和实施中的问题，农民工极少在这些政策中受益。我们的问卷调查发现，在住房条件方面，农民工展现出明显的弱势状态，基本被排除在住房福利体系之外，主要通过租房和单位宿舍解决住房问题。其中，近六成（58.8%）的农民工是靠向当地居民租赁住房生活，24.6%的农民工居住在包括工棚、经营场所等在内的集体宿舍之中。大部分的农民工住房拥挤，居住环境恶劣，配套设施较差，卫生条件恶劣，尤以建筑工人为甚。国家统计局调查表明，从全国来看，由雇主或雇佣单位提供住房的占51.8%，是农民工居住的主要形式，其中由雇主或单位提供宿舍的占33.9%，在工地或工棚居住的占10.3%，在生产经营场所居住的占7.6%。①

　　未来的政策设计需要统筹考虑两个层次的目标，一是考虑农民工群体居住条件的改善，二是考虑如何帮助市民化能力和意愿强烈的农民工获得持久性住房。为此，要充分考虑地区差异和农民工社会分层，因城施策，着力培育一个租售并举、健全完备的农民工住房市场，消除政策性壁垒，帮助农民工获得城市持久性的住房，给农民工一个长期稳定的定居预期。② 任兴洲等提出统筹考虑农民工群体的工作、收入状况和国情国力等因素，建立多渠道、多形式的农民工住房供应体系（见表5-1），满足不同层次农民工的住房需求。③ 这一体系既符合农民工的流动趋势和务工特点，又充分考虑到农民工向市民转化的需求，具有较强的框架作用。

---

　　① 国务院发展研究中心课题组：《农民工市民化制度创新与顶层政策设计》，中国发展出版社2011年版，第212页。

　　② 刘斌：《住房、住房政策与农民工市民化：研究述评及展望》，《重庆理工大学学报》（社会科学版）2020年第1期。

　　③ 任兴洲等：《适合农民工特点的住房供应体系》，《重庆理工大学学报》（社会科学版）2011年第10期。

表 5 – 1　　　　　　　　　农民工住房供应体系构想

供给体系	市场特性	住房类型	目标群体	说明
市场提供	一级市场二级市场	普通商品房普通二手房	具有较强支付能力的高收入农民工家庭	完全竞争市场
	租赁市场	普通出租房	一般在城市务工、没有住房的农民工	
用工企业提供	工作宿舍	集体宿舍	在工厂或服务业工作的农民工	政府政策支持用工企业建设标准化的农民工宿舍
政府政策性支持	保障性住房	公共租赁房	收入较低的无房农民工家庭	有政策支持，申请一定准入条件
	保障性住房	廉租房	贫困农民工家庭	住房保障，只租不售
	保障性住房	经济适用房	希望购买住房的中低收入农民工家庭	政府补贴，封闭运行
	保障性住房	限价房	具有一定支付能力的中低收入农民工家庭	有政策支持，出售有一定限制

　　未来最重要的应当是根据这一供应体系，逐步完善与调整政策，创新政策执行方式，实现政策的有效落地。其中，尤其是要在以下几个方面着力。

　　第一，完善农民工的住房保障政策体系。要依法将农民工纳入住房公积金制度体系，扩大住房公积金政策的覆盖面，合理制定农民工住房公积金缴存比例，简化农民工住房公积金使用程序，扩大农民工住房公积金使用范围。要制定农民工住房补贴政策，确保农民工在城市安居乐业。[①] 要明确中央政府、流入地政府和用工单位的责任，完善配套措施政策，确保农民工住房政策的切实落地。具体而言，中央

---

　　① 丁富军、吕萍：《转型时期的农民工住房问题——一种政策过程的视角》，《公共管理学报》2010 年第 1 期。

政府要从提高农民工住房消费能力出发，切实解决义务教育、基本养老金、基本医疗、最低收入保障等基本生活需要问题，解除农民工住房消费的后顾之忧；流入地政府要将农民工住房纳入城市发展建设规划中，将农民工纳入住房保障体系覆盖范围，解决好资金、土地、环境等问题。用工单位要在地方政府的监督下，保证农民工就业、薪酬等政策的落实。

第二，增强农民工住房实物保障供应。当前我国的住房保障的实物供应主要是经济适用房和廉租房两种，尽管近些年各地在棚户区改造、廉租房建设等方面投入较多资金，但是从总量而言供需矛盾仍然非常突出，远不足以满足困难群众的需求。将农民工住房保障纳入流入地城市住房保障体系之中，必然会进一步解决住房供应矛盾。因此中央政府应当协同地方政府共同推进公共住房建设，借鉴国内外的成功经验，完善长期规划、配套政策、资金支持、监督管理等，增强农民工住房实物保障供应。值得特别注意的是，在公共住房建设中，要吸取拉美国家的教训，将公共住房建设与城市规划、发展结合起来，保障公共住房周围的基础设施完备，避免公共住房演化成"贫民窟"①。

第三，加强农民工住房租赁市场监管与服务。农民工住房租赁市场的房源主要来自城乡接合部村民私宅与市民闲置房，由于市场信息不完善等因素，农民工在租赁市场处于弱势，需要付出较高的中介成本。为此，政府要通过多管齐下的措施来加强农民工住房租赁市场的监管与服务，如建立农民工住房租赁管理信息平台，通过鼓励住房出租、自建、改建与扩建廉租房等方式扩大住房来源，进一步规范住房中介行为等，从而有效降低农民工住房成本，改善农民工住房条件。

---

① 张国胜、王征：《农民工市民化的城市住房政策研究：基于国别经验的比较》，《中国软科学》2007 年第 12 期。

第六章　农民工通向尊严生活中社会政策的演进

农民工群体从流入城市到完成城市化，有一个流动者—定居者—融入者的身份转换过程。在农民工再身份化过程中，通过社会政策的建构来重组身份资源就显得尤为重要。本章力图依据农民工的尊严诉求和政策期盼，研究社会政策模式在递进式演进中，怎样与农民工群体身份转换主体状况相适应。重点探讨的内容有：尊严的能力进路与包容性社会政策的兴起；通向尊严生活与发展型社会政策的兴起；农民工的终结与社会政策的演变趋向。

第一节　尊严的能力进路与包容性社会政策的兴起

世界银行曾将社会包容定义为改进弱势身份人群的能力、机会和尊严，以及参与社会的进程。包容性政策的独特之处，就是在经济增长的同时，帮助弱势群体从经济增长提供的机会扩张中受益。尊严的能力进路与包容性社会政策在赋权增能上有异曲同工之妙。

一　阿马蒂亚·森和纳斯鲍姆的可行能力研究

尊严的能力进路由纳斯鲍姆最早提出，但她是在吸收阿马蒂亚·森关于可行能力的基础上发展起来的。

（一）阿马蒂亚·森：以可行能力看待正义

阿马蒂亚·森在《正义的理想》、《以自由看待发展》、《贫困与饥荒》、《再论不平等》等一系列著作中，以可行能力看待正义，以正义拓展实质自由，提出了具有鲜明特色的正义理论，为福利研究及相关社会政策研究奠定了基础。

1. 可行能力平等与正义。阿马蒂亚·森指出：一个人的可行能力指的是此人"有可能实现的、各种可能的功能性活动组合"①。"在我们所珍视的人类的各种功能上，能实现的目标是多种多样的，从良好的营养、避免过早死亡，到参与社区生活、培养有利于实现事业抱负的技能。我们所关注的可行能力，是实现各种功能的组合的能力。"② 阿马蒂亚·森是在批判资源平等主义和福利平等主义过程中提出可行能力问题的，并且将人际相异性作为可行能力理论的逻辑起点。在阿马蒂亚·森那里，个体之间的差异包括外部差异和个体差异，个体差异特征是衡量个体不平等的重要依据。可见，他关注的平等焦点是人际相异性、平等评估变量的多样性和"开放的中立"，并以此思考"什么的平等"的问题。③ 以可行能力来进行个人的评价和社会的评价，来看待正义，所要求的就是"可行能力平等"。

2. 可行能力平等与自由旨趣。在阿马蒂亚·森那里，可行能力在本质上是一种自由，是"实现各种可能的功能性活动组合的实质自由"④。可行能力的出发点就是将个人的理智与思考放在首位，去使个体追求自己认为的有价值的生活，那么，扩展自由是发展的首要目的，也是促进发展的主要手段。在《以自由看待发展》中，阿马蒂

---

① ［印度］阿马蒂亚·森：《以自由看待发展》，任赜、于真译，中国人民大学出版社2013年版，第62页。

② ［印度］阿马蒂亚·森：《正义的理念》，王磊、李航译，中国人民大学出版社2013年版，第215—216页。

③ 李楠、秦慧：《阿马蒂亚·森可行能力平等理论评析及其启示》，《思想教育研究》2017年第8期。

④ ［印度］阿马蒂亚·森：《以自由看待发展》，任赜、于真译，中国人民大学出版社2013年版，第62页。

亚·森还列举了五种基本的可行能力自由，包括政治自由、经济条件、社会机会、透明性保证、防护性保障，并将其称为"工具性自由"，亦即"关于各种权利、机会和权益是如何扩展为人类一般自由，从而为经济发展做出贡献的"①。实际上，阿马蒂亚·森从人类固有的多样性出发，将评价平等的"焦点变量"从有限的收入、效应或"基本善"的领域扩充到更宽广、更包容的可行能力领域，并将平等与自由有机地联系起来，勾勒了一种全面、实质和积极的平等概念。②

3. 可行能力平等与剥夺。在将可行能力与自由相关联时，阿马蒂亚·森还提出了另外一个概念："建构性自由"，亦即指免除饥饿、营养不良、可避免的疾病、过早死亡以及能够享受识字算数、享受政治参与等实质自由"对提升人们生活质量的重要性"③。阿马蒂亚·森指出，类似饥饿、贫困等问题是权利丧失的一种外在表现，由"可行能力被剥夺"造成。他在多个地方都谈道，"一个人之所以挨饿，要么是因为他没有支配足够食物的能力；要么是因为他拒绝使用这种能力"④；"我们也可以将贫穷本身看做基本能力的一种严重丧失……因为它将贫穷与丧失获得那些及其重要东西的能力联系在一起"⑤。可行能力视角将注意力从具有工具性价值的经济指标（收入）转向我们有理由追求的合理目的，以及使这些目的得以实现的自由，加深了我们对贫困和剥夺的理解，这就是森的贫困理论的重要意义。⑥

---

① ［印度］阿马蒂亚·森：《以自由看待发展》，任赜、于真译，中国人民大学出版社2013年版，第31页。

② 文长春：《基于能力平等的分配正义论——阿马蒂亚·森的正义观》，《学术交流》2010年第6期。

③ ［印度］阿马蒂亚·森：《以自由看待发展》，任赜、于真译，中国人民大学出版社2013年版，第30页。

④ ［印度］阿马蒂亚·森：《贫困与饥荒》，王宇、王文玉译，商务印书馆2001年版，第61页。

⑤ ［印度］让·德雷兹、阿马蒂亚·森：《饥饿与公共行为》，苏雷译，社会科学文献出版社2006年版，第15—16页。

⑥ 任付新：《阿马蒂亚·森的贫困理论及其方法论启示》，《汉江学术》2018年第1期。

此外，阿马蒂亚·森的可行能力主要是以一种综合全面的价值标准来衡量社会的发展，所指出的是能力不平等在社会不平等的评估中的核心作用，实际上提倡了一种政策分析框架乃至政策设想。比如：提出收入剥夺与能力剥夺之间的差异，就"与公共政策——既包括追求发展的公共政策，也包括反贫困和追求平等的政策——有关"[①]。

（二）纳斯鲍姆：人性尊严的能力进路

有研究者指出：在运用可行能力方法来分析社会正义问题并构造正义原则以及提供相应正当性论证上，森的杰出追随者之一玛莎·纳斯鲍姆显然走在了森的前头。[②]纳斯鲍姆在讨论可行能力时，注意到广泛存在的社会不公表现在个人尊严受到侵害这一事实上，而人们在可行能力上的不平等是尊严受到侵害的根源。她在重新界定和拓展正义主体的基础上，将尊严与能力联系起来，以此成为能力进路的起点，使可行能力理念得到进一步的发展。

第一，通过区分内在能力和混合能力来重新阐释实质自由。纳斯鲍姆指出，能力所回答的问题就是一个人最基本的问题，即一个人可以做什么，又能成为什么，即阿马蒂亚·森提出的"实质性自由"。纳斯鲍姆将之称为"混合能力"，即"在特定的政治、社会和经济境况内所具有的选择和行动的机会总和"[③]。在混合能力之中有一部分属于"内在能力"，即是指有别于天赋素养，属于"训练和发展出来的特质和能力"，包括"品性特点、智商情商、身体健全与健康状况、内在学识、感知和运动技巧"[④]。内在的可行能力与外在的可行能力是结合在一起的。可行能力要追求的实质自由，不仅需要培养内

---

① ［印度］阿马蒂亚·森：《再论不平等》，王利文、于占杰译，中国人民大学出版社2016年版，第145—146页。

② 秦子忠：《以可行能力看待不正义：论阿马蒂亚·森的正义理论》，《上海交通大学学报》（哲学社会科学版）2016年第3期。

③ ［美］玛莎·C.纳斯鲍姆：《寻求有尊严的生活——正义的能力理论》，田雷译，中国人民大学出版社2016年版，第15页。

④ ［美］玛莎·C.纳斯鲍姆：《寻求有尊严的生活——正义的能力理论》，田雷译，中国人民大学出版社2016年版，第15—16页。

在能力，也需要把内在能力实现出来的机会和途径。因此，在对比能力和运作时，"能力意味着选择的机会"，"选择自由的观念乃是内置于能力概念之中的"，"能力的推进就是要扩展自由的领域"①。

第二，提出关涉人的尊严的能力清单。能力清单的提出，可以说是纳斯鲍姆的可行能力理论被分为"森版本"和"纳斯鲍姆版本"的主要理由。② 纳斯鲍姆的能力清单具体包括以下十种：1. 生命；2. 身体健康；3. 身体健全；4. 感觉、想象和思考；5. 情感；6. 实践理性；7. 归属；8. 其他物种；9. 娱乐；10. 对外在环境的控制。这十种能力可分为三类：第 1—3 项为有尊严的生活的基础能力；第 4—6 项为按人之本性成长发展的能力；第 7—10 项为享有充足而自由的社会交往的能力。纳斯鲍姆所列举的十种核心能力表明，她不仅仅关注每一个人的存在条件和生存环境，而且还关心每一个人能否过上有尊严的生活。这十项能力清单，"它并不试图解决所有的分配难题，它只要具体规定一种相对充裕的社会最低限。培育全体公民的这十种能力，是社会正义的一项必要条件"③。能力清单具有底线的意义，"能力清单是政治原则的一个来源，而不是对人的生活的全面描述"④。正因为能力清单是尊严的基本保障，纳斯鲍姆强调：一个社会，若不能在某一恰当的门槛层次，对其所有公民保证这些能力，那么无论多么繁华，它都不是一个完全正义的社会；一个社会，若忽视其中一些能力而提升另一些能力，就是亏待其公民，在这种不公正对待中就是失败。⑤

---

① ［美］玛莎·C. 纳斯鲍姆：《寻求有尊严的生活——正义的能力理论》，田雷译，中国人民大学出版社 2016 年版，第 18 页。

② 叶晓璐：《纳斯鲍姆可行能力理论研究——兼与阿马蒂亚·森的比较》，《复旦学报》（社会科学版）2019 年第 4 期。

③ ［美］玛莎·C. 纳斯鲍姆：《寻求有尊严的生活——正义的能力理论》，田雷译，中国人民大学出版社 2016 年版，第 29 页。

④ 谢惠媛：《以希望引导恐惧：纳斯鲍姆政治情感新论——访玛莎·纳斯鲍姆教授》，《哲学动态》2019 年第 4 期。

⑤ ［美］玛莎·C. 纳斯鲍姆：《正义的前沿》，朱慧玲、谢惠媛、陈文娟译，中国人民大学出版社 2016 年版，第 53 页。

第三，尊严是能力进路的出发点和目标归宿。纳斯鲍姆指出："能力进路是一种追求结果的进路。它根据一个国家的某种能力来衡量正义的程度，这种能力旨在保证公民获得某些详细的、达到某种恰当水平的核心能力。"[①] 不难看出，能力进路坚持分配正义的核心和目标是能力，而不是诸如财富、身份、地位等外在资源。概言之，能力进路把尊严作为正义的核心理念，把可行能力作为正义的目标，并以关怀作为实现正义的基本手段。[②] 如何发挥能力进路在实现尊严中的作用？纳斯鲍姆还强调了以下几个问题：一是能力进路坚持以权利为中心。能力进路与人类权利进路紧密相连。能力清单实际覆盖了第一代权利（政治与公民自由）和第二代权利（经济与社会权利）占据的领域。每一种重要的权利都有一种恰当的临界值，如果没有达到临界值就意味着相关的权利没有得到保障。因此，"那些基于人类尊严的各种人的权利是该观念的核心；而那些结构性特征的好坏也是据此被评判的"[③]。二是发挥公共政策的能力。以混合能力为导向的公共政策既应当重视培养公民的内在能力，同时也应当提供必要的条件，让他们有机会发挥内在能力。"公共政策的一个主要目的应该是，通过新的灵活性和新的伦理规变来改变工作场所"，在推出有关看护工作的公共政策时，必须注意其三个"疆域"，即公共场所、教育系统和工作地点。[④] 三是发挥社会结构应有的作用。纳斯鲍姆指出："一旦我们认为某些能力是人性尊严所要求的生活的核心，一旦我们认为社会的'基本结构'（基本政治原则以及体现这些原则的制度结构）至少要保证最低限度的核心能力，我们就会很自然地问：一种政

---

① ［美］玛莎·C. 纳斯鲍姆：《正义的前沿》，朱慧玲、谢惠媛、陈文娟译，中国人民大学出版社 2016 年版，第 197 页。

② 陈文娟：《依赖性、社会契约论与能力进路——以残障的正义问题为讨论域》，《道德与文明》2017 年第 3 期。

③ ［美］玛莎·C. 纳斯鲍姆：《正义的前沿》，朱慧玲、谢惠媛、陈文娟译，中国人民大学出版社 2016 年版，第 219 页。

④ ［美］玛莎·C. 纳斯鲍姆：《正义的前沿》，朱慧玲、谢惠媛、陈文娟译，中国人民大学出版社 2016 年版，第 148—150 页。

治结构如何能够真正保证这些能力。"① 在纳斯鲍姆的论述中，涉及民主审议，寄希望于体现国家政治结构的宪法上，以及立法、司法、行政机构的保护上。在人类命运共同体中，纳斯鲍姆的能力清单不仅是为各个国家的政治结构提供参照，而且是意图为全球化的世界提供一份基本性原则，国际组织、跨国公司、社会团体、企业乃至个人都是另一种维护和实现能力的方式。②

二　赋权增能与社会政策的构建

阿马蒂亚·森和纳斯鲍姆关于可行能力的分析，尤其是权利贫困与最低限能力清单的提出，实际上在政策设计等层面提出了赋权增能的问题。

（一）赋权增能的目标人群

赋权增能的概念目前在使用上还存在看法不一的状况，实际上存在两个方面的分歧：一是赋权是否包括增能；二是赋权中的"赋"字具有怎样的含义。首先，来看赋权。赋权一词最早出现在社会工作意境中使用的概念是"增权"，"使之有能力争取、满足自身的基本权利"并进而实现自己应得的权利，目前在使用"赋权"一词时含义有所拓宽，一般须包括三个要素：人们的能力、人们行使权利的过程，以及人们的成就。③ 考虑到有多个学科在使用赋权概念的因素，可将赋权定义为"赋予权利或权威的过程，是把平等的权利通过法律、制度赋予对象并使之具有维护自身应有权利的能力"④。其次，从赋权和增能的概念约定俗成来看：赋权注重于权力或权利，为个体或团体达到目标赋予一定权利或资源；增能注重于能力，主要指激发

① ［美］玛莎·C. 纳斯鲍姆：《寻求有尊严的生活——正义的能力理论》，田雷译，中国人民大学出版社 2016 年版，第 115 页。

② 董骏：《迈向一种能力进路的人权观——评纳斯鲍姆寻求有尊严的生活》，《河北法学》2017 年第 2 期。

③ ［英］罗伯特·亚当斯：《赋权、参与和工作》，汪冬冬译，华东理工大学出版社 2013 年版，第 20 页。

④ 郑广怀：《伤残农民工：无法被赋权的群体》，《社会学研究》2005 年第 3 期。

其潜在的优势和要素，完成行动过程并实现目标。[①] 两者的区分对进行有关分析的作用可能更佳。

赋权是一种理论，也是一种实践。赋权是一种让一个人或者一个团体获得权利的行动状态，也是一个权利行使能力的转移过程。有赋权，就必然存在去权的历史和社会过程，所导致的缺乏能力或资源的无权状态，赋权实际上就是以被去权的弱势群体、不利群体为对象而使之获取权利和资源。[②] 从实践来看，赋权是分多个层面的，包括：自力赋权，通过个体自己的努力去获得权利和资源；社会赋权，一些民间组织、媒体、社区等社会团体对权利保障的声张；市场赋权，由于供求关系的变化出现的权利保障；行政赋权，来自行政的赋权；法律赋权，来自宪法和法律的赋权等。或者是自我赋权、个体赋权、团体赋权、组织赋权、社区赋权与行政体系赋权。赋权作用于主体的方式则是通过认同提升主体自我效能，进而激活主体性，如在农村，就是通过市场与社会的充分赋权，激活农民的身份认同、职业认同和文化认同，进而激活其建设乡村的主体性。[③]

不仅是赋权，增能的对象也往往是在经济地位、社会境遇和政治权利等方面的弱势群体、不利群体、边缘群体，有一个通过社会政策或援助行为去进行能力建设的问题。增能可以在三个层面上建设：一是个人层次，个人感觉有能力去影响或解决问题；二是人际层次，个人与他人合作去影响或解决问题；三是政治层次，能够促进政策的改变。增能的实务模式则可以分为个体主动模式和外力推动模式，其中个体主动模式强调个人在增能过程中的决定作用，认为个体若无赋权意识，所有努力都是白费；外力推动模式则强调赋权过程中外部力量的推动和促进作用，主张通过外力去激活弱势群体等的主体性，并通

---

① 袁方成：《增能居民：社区参与的主体性逻辑与行动路径》，《行政论坛》2019 年第 1 期。

② 郑广怀：《伤残农民工：无法被赋权的群体》，《社会学研究》2005 年第 3 期。

③ 毛安然：《赋权与认同：乡村振兴背景下乡村价值激活农民主体性的路径》，《华东理工大学学报》（社会科学版）2019 年第 2 期。

过客体与主体互动的不断循环和建构以达到持续赋权的目的。[①]

（二）赋权增能的政策意义

无论是赋权还是增能，其中心问题是权利或权力。其基本假设是：个体的无权或失权状态，是外部社会环境的压迫和排挤造成的；外部社会环境的直接、间接障碍，限制个人自我能力的发挥。[②] 显然，赋权实践必须与民众所生活的社会维度、政治维度以及个体维度相结合，以便让赋权实践与包容、参与以及社会正义相结合。[③] 特别是对农民工这样一个处于弱势地位的群体来说，从赋权增能角度来审视，其政策意义就突出体现在以下三个方面：

第一，农民工在可行能力上表现出来的不足主要是由于权利贫困所导致，通过政策重构来实现权利赋予乃当务之急。当前农民工的整体可行能力偏低，"政治参与"而非"经济状况"是其最大的短板，这不仅对其城市居留选择（是否留在本地）有显著影响，而且还是其在进行居留时限决策（在本地留多久）时的重要考量。[④] 这种状况的存在，在本质上是农民工权利缺失所致，政治权利匮乏致使农民工利益表达受限，经济权利脆弱引致农民工流向次属劳动力市场，社会权利薄弱则致使农民工城市融入遇阻。[⑤] 部分农民工所存在的经济贫困，其深层原因是社会权利"贫困"，以及与之相关的政治、文化和经济权利的"贫困"。消除贫困的治理之道，必然要求强化社会权利的平等和保障社会权利的公正。

第二，无论是赋权还是增权，目前均呈行政主导的特点，但制度

---

① 唐惠敏、胜南：《增能与赋权：农村弱势群体利益表达的路径》，《湖南工业大学学报》（社会科学版）2014 年第 4 期。

② 程萍：《社会工作介入农村精准扶贫：阿马蒂亚·森的赋权增能视角》，《社会工作》2016 年第 5 期。

③ ［英］罗伯特·亚当斯：《赋权、参与和工作》，汪冬冬译，华东理工大学出版社2013 年版，第 201 页。

④ 郭郡郡、刘玉萍：《可行能力对流动人口城市居留意愿的影响》，《城市问题》2019年第 11 期。

⑤ 张世清、刘雪：《农民工的权利诉求及社会政策回应》，《学习与实践》2011 年第12 期。

化的程度不高。在赋权方面，目前农民工仍处于一种非均衡赋权状态，呈现民事权利尚不完整、社会权利优先赋权、政治权利双重缺失的格局，但社会权利"碎片化"赋权比较突出，国家作为制度供给者在赋权上呈现变动性、滞后性和应急性的特点。[①] 由于制度化赋权不足，个体化赋权仍然是农民工权益保护的主要路径。在增能方面，目前农民工对参加培训的积极性颇高，但供给主体的能力以及基础设施服务水平均存在不足，难以满足农民工日益增长的需求。

第三，社会政策的设计理念应从"馈赠"走向"权利"，并注意发挥农民工群体的参与作用。有专家指出，"馈赠"是一种随时可以施与，又随时可以剥夺的"特权"，而权利未经正当程序与公正补偿则不可剥夺。目前针对农民工及其家庭需要满足的政策项目更多地表现为短期可以享受的福利，而非长期享受的权利，功利性较强。[②] 对农民工来说，在争取一个平等公民权利的过程中，他们所需要的不是同情和怜悯，而是支持和理解；在政策设计过程中，他们所乐于充当的角色不是单纯的受益者，而是能共襄大计的参与者。英国学者 Barbra Teater 说："赋权既是过程，也是结果。赋权是一个发展的过程，可以始于个体层面，但以社会改变为终极目标，这些社会改变有助于抵御未来可能的压制，帮助案主获取资源、掌握生活的权力与控制力。"[③]

三　包容性社会政策的建构

包容性社会政策是包容性社会、包容性发展的理念在政策层面的体现。"包容性"所传递的基本价值对赋权增能有着颇强的针对性，也就得到了国际社会的广泛接受。

---

① 张金庆、资向明：《现代公民身份与农民工有序市民化研究》，《复旦学报》（社会科学版）2015 年第 6 期。
② 臧其胜：《政府福利责任的边界：基于农民工福利态度影响因素的实证研究》，《中国公共评论》2015 年卷。
③ ［英］Barbra Teater：《社会工作理论与方法》，余潇、刘艳霞、黄玺、吴腾译，华东理工大学出版社 2013 年版，第 68 页。

（一）包容性社会政策的缘起与价值内核

包容性社会政策，作为一种全新的政策措施最先诞生于欧洲。英国社会学家吉登斯在其著作《第三条道路——社会民主主义的复兴》中首次提出"包容性社会"的概念，并对其进行政策论述。2007 年，亚洲开发银行召开了以"新亚太地区的包容性发展与贫困减除"为主题的国际研讨会，明确提出了"包容性发展"的概念。随后，包容性发展作为一个全新的发展理念，在世界银行《2006 年世界发展报告：公平和发展》、亚洲开发银行《以共享式增长促进社会和谐》（2007）、世界银行增长与发展委员会《增长报告——可持续增长和包容性发展的战略》（2008）等一系列研究报告中得到体现，世界各国开始制定相应的包容性社会政策。

包容性概念的提出，旨在建立一种权利保障基础上的协商和沟通机制，以维持弱者的尊严和可行能力。世界银行将社会包容定义为改进弱势身份人群的能力、机会和尊严，以及参与社会的进程。[1]在社会层面，社会包容实际上是对社会排斥的反制，在性质上是一种平权行动。吉登斯在界定"包容性"时明确指出："在其最广泛的意义上，'包容性'意味着公民资格，意味着一个社会的所有成员不仅在形式上，而且在其生活的现实中所拥有的民事权利、政治权利以及相应的义务。它还意味着机会以及在公共空间中的参与。"[2]而在当代社会所存在的比较明显的排斥类型，无论是对处于社会底层人们的排斥，还是社会上层人士的自愿排斥，排斥性这一概念"涉及的不是社会等级的划分，而是把属于某些群体的人排除在社会主流之外的机制"[3]。

对包容性社会政策价值内核，法国学者 Claude Didry 归纳为：

---

① 参见葛道顺《包容性发展：从理念到政策》，《社会发展研究》2014 年第 3 期。
② ［英］安东尼·吉登斯：《第三条道路：社会民主主义的复兴》，郑戈译，北京大学出版社 2000 年版，第 107 页。
③ ［英］安东尼·吉登斯：《第三条道路：社会民主主义的复兴》，郑戈译，北京大学出版社 2000 年版，第 108 页。

（1）应该将发展大型的公共服务看作是社会生活及其发展的必经之路；（2）对社会的选择性参与、民主参与的重要性都是有据可依的；（3）市场的自由提供个人自由选择的权利，同时已给予个体自由公平选择工作的权利；（4）独立且不腐败的司法机构对建立共和政体是非常重要的；（5）只有社会安全网的建立及其完善，才能够帮助那些处在困境中的个体。① 一般而论，包容性社会政策必须秉持社会公正，尊重多元化选择，以社会整体性为本，实现共享社会发展成果。就社会包容所传递的价值观来说，包容性社会政策的实现在本质上依赖于现代国家的责任和社会的诉求这两个方面的基础。

（二）包容性社会政策在我国的构建

构建包容性社会政策，与包括我国在内的东亚国家历史上存在的共生思想有比较紧密的关联。共生思想体系中蕴含着"仁"的思想精髓，表现为一种弱势关怀取向的核心关注，可为包容性社会政策的构建提供理论支持。② 我国处于社会转型的关键阶段，正在由"总体性社会"转向"个体性社会"，面临的最为突出的社会问题就是社会公平问题，在传统社会政策遭遇挑战的复杂格局中，必须增强社会政策的包容性，以关注更多的个体或少数群体。③ 包容性发展具有四个层面的要义：经济增长、权利获得、机会平等、福利普惠，由此在包容性政策构建上尤要追求公平正义，注重协调发展，强调权利保障，重视能力建设。

以公民权作为包容性政策构建的基础，在公共政策体系中强化社会政策的地位和作用，建立健全弱势群体的政策诉求表达机制，所有这些在包容性政策构建中所突出表述的问题，对新型城镇化进程推进中的农民工群体更是意义非凡。包容性社会政策所倡导的市场参与机会平等，有利于消除农民工市民化过程中的劳动力市场分割；所强调

---

① ［法］Claude Didry：《"共和构想"是社会包容性政策的核心思想》，《社会科学》2012 年第 1 期。

② 田毅鹏：《共生思想与包容性社会政策体系的构建》，《社会科学》2012 年第 1 期。

③ 文军：《个体化社会的来临与包容性社会政策的建构》，《社会科学》2012 年第 1 期。

的权利赋予理念，有利于保障农民工享受同等的市民福利待遇；所坚持的托底原则，有利于保障农民工的基本生存安全；所倡导的社会融合理念，有利于消除农民工市民化过程中的社会排斥问题。[①] 对于向市民转化的农民工来说，特别需要通过促进包容的移民社会政策体系，实现移民群体与本地人群在态度、认知与行动三个层面上相互尊重、相互接纳和相互欣赏。包容性城镇化导向下的社会政策调控，秉持着两个主要原则：一是人员自由流动；二是跨地区均等享受基本社会服务和保障。包容性城镇化发展，是一个实现公平和体现社会凝聚力的载体，也是一个国家经济发展模式至关重要的支撑。

第二节　通向尊严生活与发展型社会政策的出台

发展型社会政策既强调经济政策应该包含社会发展的目标，同时又强调社会政策应该促进经济发展。发展型社会政策究其本质，就是一种社会保护和市场扩张之间的调节机制。发展型社会政策正是通过重构社会发展观，为农民工尊严保障提供新的手段。

一　社会政策由补缺型、制度型向发展型的转变

20 世纪 90 年代，随着全球一体化的加速和世界风险社会的形成，也出于对社会政策模式的反思，国际社会政策出现了一个积极的变化，即社会政策模式由补缺型社会政策、制度型社会政策向发展型社会政策转变。

（一）发展型社会政策的萌生与发展观的转变

补缺型社会政策起源于 1601 年英国颁布的《济贫法》，旨在应对工业化初期产生的社会问题，尤其是绝对贫困问题。制度型社会政策，有的称之为分配型或福利型社会政策，在 20 世纪 40 年代开始出

---

① 解丽霞、徐文蔚、李泉然：《包容性社会政策视角下的农民工市民化问题研究》，《华南理工大学学报》（社会科学版）2019 年第 5 期。

现，"福利国家"在西方国家得到普遍建立即是制度型社会政策广泛应用的标志。到20世纪70年代，随着西方经济发达国家出现剧烈的经济衰退，福利国家的社会政策受到来自各方的猛烈批评。同时，全球化带来了提升国家竞争力的压力，不但使社会风险源大大扩大，而且还放大了风险的影响和潜在后果。这些都要求社会政策"在应对这些压力上有所作为，即将回应这些压力整合进自己的目标体系，以应对这些问题为出发点，重新检视社会政策的基本价值和模式，进行必要的理论创新"①。

发展型社会政策的理论和实践魅力在于其"发展"的理念，②它也是对发展理念进行反思的结果。在相当长的一段时间内，发展所涉及的领域，通常被局限于经济领域，发展甚至等同于经济增长。法国学者佩鲁（Fransois Perroux）最早区分了"发展"和"增长"这两个概念，指出增长应该是一个国家或地区人均国民生产总值规模的扩大，而"研究发展问题，就意味着要求人们注意无发展增长所具有的危险"③。最早明确提出"发展视角的社会福利观"的学者米奇利（James Midgley，即梅志里）将社会发展定义为一种规划的社会变化过程，认为"社会发展因其干预性质、致力于进步、宏观聚焦、全民性质、将社会政策与经济政策融合、社会空间聚焦以及能采众家之长，因而成为当今最有包容性的促进社会福利途径"④。阿马蒂亚·森建立了以自由为核心的发展理论，其核心思想就是扩展自由是发展的首要目的和主要手段，可以称为自由在发展中所起的建构性作用和工具性作用，所谓建构性作用是实质自由对提升人民生活质量的重要

---

① 张秀兰、徐月宾、〔美〕梅志里编：《中国发展型政策论纲》，中国劳动社会保障出版社2007年版，第14页。

② 张秀兰、徐月宾、〔美〕梅志里编：《中国发展型政策论纲》，中国劳动社会保障出版社2007年版，第7页。

③ 〔法〕弗郎索瓦·佩鲁：《新发展观》，张宁、丰子义译，华夏出版社1987年版，第15页。

④ 〔美〕詹姆斯·米奇利（梅志里）：《社会发展——社会福利视角下的发展观》，苗正民译，格致出版社2009年版，第31页。

性；所谓工具性作用是各种权利、机会和权益是如何为扩展人类一般自由，从而为经济发展做出贡献的。①

随着发展观的不断成熟，特别是 1995 年联合国社会发展世界首脑会议后，发展型社会政策引起各国政府的重视，学术界的研究也蔚然兴起。Deyo 提出了发展型社会政策的四个重要组成部分：（1）社会政策嵌于经济发展政策之中。（2）社会政策直接涉及政府所提供的社会福利、公共服务、公共住房、教育、公共交通、社会救助和社会福利的补贴和项目。（3）收入政策。（4）政府通过社会保险影响收入保障。② 在研究中也形成了两种不同视角的发展型政策的基本主张。以吉登斯和谢若登（Michael Sherraden）为代表的学者以现有的社会政策作为研究的立论点，探讨如何构建包括融合发展理念在内的社会福利政策；以梅志里和阿马蒂亚·森为代表的学者则以经济政策为基点来考察经济增长与社会发展的关系，认为在整体规划下实现经济与社会政策的融合是实现可持续发展的前提。③ 发展型社会政策也就主要体现在以下几个领域：一是倡导通过福利多元主义模式和准市场模式对福利国家原有的收入维持的社会福利服务体系进行改良，一般称其为"融入经济政策的社会政策"。二是针对经济全球化条件下新贫困和各种形式的边缘化，强调社会政策的资源获取和分配要与就业和劳动力市场相结合，增大在教育培训等方面的行动，一般称其为"融入社会政策的经济政策"④。三是在与福利对象的关系上，改授人以鱼为授人以渔，将社会开支的重点用在有投资效益的项目中，提升弱势群体社会参与的能力，并应用规划的手段将社会干预的重点提前

---

① ［印度］阿马蒂亚·森：《以自由看待发展》，任赜、于真译，中国人民大学出版社2013 年版，第 30—31 页。

② 唐兴霖、周幼平：《整体型社会政策——对发展型社会政策的理性认识》，《学海》2011 年第 5 期。

③ 郭淑贞、黄艾菲：《新常态下发展型社会政策的重新审视》，《重庆交通大学学报》（社会科学版）2016 年第 6 期。

④ 张伟兵：《发展型社会政策与实践——西方社会福利思想的重大转型及其对中国社会政策的启示》，《世界经济与政治论坛》2007 年第 1 期。

到社会问题形成环节。①

（二）发展型社会政策的要义及影响

发展型社会政策的基本理念是关注"发展"，其要义表现在：

1. 注重经济与社会的发展协调。发展型社会政策的最大特点就是力图协调社会发展与经济发展的关系。米奇利（梅志里）指出："在发展过程内，社会与经济发展构成了一枚硬币的两面。"② 社会发展途径可以采取三种方式来使经济与社会努力和谐：第一，应努力创建正式的组织与制度性安排，从而使经济与社会政策得到更好的融合。第二，社会发展途径要保障经济发展能对所有公民的社会福利产生直接效应，如此才能促成经济与社会政策的融合。第三，社会发展能鼓励积极促进经济发展的社会政策与方案的形成。③ 发展型社会政策强调将社会政策目标与经济政策目标直接联系起来，认为社会政策目标并不是经济发展的附属目标。并强调要通过社会投资，为经济建设提供更好的社会环境，达到经济与社会协调发展。

2. 社会政策成为生产力要素。发展型社会政策的创新之处在于，将社会政策视为生产力要素，认为适宜的社会政策不但不会造成经济效率的降低，反而会促进生产力的发展。④ 在欧盟，还确立了社会政策是生产性要素的思想，认为良好的社会政策能增强经济发展的潜力，一些社会政策不仅对经济增长有间接作用，而且有直接作用，社会政策的缺失将造成重大的成本损失。最早提出"社会政策作为生产要素"新理念的哈姆瑞杰克（Hamrijack）指出："社会政策本身已成为一种生产性资源，通过保护劳动力或使劳动力去商品化，而不再是经济政策的制约因

① 吴炜：《发展型社会政策及其对我国社会政策发展的启示》，《内蒙古社会科学》（汉文版）2014 年第 6 期。

② ［美］詹姆斯·米奇利（梅志里）：《社会发展——社会福利视角下的发展观》，苗正民译，格致出版社 2009 年版，第 27 页。

③ ［美］詹姆斯·米奇利（梅志里）：《社会发展——社会福利视角下的发展观》，苗正民译，格致出版社 2009 年版，第 180—182 页。

④ 阳代杰：《发展型社会政策在我国的适用性及其建构》，《西部财会》2018 年第 5 期。

素，从而在提高经济运作的潜力方面发挥着重要作用。"①

3. 社会福利供给模式具有多元化倾向。社会福利供给通过由"单一行动"向"集体行动"的关系转换，在风险共担前提下形成的"多中心治理"模式经历了从福利三角到福利多边形的演变。在福利多元化的框架下，政府的社会福利角色并没有弱化，而是提供福利的方式发生了变化，即政府依然是社会福利的投资主体，但其投资责任是通过多种途径实现的。② 哈尔（Anthony Hall）和梅志里（James Midgley）在讨论可持续生计时，也指出了社会福利供给主体所发生的这种变化："社会政策已经向强调跨部门的、整合的、全面的生计支持的方向发生了转变，包括强调应对某些特殊需要的参与计划。"③

发展型社会政策对我国政策设计有重要的启示作用，最重要的是：发展型社会政策的轴心概念是建基于社会公正理念之上的发展，我国社会政策设计只要加进"发展"这个维度，政府的瞄准水平就可以大大提高。④ 社会政策的基本问题的独特性决定了中国社会政策研究的独特性。发达国家的社会政策研究主要针对社会福利的具体问题，基本上是对社会福利大厦的修修补补，而我国社会政策研究要致力于社会福利的制度创新，以回应中国社会政策的基本问题。⑤ 依据科学发展观，我国在发展型社会政策的构建上应是"托底发展型"的，蕴含着"公平"、"共享"、"包容"、"生态"等发展型社会政策价值观念。⑥ 当务之急还是要为农民工政策构建确立一个城乡融合发

---

① 谢有光：《社会政策是生产性要素：欧盟的视角》，《前沿》2010 年第 24 期。

② 张秀兰、徐月宾、[美]梅志里编：《中国发展型政策论纲》，中国劳动社会保障出版社 2007 年版，第 70 页。

③ [英]安东尼·哈尔、[美]詹姆斯·梅志里：《发展型社会政策》，罗敏译，社会科学文献出版社 2006 年版，第 9 页。

④ 张秀兰：《发展型社会政策：实现科学发展观的一个操作化模式》，《中国社会科学》2004 年第 6 期。

⑤ 徐道稳：《迈向发展型社会政策——中国社会政策转型研究》，中国社会科学出版社 2008 年版，第 268 页。

⑥ 李金利：《托底发展型社会政策的意识形态构建——基于社会建构主义研究视角》，《青海社会科学》2017 年第 4 期。

展的平等语境。从发展型政策来审视，农民工子女的教育和融合都需要在农民工政策中增加发展性要素，特别是在教育政策上要注重对人力资本的投资，着力扩大农民工子女的生存空间和竞争能力；消除农民工城市融合过程中的社会风险，有一个建构发展型社会救助模式的问题，在解决农民工群体当前基本生存需要的同时，注意其长远发展和自立自强。

二 突出人力资本投资的社会投资政策

发展型社会政策的最大特点是强调社会资源的投资性分配。这种思路是对传统社会政策思路的重大转变，从以消费和维持为导向的服务转向提高能力、投资于民、扩大经济参与和促进经济发展的干预。

（一）社会投资政策的缘起与主旨

1998 年，吉登斯在《第三条道路——社会民主主义的复兴》中正式提出了"社会投资国家"的构想，核心思想是改变传统福利的被动性，将传统福利消费支出转变为教育、培训、创造就业机会、弹性的工作制度等社会投资支出。他指出："福利国家与其说是资源的会聚点，倒不如说是风险的所在地。使社会政策能够成为社会整合之基础的一个重要条件，是特权阶层反过来发现，在与社会底层的人民一道重新分配的过程中，他们有着共同的利益。"[①] 欧盟是社会投资战略的强大推动者。在 2000 年推出的"里斯本战略"中，特别重视人力资本的投资、社会政策与经济政策的研发与创新以及提升就业率。2013 年初，欧盟正式启动了社会投资政策，其核心内涵是：以最好的能力积极地参加社会和经济建设发展，创造一个更智能、可持续和包容性增长的欧洲。[②] 在这一过程中欧盟推出的主要举措是：（1）要创造更多的就业岗位，制定有利于工作流动的政策，改善社

---

① ［英］安东尼·吉登斯：《第三条道路——社会民主主义的复兴》，郑戈译，北京大学出版社 2000 年版，第 120 页。

② 潘屹：《社会福利制度的效益与可持续——欧盟社会投资政策的解读与借鉴》，《社会科学》2013 年第 12 期。

会保护制度，促进社会包容等；（2）要强调社会政策是生产力要素而不是经济发展的障碍；（3）帮助社会成员参与劳动市场是最有效的解决社会排斥的方式；（4）公共支出要向"投资人力资本"的方向偏斜；（5）社会政策的策略要从过去的"通过为人们提供不失尊严的收入来使他们被社会包容"向"通过使他们参加工作而被社会包容"的方式转变。①

社会投资涉及那些通过改善弱势人员的生活机会特别是进入教育和劳动力市场并在其中取得成功的机会来帮助他们的政策，结果便是教育和培训成为社会投资策略的核心工具。② 由于人力资本的投资贯穿整个人生历程，有人提出社会投资是以生命历程为其理论观点，即社会投资政策的目标就在于让个人能够通过人力资本积累或是其他方式来预防社会风险，并减少贫穷的世代递移，而非消除性通过收入转移体系以补偿风险发生的后果；福利国家就需要从生命历程早期通过累积人力资本以应对快速变动与高度竞争的知识体系。③ 社会投资从本质上看，一方面是依靠于那些提高人力资本"存量"的政策，包括幼儿教育和保健、职业培训、教育和终身学习等；另一方面则依赖于那些使人力资本在整个生命历程里得到最有效利用的劳动力市场的"流量"的政策，包括那些支持女性及单亲父母就业的政策、激活式劳动力市场和其他激活政策，使弱势群体就业通道更便利的政策，等等。④

社会投资象征着社会中有着长期良好的效益。概括起来，社会投资政策具有三个互为补充的功能：第一，"流动"的功能。让劳动力

---

① 梁祖彬：《演变中的社会福利政策思维——由再分配到社会投资》，《中国社会科学》2004 年第 6 期。

② Giuliano Bonoli：《欧洲福利国家不断转变的改革策略》，载莫道明等编《社会发展与社会政策：国际经验与中国改革》，东方出版社 2014 年版，第 11 页。

③ 叶崇扬：《社会投资福利国家？——论当代社会救助政策逻辑的转变》，《中国公共政策评论》2016 年第 1 期。

④ Anton Hemerijck：《欧洲（不彻底的）社会投资转向》，载莫道明等编《社会发展与社会政策：国际经验与中国改革》，东方出版社 2014 年版，第 44 页。

市场转衔（如失业或转换工作）或是生命历程转型（如从教育进入劳动力市场或进入婚育阶段）的过程能够流畅，这主要通过弹性保障政策、积极劳动力市场政策、亲职假和积极老龄政策等协助个人生命历程之间的转衔。第二，"缓冲"的功能。主要在于通过社会保障体系提供普及式的最低收入保障，从而能够在长期的动态历程中维持个人与家庭的经济安全与稳定。第三，"存量"的功能。主要通过人力资本的累积提高其人力资本的质量以及能力，包括儿童托育、义务教育、职业和大学训练与教育、终身学习等政策。[①]

（二）社会投资政策的借鉴与启示

除欧盟外，其他西方国家，以及亚洲的新加坡、非洲的南非等国家，也进行了社会投资政策的实践，对我国进行社会政策调整有着重要的借鉴启示作用。

1. 大力推动人力资本的投资。吉登斯明确指出："社会投资国家的主要原则可以简要地表述如下：在任何可能的情况下要投资于人力资本，而不是直接给予利益。"[②] 社会投资的核心是对人力资本的投资，其中既包括直接的人力资本的投资，也包括间接的人力资本投资。如果社会政策能不断开发与培育高技能、高素质的人力资源，就可取得促进国家发展和个人发展的双赢局面。有大量的研究表明，新古典经济学所强调的资本与劳动随着其边际报酬的逐渐递减，对经济增长的边际贡献越来越不明显，在未来人力资本或将替代资本与劳动成为经济增长新的动力与源泉之一，人力资本不足将不利于经济的长期稳定增长。[③] 像新加坡就是一个通过发展教育来提升人力资源可利用率的国家，教育支出占政府开支的比例 1980 年中期以来基本维持在 20% 以上，是新加坡公共支出的主要项目，而国民个人的教育支

---

① 叶崇扬：《社会投资福利国家？——论当代社会救助政策逻辑的转变》，《中国公共政策评论》2016 年第 1 期。

② ［英］安东尼·吉登斯：《失控的世界——全球化如何重塑我们的生活》，周红云译，江西人民出版社 2001 年版，第 101—102 页。

③ 韩凤芹：《生产性社会投资：理论分析与现实选择》，《财政研究》2019 年第 11 期。

出却维持在低水平。①

2. 系统实施针对儿童的社会投资政策。纵观欧洲福利国家的社会投资政策，可发现这些国家无一例外地重视儿童教育与照料，并形成了系统性的全面战略。他们的观点是：政府提供儿童照顾不再仅仅被视为促进女性就业或者协调家庭和工作的手段，而且儿童照顾越来越被看作是终身教育的第一支柱。② 瑞典作为福利国家的典范，儿童照顾体系也处在世界前列，20世纪90年代政府曾对儿童照顾政策进行改革，推出了"儿童照顾津贴计划"，父母还可用儿童照顾津贴支付儿童照顾的费用或补贴家用。③ 投资于儿童，就是投资未来，也是投资当下。据对西方国家有关数据的相关分析显示，获得儿童照顾的儿童的比例与女性就业有着相当高的正相关关系。④

3. 加大公共服务的发展力度。目前我国公共服务缺乏，许多基本的公共服务都没有到位，国家需要投资于公共服务事业，满足人们对公共服务的需求。与此同时，还应创造条件，让每一位公民都能享受到平等的政府服务。对于农民工来说，这一问题还比较突出，普遍存在受教育水平较低、技能缺乏以及社会支持网络单一的问题，靠单纯取消农业户口和降低落户门槛，不能从根本上提升农民工的就业能力。当务之急应是通过公共服务提升其职业技能、职位搜索能力。⑤ 具体而言，应包括构建流动人口职业教育体系和技能培训体系，搭建职业介绍平台，政府为流动人口家庭购买公共服务等。

4. 为弱势群体提供发展型救助。任何一个社会都需要政府和社会直接帮助和照顾那些弱势群体，并以国家干预等再生产的方式予以

---

① 魏炜：《新加坡的社会政策：理念与实践》，《社会学评论》2014年第4期。

② 张彦丽：《后工业时代从福利国家到社会投资转型及启示》，《现代经济探讨》2014年第8期。

③ 白照君、李晋康：《欧洲儿童照顾对我国的启示——以社会人力资本投资为视角》，《新西部》2010年1月下旬刊。

④ ［芬兰］约玛·席比靳：《社会投资国家——社会支出中的新趋势或仅是流行的政治话语?》，《中国公共政策评论》2013年卷。

⑤ 李国正、高书平：《公共服务视角下社会投资与流动人口就业能力提升路径探究》，《湖湘论坛》2017年第6期。

制度化的保证，但应采取社会投资导向的社会福利政策，以激发弱势人群的活力和积极性。[①] 也就是说，为弱势人群提供经济上的救助仅仅是一个方面，更重要的是鼓励和创造机会让他们参与到市场竞争中，不断增强他们抵御市场风险的能力。国外不少国家形成的发展型社会救助模式主要有三种：（1）工作福利模式，主要包括强制快速就业、培训和财政激励等；（2）有条件现金转移支付模式，即是将救助资格和个人参与就业与培训，家庭成员（尤其是儿童）的教育、健康和营养结合起来；（3）专项救助模式，一般是通过服务或实物的非现金援助的方式，包括食品救助、教育救助、医疗救助、就业促进等。我国目前实行的社会救助主要是生存型，尤应从"消极"救助转向"积极"救助，推动社会救助向物质保障、精神慰藉、能力提升相结合的发展型社会救助转型。如对贫困家庭子女接受教育提供的帮助，在救助对象、救助目标及救助手段三个方面都有进一步完善的空间，如在救助对象上，从限于"学生"身份到待开发的人力资源；在救助目标上，从保障受教育机会到激活人力资本；在救助手段上，从单纯经济资助到经济与服务支持并举。[②]

三 投资于资产发展的资产社会政策

资产社会政策属于一种新的政策范式，与传统的以收入为主体的政策范式有很大的区别，属于融入社会政策的经济政策。

（一）资产社会政策的含义与功能

资产社会政策用梅志里的话来说，是"投资于资产发展"的政策。[③] 资产社会政策最明显的特征是个人资产积累。实际上，资产建设手段主要是利用穷人现有所积财富去改善他们长期的生活状况。在

---

① 范斌：《试论社会投资思想对我国社会福利政策的启示》，《学海》2006 年第 6 期。

② 王燊成、刘宝成：《构建更加积极的教育救助：社会投资理论的启示》，《社会保障研究》2019 年第 1 期。

③ 张秀兰、徐月宾、［美］梅志里编：《中国发展型社会政策论纲》，中国劳动社会保障出版社 2007 年版，第 173 页。

这个框架内，资产的定义并不是简单地仅仅包括金融资产（如存款、土地拥有权、生意或住房等），还包括个人的知识、技能、社交圈、社会关系和其影响与生活息息相关的决策的能力。①

资产社会政策是由美国华盛顿大学的谢若登教授在 1991 年出版的《穷人与资产》一书首次提出的。谢若登将凡是广泛地和普遍地促进公民和家庭尤其是穷人获得不动产和金融资产以增进他们的福利的方案、规则、法规法律等，都归于资产社会政策。其主旨是："社会政策也应当重视家庭资产积累，因为只有这样家庭和社区才能持久地参与社会和经济的发展。"② 资产社会政策作为针对资产设立的政策，目的是想通过影响人们的资产而提升他们获得收入、实物和服务的能力，以保障人们的生活需要。③

与仅仅提供物资资本不同，资产社会政策志在寻求社会政策与经济发展的整合，并且是针对以收入为基础的社会政策提出来的。谢若登提出要将以收入为基础的社会政策转变为以资产为基础的社会政策的主要理由是："收入只能维持消费，而资产则能改变人们的思维和互动方式。有了资产，人们开始从长计议，追求长期目标。也就是说，收入只能填饱人们的肚子，资产则能改变人们的头脑。"④ 以资产为基础的社会政策具有两个基本特点：第一，它将家庭财产福利视为一个长期的动态过程，而不是某个特定时期的截面财政状况；第二，资产除了能推迟消费外，还能形成单独依靠收入所不能提供的更多的积极福利效应。⑤ 谢若登强调，资产社会政策的目标是"包容"，

① ［英］蒂莫西·M. 马奥尼：《以资产为基础的扶贫策略》，载高鉴国、展敏主编《资产建设与社会发展》，社会科学文献出版社 2005 年版，第 19 页。

② ［美］迈克尔·谢若登：《资产与穷人——一项新的美国福利政策》，高鉴国译，商务印书馆 2005 年版，前言第 1 页。

③ 孙炳耀：《资产为本的社会政策理论》，载杨团、葛道顺主编《中国社会政策十年·论文集（1999—2008）》，社会科学文献出版社 2009 年版，第 62 页。

④ ［美］迈克尔·谢若登：《资产与穷人——一项新的美国福利政策》，高鉴国译，商务印书馆 2005 年版，第 6 页。

⑤ ［美］迈克尔·谢若登：《资产与穷人——一项新的美国福利政策》，高鉴国译，商务印书馆 2005 年版，第 51—52 页。

主要体现在：（1）使每个人进入以资产为基础的政策；（2）使以资产为基础的政策是终生的并且是灵活的；（3）使政策是累进的，即为穷人提供更大的补贴；（4）从政策目标考虑，能使资产积累达到足够水平。[①]

资产社会政策的构建，其中一个非常重要的制度化工具就是通过个人发展账户来帮助人们形成个人资产，以应对将来的需要。施赖纳（Mark Schreiner）、谢若登认为，个人发展账户是有补贴的储蓄账户，与其他有储蓄补贴账户不同的是，其目标群体是穷人，通过配款而非税收减免提供补贴，并要求参与者参加理财教育。[②] 个人发展账户不仅影响收入，还会影响希望、思维模式及社会关系，在维持消费之外能产生经济、社会与心理效应。个人发展账户能解决穷人与储蓄之间的三个障碍：相对于最低生活标准而言的资源匮乏、缺乏进入补贴资产公共政策的机会以及不正确的储蓄观。[③] 更为重要的是，"个人发展账户传递了信息，即穷人能够攒钱。而且，个人发展账户的制度结构有助于增加理财知识、设立目标、提供反馈、建立规则、增强未来取向、阻止动用储蓄并强调攒钱的选择、机会与结果"[④]。通过实行个人发展账户为政策工具的资产社会政策，在谢若登看来，能够产生一系列福利效应：（1）促进家庭的稳定；（2）创造对未来的认知和情感取向；（3）促进人力资本和其他资本的发展；（4）增强专门化和专业化；（5）提供承担风险的结果；（6）增加个人效能；（7）增加社会影响；（8）增加政治参与；（9）增进后代的福利。[⑤]

---

① ［美］迈克尔·谢若登：《美国及世界各地的资产建设》，载高鉴国、展敏主编《资产建设与社会发展》，社会科学文献出版社 2005 年版，第 2 页。

② ［美］马克·施赖纳、迈克尔·谢若登：《穷人能攒钱吗：个人发展账户中的储蓄与资产建设》，孙艳艳译，商务印书馆 2017 年版，第 1 页。

③ ［美］马克·施赖纳、迈克尔·谢若登：《穷人能攒钱吗：个人发展账户中的储蓄与资产建设》，孙艳艳译，商务印书馆 2017 年版，第 39 页。

④ ［美］马克·施赖纳、迈克尔·谢若登：《穷人能攒钱吗：个人发展账户中的储蓄与资产建设》，孙艳艳译，商务印书馆 2017 年版，第 30 页。

⑤ ［美］迈克尔·谢若登：《资产与穷人——一项新的美国福利政策》，高鉴国译，商务印书馆 2005 年版，第 217 页。

（二）资产社会政策在世界各地的应用及其启示

以建立个人发展账户为标志的资产社会政策正在世界许多国家和地区开展，既有发达国家，也有不发达国家。在美国，1998 年颁发了联邦资产法案，明确了资产社会政策的法律地位，并开展了由福特等 12 个基金会资助、历时四年、被称为"美国梦"的个人发展账户示范工程。在英国，从 2001 年开始，推出了两项以资产为基础的社会政策：一是儿童信托基金；二是储蓄通道，主要针对低收入成年人。在新加坡，发挥了个人发展账户在社会保障系统中的作用，包括退休收入保障、住户保障、健康保障等。在韩国，不同类型的资产社会政策在较大范围内得到拓展，韩国中央政府提供了儿童发展账户和希望建设账户，首尔市政府开展了希望增值账户和首尔儿童发展账户。此外，尼泊尔、澳大利亚、马来西亚、蒙古、泰国等不少国家也开展了资产社会政策的项目，范围比较广泛。

在我国，也进行了资产社会政策项目的试点。一项是新疆呼图壁县于 1992 年开始的养老保险的储蓄积累模式。基于个人养老保险储蓄账户的贷款可用于多目标投资，包括儿童教育、购置农业设备和牲畜、经济发展、建立小型企业或支付购房定金等，为参保人员提供了一种有效的资产类型变换机制。[①] 另一项是针对北京市外来务工子女的资产建设项目。2010 年 11 月，由香港青年发展基金、北京大学中国教育财政科学研究所、中国科学院农业政策研究中心三方合作，对北京打工子弟学校初二学生（家庭经济状况较差、升学意愿强、数学成绩较好）进行为期五年的资产建设计划，实际参加者有 194 个家庭，存款额度为 100 元/月或 300 元/季，存款期 2 年，配额率为 2∶1（配对金∶储蓄账户），配额款为 3600—4000 元，实际上有 55 人开

---

① 郭葆荣、郭新才、邹莉：《呼图壁模式：我们学到了什么》，载邓锁、［美］迈克尔·谢若登、邹莉等主编《资产建设：亚洲的策略与创新》，北京大学出版社 2014 年版，第 137—148 页。

户并存款，有 35 人坚持两年存款。①

世界不少国家（包括中国在内）对资产社会政策进行了实际探索，也产生了明显的成效。正如谢若登所言："整体而言，虽然包容性的、以资产为本的这一社会政策理念在二十年前很少被讨论，但是如今在亚洲和世界其他地区这个政策理念处于上升趋势。以资产为本的社会政策如今是广泛讨论的话题，且越来越强调包容——即涵纳所有民众，包括低收入家庭。"② 同时，也给我国进一步的探索提供了不少有益的启示：

1. 资产社会政策在我国具有广泛的应用前景。在社会保障（包括养老保障、医疗保障、住房公积金）、反贫困等领域业已实行个人账户制度，但不是个人发展账户。发展账户的"发展"和照顾贫困人群的特点，是普通账户或单项福利账户无法替代的。③ 在社会保障中实施社会资产政策，或者说发展资产社会建设型政策，就是让更多的群众（包括弱势群体成员）拥有财产性收入的"善举"④。除社会保障和反贫困领域外，现在亟待考虑的领域有两个：一是儿童发展账户；二是农民工资产建设计划。特别是农民工，不仅存在收入贫困问题，更重要的是资产贫困问题，导致了"资产裸奔"进城与市民化的极度艰难、农村资产大量闲置与低效、资产与人口存在反向运动、资产由流动性增量转化为呆滞性存量、沉重的市民化成本负担与城市贫困等问题的同时出现。⑤ 有研究者提出了农民工城镇资产建设制度的总体战略框架，即："永续流转，城乡通开；资产账户，政府配款。"所谓"永续流转，城乡通开"属于农村产权制度改革方面，包

① 朱晓、曾育彪：《资产社会政策在中国实验的启示——以一项针对北京外来务工子女的资产建设项目为例》，《社会建设》2016 年第 6 期。

② ［美］迈克尔·谢若登：《思考与结语》，载邓锁、［美］迈克尔·谢若登、邹莉等主编《资产建设：亚洲的策略与创新》，北京大学出版社 2014 年版，第 333 页。

③ 熊贵彬、黄晓艳：《资产社会政策在我国反贫困中的应用前景分析》，《思想战线》2005 年第 6 期。

④ 童星：《以资产建设的思路拓展社会保障》，《山东经济》2011 年第 2 期。

⑤ 邓元时、胡晓登：《公共产品支持与资产建设支持——论农业转移人口市民化的资产建设》，《贵州大学学报》（社会科学版）2013 年第 5 期。

括农村土地的永续流转，也包括城镇资本下乡承包土地等不动产；所谓"资产账户，政府配款"属于城镇农民工资产建设支持方面，既将农民工通过农村资产"永续流转"获得的资金建成专用资金账户，又使政府仿照城镇职工公积金方式对农民工的资产账户进行配款。① 这是有见地的建议，值得参考。

2. 对政策的制度框架及个人发展账户进行整体设计。谢若登指出："以资产为基础的政策不仅仅是一个社会计划，也是一个能在可能范围内将许多政策努力执行为单一系统的政策框架。这个系统应被加以设计，以使政府、公司、非营利组织和家庭的广泛不同的以资产为基础的创造性福利活动能够相互配合和补充。"② 这一点对我国具有颇强的针对性。比如，我国社会保障体制中的个人账户的发展，呈各自为战的格局，每个账户都有自己的专用功能，各个账户之间没有任何关联。在具体设计中国的个人发展账户时，不仅要考虑其灵活性和包容性，也要考虑个人参与的积极性及实际困难。③ 可考虑建立综合性的个人发展账户，总体原则是：努力增加个人账户资金积累规模，提高个人账户资金使用效率，增强个人账户保障能力。应达致的目标是：通过资产社会政策，对个人资产进行综合协调，以适应人们生命周期不同时期的需要，适应不同个人在医疗、劳动能力、生命等各方面的实际风险差异。④

3. 实现因地制宜与稳步推进的有机结合。谢若登指出，实施资产社会政策是有原则或者说是有条件的，它主要包括：（1）补充以收入为基础的政策；（2）具有普遍的可用性；（3）对穷人提供更大

---

① 胡晓登：《贵州农业转移人口市民化城镇资产建设与农村土地制度改革》，《贵阳市委党校学报》2015年第1期。

② ［美］迈克尔·谢若登：《资产与穷人——一项新的美国福利政策》，高鉴国译，商务印书馆2005年版，第356页。

③ 杜玉华、文军：《从福利为本到资产为本：社会政策发展的新趋向》，《河北学刊》2010年第4期。

④ 杨团、孙炳耀：《资产社会政策与中国社会保障体系重构》，《江苏社会科学》2005年第2期。

的激励；（4）以自愿参与为基础；（5）避免将人定义为"接受福利"或"不接受福利"；（6）促进共同责任；（7）具有特定目的；（8）提供投资选择；（9）鼓励渐进积累；（10）促进经济信息和训练；（11）提升个人发展。① 在实际中遵循这些原则时，首先要做到的是因地制宜，既要根据当地金融基础实施的水平和经济环境进行细化的设计，同时也要考虑服务对象的特点进行恰当的干预，使服务和资金的供给与服务对象真正的需求对接。就是资产社会政策方式本身，以金融机构为中介来实现项目运作的，除个人发展账户外，还有小额信贷形式，这两种方式有共性，但也存在不可比较性。不能简单地说哪种方式更有效，只要适应具体区情，能够在特定的目标人群中起到预期的救助效果，那么这种方式就是可行的、有效的。② 其次，要切实做到稳步推进。资产社会政策表面上是向穷人生活投入资产，但其实它的目标是多元的。比如，在解决贫困问题方面，它至少要达成三个目标，包括：（1）通过保护贫困家庭的资产来增强他们的适应性；（2）确保贫困家庭能够有机会使其资产收益最大化；（3）为贫困人口提供辨识、表达和维护他们利益的途径和信息。③ 用谢若登的话来说，就是建构可以促进长期和终身积累的体系，而这种长期取向可促进计划性和主要生活目标的实现。④ 之所以要稳步推进，实际上意味着资产社会政策的实施是一项系统工程。因为资产形成、保值增值、待遇计发这三方面的政策并非是独立存在的，而是相互联系在一起的。如果只有资产形成政策而没有保值增值政策，资产形成鼓励

---

　　① ［美］迈克尔·谢若登：《资产与穷人——一项新的美国福利政策》，高鉴国译，商务印书馆2005年版，第240页。
　　② 张璐：《浅谈资产社会政策及其两种方式——小额信贷和个人发展账户》，《江苏社会科学》2007年第S1期。
　　③ ［美］蒂莫西·M.马奥尼：《以资产为基础的扶贫策略》，载高鉴国、展敏主编《资产建设与社会发展》，社会科学文献出版社2005年版，第25页。
　　④ ［美］迈克尔·谢若登：《资产与穷人——一项新的美国福利政策》，高鉴国译，商务印书馆2005年版，第245页。

措施的作用就难以实现，这就需要政府在平衡中推进政策实施。[①] 推进个人发展账户，与服务对象关联颇大，只有他们的自身意识改变和能力提升了，才能为资产建设提供基础。

第三节　农民工的终结与社会政策的演变趋向

农民工的诞生是中国社会转型的产物，农民工的终结是中国社会进步的必然结果。农民工作为一个群体告别历史舞台，标志着城乡二元结构的解体和城乡差距的消失，但这绝非短时期就能完成的。在农民工作为一个群体走向终结的过程中，社会政策始终起着不可或缺的作用，并在政策结构上走向"大社会政策"。

一　农民工终结的历史必然与必备条件

伴随着农民工市民化的推进和城市融入的加深，农民工将踏上通向终结的历程，这是我国现代化步入新阶段的必然体现。

（一）农民工的终结：一个必然的历史过程

1967 年，法国社会学家孟德拉斯（Henri Mendras）出版了令人称奇的著作——《农民的终结》，卷首所写"20 亿农民站在工业文明的入口处：这就是在 20 世纪下半叶当今世界向社会科学提出的主要问题"一语[②]，令人久久难以忘怀。事实上，孟德拉斯所说的"农民的终结"，并不是"农业的终结"或"乡村生活的终结"，而是"小农的终结"抑或传统意义上农民的终结。这是基于"对法国农民的命运和社会科学的普遍性的一种探讨"[③]。

在我国，也将迎来令世人称奇的历史过程——农民工的终结。农

---

① 孙炳耀：《资产为本的社会政策理论》，载杨团、万道顺主编《中国社会政策研究十年·论文选（1999—2008）》，社会科学文献出版社 2009 年版，第 47 页。
② ［法］H. 孟德拉斯：《农民的终结》，李培林译，社会科学文献出版社 2005 年版，第 1 页。
③ ［法］H. 孟德拉斯：《农民的终结》，李培林译，社会科学文献出版社 2005 年版，第 19 页。

民工作为具有农村户口身份却在城镇或非农业领域务工的劳动者，是世界工业化历史上的一个独特概念，也是中国在特定的历史时期出现的一个特殊群体。在农民工身上，既有体制刻下的深深印痕，也有城乡经济社会发展水平差异的折射。农民工的终结，并不是基于社会称谓的考虑，毕竟农民工称谓已为大众所理解和接受，与我国经济社会转型和发展阶段的国情相适应，有利于农民工基本权益保障工作的开展；① 也不意味着流动人口的消失，毕竟"生活的流动性与社会的流动性，相互依存，相互促进"②。农民工作为一个特殊群体退出历史舞台，尤应放在更为广阔的历史背景下进行考察。

对农民工的终结问题，国内学术界已有一些探讨，首先必须提到的是引起了较大反应的一本书和一篇文章。一本书即刘成斌所著《农民工的终结》（社会科学文献出版社 2017 年版），这本书实际上是基于农民工流动状态终结所做的探讨。出于对化解农民工流动的社会成本与减少社会风险的考虑，该书提出农民工流动发展的两个改革方向：回流式终结与城镇化终结，并提出了新型城镇化的三元概念——"回流、异地城镇化、就地城镇化"，以替代"城乡二元"的传统概念。一篇文章即迟福林提出"让农民工成为历史"观点的文章，认为"十二五"时期全面解决农民工问题的条件已经具备或初步具备，应着力破除城乡二元的户籍制度、基本公共服务制度和土地制度。③

其他研究有不少是从市民化角度所展开的探讨。实现农民工市民化，标志着中国农民工问题的终结。④ 只有市民化永久性迁移才是农民工这一群体的理想归宿，窗口期就在新生代农民工达到其父母返乡

---

① 夏静雷、张娟：《探析"农民工"称谓及其科学内涵》，《当代青年研究》2013 年第 6 期。

② ［英］齐格蒙特·鲍曼：《流动的生活》，徐朝友译，江苏人民出版社 2012 年版，第 1 页。

③ 迟福林：《让农民工成为历史应作为"十二五"政府转型约束指标》，《中国改革报》2010 年 8 月 23 日。

④ 刘传江、程建林、董延华：《中国第二代农民工研究》，山东人民出版社 2009 年版，第 22 页。

年龄之前约 20 年。① 不难看出，农民工的终结这个命题，是经济社会发展的必然趋势，伴随着这个变迁，农民工必然成为过去，刻在农民工身上的身份烙印必将消失。

比较多的是从现代化转型角度展开的讨论。城乡二元经济社会结构的现代化转型其实就是移民的过程，移民所经历的是由彻底人口流动转向彻底的职业流动，再转向彻底的社会流动。② 农民工公民权的回归过程与现代国家的成形过程是同步的，农民工享有同等国民待遇之日，也将是中国完成现代国家建设之日。③ 农民工退出历史舞台的基础是我国实现高水平的工业化和城镇化，关键是公共服务的均等化，根本是自身技能和素质的支撑。④ 农民工的终结，所说明的是这样一个规律，即城市化不仅仅表现为农村人口向城市的转移，而且表现为城市与乡村差别的缩小，即乡村生存方式、生产方式和社会方式逐渐向城市接近，当这个过程演化到一定程度，社会转型意义上的农民工必将成为过去。

（二）农民工的终结：必要条件和充足条件

农民工的诞生是中国社会转型的产物，农民工的终结是中国社会进步的必然结果。从诞生到终结，铸造着一个社会现代化、人口城镇化、农民工市民化相互交织的深刻过程。农民工的终结是一个包含社会、经济、政治、文化等多领域交叉的系统工程，绝非短时间就能完成的，需要具备多种条件。

1. 实现农民工终结的必要条件。

（1）彻底改革户籍制度。应立足于城乡融合发展的大背景，对现

---

① 邹一南：《城镇化与农民工非永久性迁移》，经济科学出版社 2016 年版，第 151、291 页。

② 周大鸣等：《城市新移民问题及其对策研究》，经济科学出版社 2014 年版，第 3、12 页。

③ 操家齐：《国家现代化与农民工权利演进》，浙江大学出版社 2016 年版，第 254—255 页。

④ 盛明富：《中国农民工 40 年（1978—2018）》，中国工人出版社 2018 年版，第 398—401 页。

有户籍管理的实质性内容相应地完善和改进。在破除"显形户籍墙"的同时，加快破除"隐形户籍墙"，进一步消除户籍差异带来的不公平，剥离附着在户籍上的利益。废除限制迁移的相关法律条款，实现迁徙自由，全面放开各级各类城市的落户限制。将户籍制度改革与土地制度改革结合起来，建立合理的市民化成本分担机制。

（2）实现城乡公共服务的均等化。在均等化公共服务体系建设取向上，宏观层面着力建立公平的公共服务供给机制，中观层面上建立长效财政支持机制并完善基本公共服务配套制度改革，微观层面建立农民工需求偏好表达机制与地方政府绩效评价机制。[①] 要逐步增加和不断完善农民工的公共服务，对于已经具备条件的公共服务项目，应率先实行同等对待。与城市户籍紧密挂钩的项目，包括低保、经济适用房、廉租房等，要尽快覆盖符合条件的农民工。[②] 基本公共服务的一体化、全覆盖是关键性的步骤。要在充分考虑到城市承载力与财政社会福利支出能力相匹配的基础上，逐步缩小大城市与中小城市之间基于经济社会发展差距的居民非户籍福利差异，并通过一系列福利分配非歧视化政策，消除城市内部基于户籍福利的差异。[③]

（3）建立制度化的以农民工市民化为目标的赋权增能体系。农民工的终结，对整个社会来说，是一个从农业文明向工业文明和城市文明的转变问题。农民工市民化，其内涵至少包括生存职业、社会身份、自身素质及意识行为四个层面的含义。在农民工走向终结的全过程，政策导向应该是"赋权"、"增能"、"促融"。[④] 在赋权方面，应突出两个权利：一是赋予城市社区成员资格，将涉及农民工切身利益的住房保障、医疗卫生、技能培训、法律援助等社区服务向他们开放；二是赋予社区参与权利，尤其是保障农民工平等地参与社区选举

---

① 孟颖颖：《中国农民工城市融合问题研究》，人民出版社 2018 年版，第 213—216 页。

② 韩俊：《农民工市民化与公共服务制度创新》，《行政管理改革》2012 年第 11 期。

③ 马晓河、胡拥军：《一亿农业转移人口市民化的难题研究》，《农业经济问题》2018 年第 4 期。

④ 冷向明、赵德兴：《新生代农民工融入城镇：政策困境及其变革研究》，《社会主义研究》2013 年第 2 期。

和民主协商,以有序地参与到城市治理之中。① 在增能方面,突出四项能力:政治能力、就业能力、社会能力、心理能力。其中就业能力非常重要,直接影响到就业质量,涉及农民工能否稳定地在城市工作和生活。要按照市民化的目标要求,建立健全农民工职业教育终身培训体系,办学运行可采取行政主导型、校企合作型、企业自主型等多种模式,组织管理也可包括政府直补机构、农民工就业培训券、订单式委托培训等形式,在培训教学上也可采用集中式面授培训、工学交替式教学、远程培训教学等方式。必须抓住培训资金投入、培训主体、培训对象、培训方式方法与培训绩效评估机制这些重要的培训运行构成要素,建立起政、企、学等多领域的联动机制,形成良好的培训环境。②

2. 实现农民工终结的充分条件。

必要条件为农民工的终结提供了前提、基础及保障,充分条件才为农民工的终结提供带根本性的条件。农民工作为一个群体的诞生,与城市户籍制度有着非常直观的联系,但究其深层根源,还是客观存在的城乡二元结构。正如亨廷顿所说:"现代化带来的一个至关重要的政治后果便是城乡差距。这一差距确实是正经历着迅速的社会和经济变革的国家所具有的一个极为突出的政治特点。"③ 只有从根本上改变城乡二元结构,才能逐步缩小乃至消除城乡差别,从而促进农民工向市民的身份转换。而促进城乡二元结构向一元经济社会结构的转变,是一场深刻的变革,它不仅包括经济结构的重组,还包括整个社会结构组织、文化的变迁,这是现代化变迁的必然结果。罗荣渠认为,现代化过程在经历启动阶段之后,随着经济持续增长,在政治、社会、文化、教育、福利、居民健康与素质等各个方面都会发生适应

---

① 刘铭秋:《改革开放以来农民工的城市权利:演进逻辑与未来进路》,《中共福建省委党校学报》2019 年第 5 期。

② 高玉峰:《农民工城市融合与培训体系构建研究》,科学出版社 2017 年版,第 155 页。

③ [美] 塞缪尔·P. 亨廷顿:《变化社会中的政治秩序》,王冠华、刘为、沈宗美译,上海三联书店 1989 年版,第 66 页。

性变化,其中在社会方面必然发生城乡结构变化,即都市化的趋势。[①] 吴忠民提出,现代化建设在第一层面上要解决好以人为本而不是以物为本的问题,在第二层面上要解决好以大多数人为本而不是以少数人为本的问题,在第三层面上要解决好以无数个具有平等权利的个体人为本而不是笼统地以社会整体为本的问题。[②] 将在现代化进程中消除城乡二元结构作为实现农民工终结的充分条件,实际上它包含着一系列必不可少的内容,突出表现在:

(1)在城乡融合发展中建构新型城乡关系。关键是要推动城乡要素的自由流动、平等规划,推进新型工业化、城镇化、农业现代化、信息化同步发展,加快形成工业互促、城乡互补、全面融合、共同繁荣的新型城乡关系。

(2)在社会结构变动中健全顺畅的社会流动机制。要通过制度化安排,拓展农民工在城市分层体系中的发展空间,在城市融入中完成市民化的转换。

(3)在城乡文化的融合发展中实现城市文明向农村的传播。要把促进城乡文化融合和培养城市文化理念作为农民工城市化的必然要求,使农民工在实现生活方式、行为方式、价值观念转变的同时,经历由文化适应到文化创新的嬗变。

不难看出,城乡二元结构的解体,工业化和城镇化的实现以及城乡差距的消失绝非短时期就能够完成,农民工的终结还将经历一个漫长的历史过程。中央制定的有关文件表明,到 2035 年,我国基本上实现现代化,乡村振兴取得决定性进展;到 2050 年,我国建成现代化强国,乡村实现全面振兴。由此可见,农民工的终结,时间节点当为 2035—2050 年。

---

① 罗荣渠:《现代化新论——中国的现代化之路》,华东师范大学出版社 2013 年版,第 120 页。
② 吴忠民:《中国现代化论》,商务印书馆 2019 年版,第 480 页。

二　社会政策的演变趋向

在农民工市民化的整个过程中，或者说，农民工作为一个群体在走向终结的过程中，始终离不开社会政策的作用。与此同时，我国正在走向"社会政策时代"，所谓进入社会政策时代的关键是："社会政策是否成为了国家或政府的核心功能，是否形成了一个稳定明确的社会政策模式，是否构建起一个相对完备的社会政策体系。"[①] 在这一过程中，社会政策体系在目标导向、突出特征和内容结构上均会呈现新的变化。

（一）政策主旨：以社会质量与社会和谐为目标导向

社会质量理论是在国际社会科学研究领域中新产生的一种新陈代谢理论，它倡导社会和谐，并提出了促进社会建设和增进社会和谐的相关政策建议，对我国的社会政策建设具有积极的启发意义和借鉴意义。

"社会质量"一词，诞生于1997年的阿姆斯特丹联盟会议，意即"社会的"质量。它包括四个维度：一是社会经济保障。指人们获取可用来提升个人作为社会人进行互动所必需的物质资源和环境资源的可能性。[②] 它包括那些人们赖以生存的基本社会经济保障条件及相关制度，包括收入保障、工作、居住条件和住房、教育、卫生、社会网络及可支配时间等。[③] 二是社会凝聚，即基于身份认同的社会关系、价值观和规范的共享程度，包括人们的观念、集体认知、社会规范及社会组织和体系的合法性。[④] 三是社会包容。人们必须在重要的社会和经济制度（如劳动力市场）中经历社会包容，或者免于最低限度

---

① 何子英、郁建兴等：《走向社会政策时代——"十一五"时期浙江省社会政策体系建设研究》，浙江大学出版社2012年版，第2页。

② 高红、刘凯政：《社会质量理论视域下中国包容性社会建设的政策构建》，《学习与实践》2011年第2期。

③ 林卡：《社会质量理论：研究和谐社会建设的新视角》，《中国人民大学学报》2010年第2期。

④ 林卡：《社会质量：理论方法与国际比较》，人民出版社2016年版，第12页。

的社会排斥。① 四是社会赋权。这主要是指通过社会关系的改善来推动人们行动能力的提高。赋权的核心要素有：信任人们的知识和能力；人们的社会权利和他们对自己生活的控制；自尊、竞争和能力建设。② 社会质量所强调的是社会整体的质量，尤其是关注社会和谐，致力于维护社会体系的融合性与和谐性。

社会质量理论以倡导社会和谐和社会建设为基础的价值导向，正是我国在推进和谐社会这一目标建设中所需要的。首先，我国社会建设中存在的问题，与缺少像社会质量这样的社会政策有关。社会政策是政府基于现实的社会问题所采取的应对措施，自然也就与社会治理有密切联系，用一个简单的公式来表达就是：社会政策的社会治理 ＝ 治理性的政策制定 ＋ 治理性的政策实施 ＋ 社会问题的解决。③ 其次，以社会质量与社会和谐为对象的社会政策，可为社会发展提供一种"愿景"。社会质量理论完整地洞察到社会经济保障、社会凝聚、社会包容与社会赋权因素对社会发展水平的重要影响，凸显了社会信任等非经济因素的功能与价值，有机地将社会发展评价机制中的"物"的尺度与"人"的尺度有机地统一在一起。④ 尤其是在政策层面，将社会凝聚既当作政策目标又当作政策手段，作为目标，社会凝聚的目的是改善社会成员的生活条件，为每个公民创造平等的机会；作为手段，它试图通过采取行动来减少地区之间的差异和不平衡，促进经济增长。⑤ 这种新的政策理念更能逐渐转化为政治意愿和自觉实践。最后，以倡导社会质量与社会建设为价值取向的社会政策，为农民工走向终结的历史过程所必需。一则对农民工市民化与社会质量的调查表

① ［英］艾伦·洛克：《社会质量取向：连接亚洲与欧洲的桥梁》，《江海学刊》2010年第 4 期。

② 张海东主编：《社会质量研究：理论、方法与经验》，社会科学文献出版社 2011 年版，第 28 页。

③ 王思斌：《略论社会政策的社会治理功能》，《社会政策研究》2016 年第 1 期。

④ 徐小芳、项松林：《西方社会质量理论对我国社会建设的借鉴价值探析》，《长春理工大学学报》（社会科学版）2012 年第 5 期。

⑤ 刘纪新：《拉美社会凝聚：一个新的政策理念》，《拉丁美洲研究》2009 年第 31 卷增刊。

明，社会质量的四个条件性因素与农民工市民化水平有关联，其中，社会经济保障状况、社会赋权与农民工市民化水平之间有显著关系，社会凝聚能够提升农民工的市民化水平，而社会包容则是农民工市民化程度的有效预测变量，越是能被整合进各类社会关系中的农民工，其市民化越高。[①] 相当明显，未来的社会政策要在推动农民工终结的历史进程中有大的作为，还必须通过社会质量建设路径来提升社会发展品质。

社会质量的四个组成部分反映了这种观点：社会经济保障指向社会正义；融入（社会包容）涉及公民的社会权利；整合（社会凝聚）含有相互依存的道德契约和团结的意思；增能（社会赋权）意味着生活机会的公平。完全可以说，社会质量关注个体作为社会存在的尊严。[②] 社会质量理论为我国推进社会政策的改革提出了新的理论和新的视角，可成为社会政策整体建构的目标导向。

（二）政策取向：采取积极社会政策模式

随着农民工市民化进程的不断推进，在社会政策的取向上也应发生相应的变化，即在社会政策的整体构建上转向积极社会政策模式。积极社会政策模式是积极的社会政策内容和积极地实施社会政策的结合，前者所说的是社会政策的本位问题，后者则是指实施社会政策的活动。[③]

西方发达国家在社会政策上普遍出现积极转向，是社会福利发展到一定阶段后对传统社会政策进行反思的结果。他们在经历了兜底、适度普惠阶段后，在进入高级普惠性阶段中出现了福利危机和陷阱，于是转向将权利与义务杂糅在一起，将能力发展与福利享受相结合，采取了积极社会政策模式。[④] 概括地说，在西方发达国家所实施的积

---

① 徐延辉：《社会质量与市民化》，中国社会科学出版社 2019 年版，第 292—293 页。
② ［英］艾伦·沃克：《21 世纪的社会政策：最低标准，还是社会质量？》，《社会政策评论》2007 年 7 月（总第 1 辑）。
③ 王思斌：《试论经济发展新常态下积极的社会政策托底》，《东岳论丛》2015 年第 3 期。
④ 王春光：《中国社会政策阶段性演变逻辑》，《国家行政学院学报》2018 年第 3 期。

极社会政策的主要特征包括：（1）强调社会政策是生产要素，对经济发展和劳动力素质的提高有直接的作用；（2）强调社会政策对风险的预防，着眼于提高个人、社会和国家应对风险的能力；（3）强调社会政策全过程干预，是整体性的考量；（4）强调社会政策的关注点从"宏观增量"到"微观能力"转变；（5）认为社会服务是社会投资的有效手段之一；（6）强调社会政策是经济社会协调发展的不可或缺的一环，实现包容、协调和可持续的发展。① 不难看到，采取积极社会政策，是一种更加积极的政策态度的突出表征。

我国在社会政策的演变中，在时间和水平上都滞后于发达国家，目前已解决了兜底问题，进入了适度普惠阶段，还没有进入高级普惠阶段。在中国走向社会政策时代的大背景下，社会政策的积极化发展是推动社会政策现代化的唯一选择，具体应体现在以下几个方面：

其一，社会政策主动参与经济社会发展重大问题的解决。社会政策应从经济政策或公共政策的从属地位走向独立地位，主动参与经济社会发展中的核心领域，这是社会政策时代地位的体现。最早提出我国已进入"社会政策时代"的王思斌强调：社会政策时代意味着在一段时期内有较多的社会福利政策出台，社会政策的较充足的发展将直接影响人们日常生活的诸多领域。②

其二，社会政策应具有托底功能。社会政策既要托基本民生之底，也要托社会稳定之底。民生工作可分为四个层次③：第一个层次是就业、劳动力市场和收入分配领域；第二个层次是教育和卫生健康等人力资本领域；第三个层次是养老服务、托幼服务等领域（这三个层次是民生工作的重点）；第四个层次是养老金、失业救济金、最低生活保障等，属于基本民生"托底"之列。社会政策托社会稳定之底，包括培育健康的社会氛围和社会心理，预防底层群体的社会沉淀和社会结构固化等，为促进经济社会持续健康发展，创造良好的社会条件。

---

① 林闽钢：《积极社会政策与中国发展的选择》，《社会政策研究》2016 年第 1 期。
② 王思斌：《社会政策时代与政府社会政策能力建设》，《中国社会科学》2004 年第 6 期。
③ 贡森、李秉勤：《新时代中国社会政策的特点与走向》，《社会学研究》2019 年第 4 期。

其三，社会政策应注重提高不利群体、弱势群体和困难群体的自我发展能力和可持续发展潜力。比如：针对促进新生代农民工城市融入的积极社会政策体系，具有三个方面的基本特征：一是政策体系的根本出发点是政府应积极主动地促进新生代农民工的城市融入；二是政策的结构框架必须有利于新生代农民工人力资本与社会资本的投资与积累；三是体系应着力于社会政策行动主体的培育。[①]

其四，积极构建更加合理的社会政策主体模式。社会政策应当包含"大福利"，"谁来提供政策"就是第一个问题，总的来说是社会政策所涉及的主体应十分广泛，包括政府以及各类组织及个人在内。[②]表现在残疾人福利提供上，除了政府要承担起主导作用外，还应当发挥家庭、社区和民间组织的多元化福利供给作用。这就要求形成政府认真主导与社会积极参与相结合的社会福利供应模式，尤其是要更加积极地创造条件，鼓励社会力量更多地参与。[③]

（三）政策结构：走向"大社会政策"

社会问题本来就具有多因性，它虽然只是在社会领域内表现出来，但根源却有可能存在于其他领域，包括政治、经济、文化领域。同样，社会政策的影响也不仅局限于社会领域，而且也会延伸到其他领域。社会政策的构建，在发展过程中业已出现了"融入经济的社会政策"和"融入社会的经济政策"，开始出现"融入政治的社会政策"和"融入社会的政治政策"，以及"融入文化的社会政策"和"融入社会的文化政策"。[④] 也就会在政策结构上，走向"大社会政策"。

---

① 沈君彬：《促进新生代农民工城市融入的积极社会政策体系：理念、特征、实践》，《中共福建省委党校学报》2011 年第 11 期。

② 李炜、高加荣：《提升社会质量的社会政策建设》，社会科学文献出版社 2016 年版，第 5—6 页。

③ 关信平：《积极社会政策引领下的整体发展模式：论我国新时代的发展新动力》，《国家治理》2018 年第 11 期。

④ 唐兴霖、周幼平：《整体型社会政策——对发展型社会政策的理性认识》，《学海》2011 年第 5 期。

不同领域的政策本来都有各自的作用空间。政治政策是国家、政党调节处理人们的政治生活、政治关系的规范和准则；经济政策作为主要政策之一，是国家管理经济活动的重要方式和手段；文化政策是政府在文化领域为处理各种文化问题、发展文化事业所制定的行为准则；科技政策则是国家调节科技活动、发展科技事业所建立的基本准则和规范，等等。但不同领域之间的界域本来就不如"楚河汉界"那么清晰，而且由于经济社会发展的复杂性，不同领域的政策出现了交织。

经济政策与社会政策之间是最早有所交织并有交融趋势的政策领域，但也是原来界限相当明显的政策领域。经济政策的目标一直致力于提高效率，社会政策的目标致力于社会公正，由于经济增长在全社会所具有的中心位置，社会政策曾被建构为经济的负担，或称为"可怜人的经济政策"。但经济社会发展的实践给人们以深深的教育，正如大卫·匹查德（David Piachaud）所说，"有必要联结社会政策与经济政策"，"如果经济政策未能促进同样的目标，社会目标就很难实现。这就要求经济政策引入社会目标"，要"确保经济政策符合社会目标"。① 在现实中，社会政策的边界已延伸到了传统意义上经济政策（比如就业、工业、货币和财政政策）和社会政策（比如移民、法律效力、工业关系和刑罚政策）所关注的问题上。②

著名社会政策学者希尔（Michael Hil）曾指出："我们始终强调没有一个政策领域是孤立存在的，一个领域的政策会对其他领域里的政策产生影响，社会政策尤为如此。它们对公众产生的影响取决于它们之间相互关联的方式。"③ 确实，在现实中社会政策与政治存在紧

① ［英］大卫·匹查德：《面向 21 世纪的社会政策》，《社会政策评论》2012 年冬季号（总第 3 辑）。

② ［英］诺尔曼·金斯伯格：《福利分化——比较社会政策批判导论》，姚俊、张丽译，浙江大学出版社 2010 年版，第 1 页。

③ ［英］迈克尔·希尔：《理解社会政策》，刘升华译，商务印书馆 2003 年版，第 24 页。

密联系，因此社会政策学也与政治学和公共政策存在天然的关系。[①]
从民主角度来探讨福利问题，也是将政治因素融入社会政策之中。原
琳琳等的研究则表明，民主对福利有积极影响但又是有限度的，民主
的行为方式并非是影响福利政策的决定性或者关键性因素，亦不能做
出民主程度越高福利水平就越高的简化定论。[②]

　　社会政策走向"大社会政策"，应该是社会政策变迁的一个发展
趋势。在这种格局中的社会政策，其整体性更强，视野更为广阔，作
用的宽度与强度均会更大。对处在这一格局中的农民工来说，正是在
社会政策以及经济政策、政治政策、文化政策等的共同作用下，通向
市民化的道路会更为顺畅，在揭开中国经济社会发展新的一页的大背
景下，以新的面貌活跃在这一广阔的舞台之上。

[①]　郭瑜：《社会政策学科解析：经济学、政治学和社会学的维度和视角》，《社会建
设》2006 年第 1 期。

[②]　原琳琳、曹立春：《公共政策视角下的民主与福利——基于福利国家体系的比较》，
《重庆三峡学院学报》2019 年第 3 期。

第七章　农民工尊严保障与
政策过程的参与

　　问题与参与者是相互构建的。政策是一种内在的价值选择或政治过程，其中既包括对道德伦理问题的争论，关系到"是什么"以及"应当如何"的价值判断，也包括不同群体的利益博弈和在政策中受惠的多寡。从根本上而言，社会政策及其厘定过程基本上是有关矛盾的政治目的和目标的抉择。[①] 公众参与政策过程的主要目的是增强公众对政策的可接受程度，尤其是当政策执行过程特别依赖公众接受政策的情况下，吸收公众参与政策过程就显得尤为重要。本章在实证分析农民工参与社会政策过程的意愿、相关渠道与平台状况的基础上，探寻农民工参与社会政策过程的推进方略，包括规范政策参与程序、加强参与平台建设、创新组织参与机制、提升参与能力等。

第一节　农民工对社会政策制定的参与意愿

　　政策制定并非一个人人都有机会参与的博弈，社会政策制定的公正结果，往往取决于利益相关的基层民众是否有权参与政策过程。但其重要前提是，与之相关的利益群体是否有正向的参与意愿，以及是否愿意参与接近政治中心的政策过程。

---

　　① ［英］理查德·蒂特马斯：《蒂特马斯社会政策十讲》，江绍康译，吉林出版集团 2011 年版，第 31 页。

一　农民工参与政策制定的总体态度

从课题组问卷调查结果来看，农民工的参与意愿整体较高，仅有少数人群对参与缺乏认知。当问及"如何看待农民工参与城市政策过程"的问题时，有 45.4% 的人认为参与是自己的权利与义务而"应当参加"；33.5% 的人在涉及自身的权益的情况下"会争取参加"；还有 8.3% 的人认为反正是走过场、搞形式，"参不参加无所谓"；仅有 1.7% 的农民工认为与己无关；其余仍有 11.1% 的人从未想过政策参与的问题。从访谈结果来看，受访者的态度也大体如此。

> 个案 21 洪某。"只要对农民工有利的我一定会积极参加。这也是我们的基本权利，何况对我们在城市打工有好处呢！"
> 个案 20 李某。"关系到民生大众的事情我们一定要参与，而且应该要我们参与，不能只让上面领导参与，他们只能代表他们的看法，我们的看法还得我们自己说。"

从参与意识来看，多数农民工对参与政策的重要性有一定的了解，意识到参与政策过程是自身话语权的表达，是对群体利益的维护。由于缺乏参与公共政策和管理的权利，一些地方政府有意无意地形成了不能反映农民工群体诉求甚至损害其利益的政策。在访谈中，不少农民工多次提及"我们"，意味着农民工的阶层意识已经萌发。将自己视为群体中的一员，表明与之相关的参与责任则在一定程度上得到了强化。

从农民工对不同领域的参与意愿来看，根据表 7-1，由高到低依次为公益志愿活动、公众维权活动、公共事务管理、社区居委会选举。这说明，农民工对政治领域的参与普遍缺乏兴趣，越是接近政治领域，农民工的参与意愿越低。较可能的原因是，政治领域通常远离民众的生活，而且政治参与的成本较大、效益不明显，使得农民工的参与动力不足。

表 7 - 1　　　　　　农民工对不同领域的参与意愿　　　单位:%；分

	非常愿意	比较愿意	一般	不太愿意	完全不愿意	均值
社区居委会选举	15.3	24.3	43.1	13.2	4.1	3.33
公共事务管理	10.9	24.7	47.1	13.3	4.0	3.25
公众维权活动	18.9	30.8	38.1	9.1	3.1	3.53
公益志愿活动	19.3	32.2	37.4	7.6	3.5	3.56

这种漠视政治权利的倾向，甚至招致了农民工内部的批评。当然，这其中有参与的观念、参与的机制等多方面的原因。很明显，参与的权利非常重要，"一旦公民获得了政治参与的权利，届时政治参与的程度不仅影响经济发展的速度，也必将更多地影响到国家的政治"①。

> 个案 43 小兵。"一般农民工呢他们只关心物质利益，那政治地位他就不关心了。我认为关心物质的前提下也要关心一下政治地位，政治地位提高了，你这个收入才能提高。"
>
> 个案 41 刘生。2003 年跟另一位农民工创办了"草根之家"（纯工友组织），并获评"湖南省十大杰出农民工"。2011 年返回湖南，在 C 市发起成立了首个外来务工人员组织。现已离开原来的工友组织，投身乡村建设。"我们的工友群体有看的习惯，但不一定有参与动机，很被动的。我觉得是极少数的人真正参与，但更多的人是被动的，并不是一个成熟的状态，或是一个启蒙的状态。很难感受到他们的主动性，包括 90 后主动性都是不足的。"

与时代发展相一致，农民工的参与意识总体是上升的。但囿于群

---

① ［日］蒲岛郁夫：《政治参与：微观的政治学》，解莉莉译，经济日报出版社 1989 年版，第 56 页。

体的局限性，无论是老一代农民工还是新一代农民工，其参与意识仍是一种被动的、模糊的。在农民工权利意识的梯度演进中，目前仍停留于较低层次的维权型权利意识，要达致较为成熟的参与型权利意识，还需经历一个十分漫长的阶段。①

二　农民工参与意愿的代际分化

不同时代的农民工对政策参与的态度差异较大。一般而言，越是年纪大的农民工，其参与意愿越不及中、青年一代，这主要与其对自身的身份定位及市民化的不同期待有关。年龄大的农民工多自我定位为农村人，对城市的期待诉求较年轻一代更低，且子女多已成家立业，而其迫切需求的养老、医疗等政策又多绑定于其农村户口之上，对所在务工地政策的关注度明显不如其他年龄群体。

> 个案1王某。"我没有参加过什么城市管理、社区活动，没怎么了解过这些。每天工作累得很呢，哪还有那个精力和心思去参加城市管理、社区活动咯！也没什么期盼，我都没想过这个事情，这又不是我们村里。我们在城里做完事就回老家了，这里不属于我们呢，没必要参加城市的管理和活动。"

对于中、青年一代农民工而言，其参与的态度都更为明确。由诉求推动的参与在"上有老、下有小"的中年群体中表现得尤为突出。由于在城市务工生活承担着更大的压力，再加上其他替代性选择有限，因而他们对政策的关注度更高、参与需求更为迫切。

> 个案10李某。"我会积极参加。我现在最操心的是小孩读书的事，小的读中学的事要操心，想给她找个好一点的学校，太差的学校校风不好，别耽误她一辈子。大的要考大学要操心，想带

---

① 秦阿琳：《从维权到参与：农民工权利意识的演进》，《求索》2014年第9期。

她在身边读书又怕不能在这边参加高考。没有本地户口真麻烦。我还真想找个机会把这些伤脑筋的事向政府反映一下。"

个案 13 刘某。"我们也希望国家出台有关农民工的政策，能够征求我们的意见，有需要我们支持的地方肯定会支持。我就希望，就业政策要对农民工平等一些，还要对农民工帮扶一把。农民工在城里创业也是这样，看事容易做事难，如果没有优惠政策，没有人指导，还真的办不成事。"

对于新生代农民工而言，由权利观推动的参与更为突出。这与新生代农民工所处的时代环境、自身的文化素质有着更为密切的关联。但同时，参与的意愿是否强烈还取决于农民工自身是否拥有更多选择，这其中需要考虑阶层的因素。

个案 9 曾某。"我的想法是：只要涉及我们权益的事，一定会争取参加，有时间不用说了，没时间也会想方设法挤时间。像那就业平等，我想找政府都找不上门，有人要征求我们的意见，有想法当然要说，这是必须的。"

个案 14 卞某。"我会积极参加，毕竟这是对我们农民工有好处的。要我提意见也行，要我去征求别人的意见也行，只是不知道到时候能不能提出意见来。"

对于长期在城市中居住或者最有可能先实现市民化的那部分农民工群体而言，其政策诉求日益向市民标准看齐，而现有的政策显然已不能适应其需要，很难激发其参与兴趣。有学者指出："新生代农民工的政治认同不止停留在利益层面，而是已经涉及了更高层次的制度认同及价值认同问题。"① 现在的问题是存在着一种意愿与行为的背

---

① 刘春泽：《代际差异中的新生代农民工政治认同研究》，博士学位论文，吉林大学，2015 年。

离的状况。一方面，拥有更多选择权、更少政策依赖的农民工精英对于参与持审慎的态度，是否"与己相关"成为一个重要的考量标准；另一方面，聚焦于生存型的农民工政策显然对于有着更高期待的年轻一代缺乏吸引力，而政策参与的高投入与现实效益的低产出进一步降低了其参与的行为动机。

> 个案 7 冯某。"合适的话我就会积极参加，不合适就不会参与了。与自己有关且有利的政策，肯定是会参加的，和我没太大关系，我就不会去了解了。哪些有关？像那些涉及我们农民工利益的、维护我们权益的，就会争取参加。"

此外，随着农民工的代际继替，新生代农民工非理性化的参与倾向似乎更为突出。主流的看法认为，制度性瓶颈造成新生代农民工比老一代农民工面临更多的政治认同障碍。有学者指出，新生代农民工制度化政治参与的条件不成熟而造成非制度化政治参与的扩张。[1] 还有一种非政治性的倾向与当前的消费社会有关。在过去生产型的社会中，以劳动者为美的主流话语曾提供了工人阶级自信的来源，提供了其尊严参与的文化基础与内生动力。而在当前消费型的社会导向下，新生代农民工的阶层意识由于消费者的身份而被消解。对此，个案41 刘生表达了自己的担忧："我觉得好像有一种危机感，农民工对这些劳动者文化已不感兴趣，比如五一劳动节怎么来的、怎么保护劳动者权益的，这些被弱化了。相反，把这些节日变成一个消费的节日，这些新生代就被不知不觉绑定在这个消费者文化里面。"

消费者文化的兴起削弱了劳动者的尊严与价值，导致对劳动者权益的保护淡出主流话语。同时，网红文化的兴起，为新生代农民工勾勒了难以企及的虚拟前景。正如刘生所批判的："现在所有的网红文

---

① 徐志达、庄锡福：《新生代农民工政治参与：从非制度化到制度化》，《长白学刊》2011 年第 3 期。

化让很多打工的人不安现状，很燥热。"在网络自媒体环境下成长起来的青年农民工一代，能够便捷地借助各种网络平台和手段发表对于公共事件的看法，甚至将其意见和态度融合到网络文化创作之中。虽然部分青年农民工会通过寻求社会关注度以期影响决策，但与其平权意识增进相对的是，他们已不再需要通过组织来表达自己的观点，科层制组织的意义正在不断被削弱。有研究指出，新生代农民工表达意愿整体较高，其表达呈现"人际渠道—新媒体—机构渠道"递减的差序格局。① 消费社会不仅消解了工人阶级的认同话语，同时也无法再塑造富有参与激情的公民。

三 影响农民工参与意愿的因素

农民工的参与意愿受到多种因素的影响。根据问卷调查结果，在影响农民工参与城市政策过程和城市管理的因素中，从高到低的顺序依次为：缺乏参与机会（占 61.5%）、参与渠道不畅（占 50.7%）、没有时间精力（占 43%）、参与能力不够（占 41.9%）、没有参与资格（占 33.2%）以及不感兴趣（占 20.1%）。

（一）政策与诉求脱节影响农民工的参与意愿

一直以来，主动忽略农民工和本地居民界限的"融合"政策和刻意强调农民工群体特殊性的"融合"政策是一个两难的选择。② 在关于农民工阶层地位的探讨中，一般认为农民工已成为新型产业工人的一部分，也有的提出农民工是社会转型中的过渡性群体。③ 一方面，农民工在社会分层体系中的较低位置影响了其资源占有的不平等；另一方面，未完成的市民化身份也使其面临着不同于当地工人的制度性障碍。基于对农民工弱势地位或作为过渡性阶层的保护，当前针对农

---

① 周葆华：《新媒体与中国新生代农民工的意见表达——以上海为例的实证研究》，《当代传播》2013 年第 2 期。

② 刘国翰、李勇：《现代农民工公共服务体系》，社会科学文献出版社 2016 年版，第128 页。

③ 谢宇、谢建社：《融城的新法宝：从农民统战到农民工统战》，《福建论坛·人文社会科学版》2013 年第 11 期。

民工的社会政策多是救济型或生存型的，是对其底线利益的保障。然而，伴随着农民工诉求由生存型向发展型的变化，制度短缺或滞后的问题也日益凸显。

个案40：梅姐，曾任某外来工社会组织负责人。2004—2011年在广东一家公益机构参与农民工服务，2012年结婚生育后返回湖南，继续在社会组织中开展外来工服务。"政策都有，但有些没有在这个框架内的，比如工会，小商小贩就没有纳入进来。比如对妇女、儿童这块，要有特别的政策，如儿童关注学业辅导和课后的安全。要通过制度，把那些全职妈妈，通过家庭教育协会等或志愿者把她们组织起来，流动人口可以作为志愿者参与社区活动。"

"越是扩展和保障一般性权利，人们就越尊重他人的给予；然而获得救济的权利越持久，越被扩展，人们的尊严也就越被羞辱。"[①]经过三四十年的发展变迁，农民工的群体特征发生了重大变化，救济型的社会政策已不能满足农民工群体进一步增长的尊严诉求。这导致农民工对现有政策不太关注，除非与自己的生存生活诉求有关，一般不会去主动了解。从农民工要求"平等权利"的诉求来看，进城农民工的参照对象已经有了明显的变化，更趋于向城市居民看齐，其诉求范围逐渐由狭隘的经济领域向更为广泛的领域拓展，包括购房、子女就学、就医养老等。从个人层面来看，"流动人口—移民—市民"的阶段性身份转变伴随着农民工更高层次的权利诉求，要求政策制定的回应；从家庭层面来看，农民工由单身进城向家庭式迁移的发展趋势也使其权利诉求范围进一步扩大。

利益保障与政治认同呈正相关，即利益保障越高，政治认同度越

[①] ［瑞典］理查德·斯威德伯格：《托克维尔的政治经济学》，李晋、马丽译，上海人民出版社2011年版，第490页。

高。① 致力于解决社会问题的社会政策只是一种手段，或者是社会政策的初级阶段，实现社会整合与社会凝聚才是社会政策的核心任务与价值所在。② 随着农民工对平等权利的认识深化，以及对于未来市民化前景的疑虑，政府应着眼于更为长远的视角，以提高身份尊严为出发点为农民工构建融合发展型政策。正如纳斯鲍姆所言，体面的社会应当通过公共政策为受关怀者在每个关键领域提供最低限度的能力，而这些应当使照料依赖者的选择成为一种真正选择，而非社会漠视所产生的强制。③ 与尊严相关的政策首先要求突破农民工所面临的一系列制度性障碍，包括户籍制度、农村土地流转制度、劳动力市场制度、社会保障制度，还有与农民工人力资本、社会资本、权利资本以及市民化成本相关的制度。对应于农民工市民化过程的长期性和艰巨性，"普适型政策 + 特殊群体政策"可能是这一阶段比较适合的模式。前者应着重加大农民工群体的覆盖范围，加强制度完善；后者应充分考虑特殊群体由于流动身份所导致的困境加剧状况，并制定针对性的措施。农民工社会融入的政策内涵主要包括平等的参与机会、享受基本的社会福利、积极的社会关系、改善发展能力四个议题。④ 童星指出，不同的政策议题有一个轻重缓急的顺序，通常生存型政策要优先于发展型政策，问题取向型政策要迫切于福利取向型政策。⑤

（二）参与渠道缺失影响农民工的参与意愿

"权利的形式与结构本身就传递着权利享有者的尊严。"⑥ 政府管理需要改变自然而然成为群众利益代表的意识，农民工群体的利益需

---

① 房宁：《中国政治参与报告（2013）》，社会科学文献出版社 2013 年版，第 22 页。

② 李炜、高和荣：《提升社会质量的社会政策建设》，社会科学文献出版社 2016 年版，第 133 页。

③ ［美］玛莎·C. 纳斯鲍姆：《正义的前沿》，朱慧玲、谢惠媛、陈文娟译，中国人民大学出版社 2016 年版，第 118—119 页。

④ 刘建娥：《农民工融入城市的困境、政策及实务研究》，社会科学文献出版社 2015 年版，第 40—41 页。

⑤ 童星等：《交往、适应与融合——一项关于流动农民和失地农民的比较研究》，社会科学文献出版社 2010 年版，第 185 页。

⑥ ［美］杰里米·沃尔德伦：《法律如何保护尊严》，《现代法治研究》2018 年第 2 期。

要自己通过参与社会管理的正常渠道来表达和维护。[①] 与日益扩大的尊严诉求不相适应的是，农民工参与渠道的缺失影响着其参与的积极性。如表7-2所示，在本次调查的农民工中，鲜有能进入正规参与过程的代表，亦缺乏与之相关的参与平台。对大部分农民工而言，制度性的壁垒仍然没有破除，参与和自身相关的政策过程仍然是一个难以企及的目标。缺乏参与机会或渠道的消极后果是，可能导致边缘群体的负性意识和体制外抗争性行为的增长。无疑，农民工的参与权利应当成为公共政策分析的中心议题。

表7-2　　　　　　　农民工对城市政策过程的参与程度　　　单位:%；分

	经常参加	参与较多	一般	参与较少	从未参与	均值
参与城市公共政策的制定	1.7	3.6	18.0	24.5	52.2	1.78
充当城市政策执行的监督员	1.2	4.1	14.4	24.2	56.1	1.70
为城市政策制定建言献策	1.5	3.4	14.7	24.5	55.9	1.70
参加有关政策的听证会	1.6	2.7	13.7	22.3	59.7	1.64
对政策执行情况提反馈意见	2.0	2.9	15.4	24.5	55.2	1.72

个案11郭某。"现在感到头痛的是，我们农民工有想法、有看法、有意见，怎样向政府有关部门反映，要通过什么人、什么渠道，我们也搞不清楚。农民工又没有自己的组织，你说工会啊，那也搞不清楚，反正离我们好远的。"

此外，对政策的负面评价亦会影响农民工的参与积极性。作为利益相关者，农民工参与政策过程有助于反映其代表群体的真实诉求，强化社会政策实施的成效。但研究指出，当前与农民工相关的政策效果与政治目标差距较大，尤其是多领域政策协同与政策执行的系统保

[①]　崔传义：《论中国农民工政策范式的转变》，《中国公共政策评论》2007年卷。

护机制有待完善，养老、户籍和住房领域的区隔性政策仍然严重。[①]不仅是政策制定的问题，农民工参与政策的过程也缺乏实质性的保障。

> 个案 17 叶某。"我一般是不会参与，反正是走过场、搞形式，参不参加无所谓，参加了也白参加。你说是提意见啊，那首先也要看具体是什么政策，还要看往哪里提。"

（三）参与能力不足影响农民工的参与意愿

参与既是权利问题，也是能力问题。"能力进路是以权利为中心的，也就是说，那些基于人类尊严的各种人的权利是该观念的核心。"[②]"失败的公民身份"会妨碍边缘群体国家认同感的形成以及政治效能感的提高。[③] 一些农民工明确提出，自身缺乏参与的知识与能力，他们由于其脆弱性既急切地需要政策保护，又囿于自身能力与水平的限制难以企及深远的集体目标。

> 个案 23 吴某。"我没读过什么书，对国家的政策什么的都不了解，也不关注。国家出台有关农民工的政策，可以让农民工也参与的话，我不会参加，反正我搞不懂，只要有用，对我们好就行。"
>
> 个案 22 刘某。"我可能不会参与，因为自己读书读得少，学历也不高，提不出什么有用的建议。这种出台政策的事，应该是读书读得多、学历高、见识广的人参加。而且自己平时很忙，既没有精力，也没有时间。"

---

① 靳小怡、任义科、杜海峰：《农民工社会网络与观念行为变迁》，社会科学文献出版社 2014 年版，第 298 页。

② ［美］玛莎·C. 纳斯鲍姆：《正义的前沿》，朱慧玲、谢惠媛、陈文娟译，中国人民大学出版社 2016 年版，第 219 页。

③ ［美］詹姆斯 A. 班克斯、崔藏金：《失败的公民身份与转化性公民教育》，《当代教育与文化》2018 年第 1 期。

教育程度与参与能力之间存在一定的关联。但在课题组的调研中发现，就算是自认为文化程度较低的农民工，在受到有组织的训练与启蒙后，同样可以成长为有一定政治能力的公民。个案 40 梅姐就这样认为："其实农民工是缺少训练，就是让他说话，也说不出个所以然。缺少怎么跟政府平等对话的能力。还是要多有一些关注流动人口参与成长的组织，给他们一个平台慢慢练习。"

（四）参与时间不足影响农民工的参与意愿

农民工在城市务工，多从事建筑业、制造业、服务业等行业，普遍面临着工作时间长、劳动强度大、总体收入不高、抗风险能力差等困境。参与监督对他们而言，的确是心有余而力不足。越是底层的农民工，越是亟待保障的对象。而由于缺乏选择的权利，他们往往成为农民工群体中最远离政治中心的那部分。

> 个案 40 刘生。"除非有一个前提条件，我们的工人真正能享受到 8 小时的工作制，他才有时间和精力去参与。如果一个工人每天要上 8 个小时班，再加三四个小时班，这就 12 个小时，还要加上睡觉七八个小时，他的时间不足以去参加这些事务的。中层的管理人员会多一些时间和精力可以参加活动，一线工人是心有余而力不足的。"刘生从国家、资本与个体关系的角度提出自己对于农民工生存困境的理解。他认为，农民工的时间问题远非个体的原因，而应追溯到不平等的结构体系。

同时，若工人沦落为生产工具，必然会丧失其劳动创新能力，这一问题只有在国家、资本与劳动者的共同协商中才能获得解决。资本与劳动者阶层的协商空间之所以可能，很大一个原因在于更高素质的劳动者需要从繁重的生产中解放出来。从长远考虑，这将为企业或用人单位带来更多的利益。同时，这也符合国家政策保障中的公正价值原则。个案 40 刘生说："表现上看起来，好像工人十几个小时创造了最大的价值，他确实创造了价值，但他其实自己的生活是没有产生他

的价值的。如果一个人长期十几个小时工作，或者在不思考的情况下
工作，这个人的能力是被扼杀的。"

第二节　农民工参与政策过程的现实状况

与农民工较为迫切的参与意愿相对应的是，政策是否满足其诉求？
由于政策目标与政策实施之间常常存在鸿沟，将农民工纳入完整的政策
过程更为必要。政策过程起始于对政策问题的认知、确认政策目标、抉
择政策方案，同时还包括政策执行、政策监督及政策评估等一系列环节，
从而构成一个完整的周期。经由这一过程，利益表达的相关信息在沟通
系统内形成输入、交换、反馈、再输出。任何一个环节的疏漏，都有可
能造成政策目标与政策结果的背离。在以制度化方式确认农民工的尊严
中，发展对于执行系统的研究应当成为政策实施过程的重要考量，其核
心是利益群体的参与保障。从当前农民工政策制定和执行的特点来看，
仍是一种"高层决策、中层参与、低层接受"的模式，农民工少有自身
的力量推动。① 农民工合法地参与政策建构和决策要求，涉及政策—行
政系统如何解读政策信息、如何介入以及是否落实的问题。

一　农民工在政策过程中的监督参与

民主监督是国家为实现对公共权力进行监督和制约的重要制度。
我国公民参与监督的制度化渠道形式多样，主要包括司法诉讼、信访
上访、媒体舆论监督、联系人大代表，以及参加各级政府举行的听证
会、座谈会、网络政府评议及匿名举报等。从流动人口参与基层政府
民主监督的情况来看，大多面临着制度渠道有限、积极性不足、存在
系统性风险等问题。② 参与渠道的限制，使农民工在权益受侵后多选

① 金维刚、石秀印主编：《中国农民工政策研究》，社会科学文献出版社 2016 年版，
第 5 页。
② 戴长征、余艳红：《流动人口参与基层政府民主监督问题探讨》，《江苏行政学院学
报》2015 年第 3 期。

择司法诉讼、信访上访等监督方式，表现出被动参与的特点。而像听证会、座谈会、联系媒体、联系人大代表等较高层次的制度性监督渠道，农民工往往与之无缘，甚少参与。

近年来，国家出台了一系列政策举措，就农民工法律援助工作作出具体安排。同时，各地扩大法律援助范围，将涉及农民工请求支付劳动报酬、工伤赔偿、社会保险待遇等纳入法律援助补充事项范围，为农民工参与监督、维权提供了法律依据。2019 年，全国办理农民工法律援助案件 49 万余件，农民工受援人达 51 万余人次。2019 年 5 月 20 日，司法部在中国法律服务网开通"农民工欠薪求助绿色通道"，随后各地纷纷开通绿色通道，开展农民工欠薪线索收集、留言咨询解答、法律援助案件办理等工作。据报道，至 2019 年底，中国法律服务网"绿色通道"共解答"讨薪咨询"4560 人次，向人社部及地方法律援助机构转办欠薪案件 1600 余件，为 17500 余名农民工追回欠薪 2700 余万元。① 除了司法部以外，一些地方工会也为农民工实施民主监督开设了多种通道。如四川省巴中市总工会推出的维权廉政监督举措，通过规范流程，将维权监督落实到多个环节，使农民工能够在维权过程中对维权人员进行监督和工作作风评判。②

随着国家政治管理体系的进一步完善，农民工的民主监督权利在某些领域获得了制度保障。如 2020 年 5 月 1 日正式实施的《保障农民工工资支付条例》，对用人单位的相关责任及农民工工资支付形式作了明确规定，为农民工维权提供了有力的支持。尽管如此，农民工参与监督的范围多停留于工资拖欠、伤亡补偿、土地耕种等，以及劳动时间过长、劳动条件恶劣、未签订劳动合同、未享受社会保障等生存方面。③同时，还存在监督维权成本过高、耗费时间长、举证较难等问题。此外，农民工还可以运用信访、上访等维权方式对基层政府和地方政府行

---

① 《法律援助为农民工成功维权》，《经济日报》2020 年 5 月 30 日。
② 《评论：请农民工监督让维权更有力》，《工人日报》2019 年 2 月 26 日。
③ 方芳、张文：《农民工信访维权途径初探》，《信访与社会矛盾问题研究》2012 年第 2 期。

使监督权利，但信访制度属于问题补救型，信访机构也只是协调性机构，缺乏实际权力，这些均影响了信访制度的效能。概括起来，农民工参与监督突出问题存在于以下方面：一是缺乏相关的法律规范保障农民工的监督权利，对于一些恶意破坏民主监督原则和程序的行为缺乏惩罚性规定。二是农民工的民主监督渠道不通畅、监督范围有限、话语权微弱等。新生代农民工的权利主张及关注的范围已大大突破老一代农民工，仅限于基本生存领域的民主监督权利开放是明显与之不适应的。三是农民工自身的时间与精力不足，主动参与的积极性不高。

二 农民工在政策过程中的表达参与

农民工的政策表达渠道有人民代表大会制度、协商民主制度、基层治理，以及以群团组织为代表的社会组织等。问卷调查结果表明，受访者对于在有关组织和机构中设立农民工代表均有较大期待，主张在各级人大代表中设立农民工代表占 47.7%，各级政协组织中设立农民工代表占 50.5%，社区居委会中设立农民工代表占 57.8%，工会组织设立农民工代表占 51.7%。然而，从当前农民工可参与表达的制度化与组织化渠道来看，与理想尚存较大差距。

（一）农民工的制度性表达

在农民工可参与的制度安排中，人民代表大会制度是最重要的政治参与制度。从 2008 年十一届全国人大 3 位农民工代表第一次进入最高国家权力机关，到 2018 年十三届全国人大增至 45 人，意味着农民工代表在最高国家权力机关中有了更多话语权。但从当前 2.8 亿的农民工总量来看，其参与的机会、渠道、代表比例都明显不足，农民工在政治表达中的弱势地位并没有根本改变。

除了数量上的匮乏，还有学者指出，新社会阶层的象征性意义超出了其实质性的作用。农民工代表在履职过程中还存在履职时间难以保障、联系选民方式单一、代表自身素质较低等问题。[1] 农民工代表

---

[1] 苏芳：《农民工代表履职的困境与措施》，《人民代表报》2016 年 5 月 31 日。

议政能力的问题一直受到社会的广泛关注，是不是有了身份的代表就一定能满足对其政治角色的期待呢？据一些媒体报道，农民工有了参政权，但往往很难拿出高质量的提案和议案，相应影响到参政议政的质量。另一些担忧的声音还在于，被选出来的农民工代表是否能真正代表农民工群体，或一直坚持其代表立场？一些研究指出，由于存在官员代表或企业主代表挤占普通代表尤其是生产一线代表名额的现象，从而导致代表"名不符实"①。保证公共政策制定的效果，取决于公民是否能获得信息、能否对政策问题开展自由而公开的讨论，而非依赖于精英集团的偏好及行政部门的决断。② 在我国人民代表大会制度、人民政治协商制度的发展过程中，吸纳新社会阶层的代表进入权力机关固然重要，但更重要的是怎么促其发挥应有作用。③

（二）农民工的组织化表达

农民工的组织化表达有正式与非正式之分，两者常常是此消彼长的关系。当正式的组织化表达受阻的时候，非正式的组织化表达可能会以更激烈的形式表现出来。

作为农民工参与的重要组织阵地，近年来，工会采取强化服务网络、将服务站点向社区延伸、工作经费向基层延伸、工作队伍向一线延伸等方式，不断将工作重心下移。有的地方工会还通过建设"群团之家"、掌上工会、"订单式"服务等方式开创新的服务模式，覆盖传统工会组织建设的盲区。根据相关统计，农民工工会会员从2013年的1.08亿增加到2017年的1.4亿。2016年农民工巨晓林首次当选全国总工会副主席，标志着工会改革的开创之举，各级地方工会也开始将农民工代表纳入领导班子成员。然而，其实施效果如何，农民工代表对此仍有较大的质疑。个案42冯某认为："目前的农民工工会只是一种形式，还没有真正地去履行它的责任。一般是半年或者更长的

---

① 陈晓明：《保证工人代表在职代会中的主体地位》，《工会信息》2014年第27期。
② ［美］理查德·C. 博克斯：《公民治理：引领21世纪的美国社区》，孙柏瑛等译，中国人民大学出版社2014年版，第17页。
③ 王广辉：《人大代表结构优化之探索》，《河南工业大学学报》2018年第1期。

时间才搞一个什么小活动。"

由于很长一段时间以来，中国工会一直被赋予双重政治角色，既要代表其集团群体利益，又负有超越团体之外的公共责任。[①] 作为国家治理的工具，工会的代表功能和表达功能均被弱化了，而是被定位成一个重要的社会政治团体。按照计划经济行政一体化原则建立起来的社会团体，在以市场经济原则为主导的社会很难成为有效的利益代表组织。不可否认，工会在维护劳动者权益方面起到了一定的作用。有研究指出，加入工会组织显著促进了农民工就业质量的提升，如工会会员身份有助于增加农民工的工资收入、提高其签订长期固定劳动合同的概率、对其参与城市养老保险和医疗保险具有正向影响。[②] 但对于工人而言，工会最核心的功能应当是代表与表达。

在一些地方，农民工开启了自我组建社区工会的尝试，并试图获得正式组织的承认，取得合法化的身份。虽然社区工会更为贴近农民工的现实，但也许是因为工会行政管理方式上的僵化，或基层社区管理带来了更大的难度，这种自下而上组建工会的创新方式在现实中遭遇了重大挫折。个案 40 梅姐："我们组织流动人口成立过一个工会组织，把它取名为社区工会。成员就是社区里面的农民工，都交了会费，还按照工会法进行了选举。但没有得到上级工会组织的批准，只能是相当于一个自组织在活动，组织一些学习啊，还做一些公益活动，包括家庭教育的培训。"农民工自组织的努力反映了其组织化表达诉求。

2017 年 2 月 6 日，习近平总书记主持召开中央全面深化改革领导小组第三十二次会议，明确工会应从两个方面做好农民工工作：一方面把农民工组织起来，切实维护他们的利益；另一方面通过发挥工会的作用，把广大农民工团结在党的周围，使他们成为工人阶级坚定可靠的新生力量。联系实际来看，工会表达功能的复归取决于两个方面

① 张静：《"法团主义"模式下的工会角色》，《工会理论与实践》2001 年第 1 期。
② 邓睿：《工会会员身份提高了农民工的就业质量吗——来自流动人口专题调查的证据》，《当代经济科学》2020 年第 3 期。

的工作：一是工会组织如何通过向基层延伸扩大农民工会员的覆盖面；二是工会组织如何加强农民工的代表性。不仅是工会，在其他具有官方背景的社会组织中，要注意农民工在各个层级中代表比例的配置问题、组织中利益群体的区分与界别问题，以及农民工代表的职位高低与话语表达权的问题等。个案 41 刘生提出："可以把社区这块放出来。比如北京的工友之家，就是让工友自主建立工会，工会主席都是农民工代表。是否可以像政府购买社区服务一样，把社区工会活动纳入其中，这可能是一种好模式。"

另一类较为有效的组织表达类型是社工类的服务组织。有别于科层组织，民间社会组织的成员通常共享特定的价值观，即更依靠价值信任而非科层权力来维系组织存续与发展。① 由于社工类组织秉承助人自助的观念，且更为关注农民工的增能式发展，对于表达意识不强的农民工有直接的助推作用。

（三）农民工的基层社区表达

早在 2012 年，民政部就出台了《关于促进农民工融入城市社区的意见》，明确提出要"切实保障农民工参与社区自治的权利"，内容包括：进一步完善社区民主选举制度，探索农民工参与社区选举的新途径，在本社区有合法固定住所、居住满一年以上、符合《中华人民共和国城市居民委员会组织法》选民资格条件的农民工，由本人提出申请，经社区选举委员会同意，可以参加本社区居民委员会的选举。鼓励符合条件的农民工经过民主程序担任居民委员会成员、居民小组长、居民委员会下属委员会成员、楼栋长和居民代表。凡拟定社区发展规划、兴办社区公益事业、制定社区公约和居民自治章程等涉及农民工切身利益的重要事项，都应听取农民工或农民工代表的意见。

农民工的代表权与表达权即使在基层社区也未能很好实现。尽管

---

① 谢静：《公益传播中的共意动员与联盟建构——民间组织的合作领域生产》，《开放时代》2012 年第 12 期。

推动流动人口的基层参与有着"自上而下"的要求，但在真实的参与中，农民工由于农村户籍身份而遭致的排斥却并未消除。不仅是地方保护主义，农民工的流动身份亦加大了基层管理的难度。允许农民工参选居委会成员、居民小组长、楼栋长和居民代表等更像是一个空洞的口号。长期在城市务工、生活的农民工尽管已成为事实上的定居人口，但其在社区的表达机会十分有限，参与城市社区治理仍存在体制性障碍。在访谈中，个案41刘生提到社区在执行参与政策中的现实困难："真正回归到社区和工厂去参与的话，目前我还是认为也是不足的，就是缺少这样的路径。譬如，如果存在一个打工者密集居住区，但并没有真正地专门为打工者来营造社区工会这样一个真正让工友表达的公共空间。"

农民工参与基层治理的难题首先是理念上的障碍。不仅是外来务工人员在社区缺乏参与机会，服务农民工的社区自治组织也很难获得社区的支持。个案40梅姐分析其中的原因，"社区着重本地社区居民，首先从服务上就分类了。在社区建设、服务方面农民工很难参与进去"。"在社区里面推动成立不管是什么类型的自组织，如志愿者组织、文娱组织、文明创建小组，一般是依赖本地人的。现在还是推动本地人的组织比较多。"其次，农民工的基层参与还面临着技术上的困难。现在实行社区网格化管理，通过楼栋长来通知户主，租房的人实际上得不到通知，也不可能参与有关活动。归根结底，技术障碍反映的仍然是观念问题。就算在现代社区管理中采用先进的信息技术，但由于未充分考虑流动人口的权利与诉求，从而潜在地将外来人口排除在管理体系之外。推动农民工在基层社区中的表达，离不开农民工自身主体性的发挥，更需要自上而下的制度保障。

三 农民工在政策过程中的评议参与

公众评议是完整的政策过程的最终环节，也是基层民主政治的重要形式。作为建设服务型政府的重要举措，公众自下而上地参与政府管理绩效评估被广泛引入地方政府的工作实践。农民工参与政策过程中的评议面临两个突出的问题：一是政府部门的民主评议面向广大公众开放，并不会特别针对农民工群体。对于社会地位不高、影响力较弱的农民工而言，参与政府部门的评议既面临着进入门槛高的问题，也面临着话语权微弱的问题。二是面向广大公众的评议机制本身存在较大的质疑，最为突出的是"民众对政府绩效评议的影响力在与政府自身利益的较量中却完全处于不对等的弱势地位"[①]。

（一）评议中的形式主义

政府部门基于自身利益的考虑，很难真正地将部分决策权让渡给民众。吸纳包括农民工在内的民众参与评议，相关职能部门虽然也会将利益群体的反馈信息作为评估的考核依据，但并不会实质性地影响政府绩效管理，因而这种形式上的民主也很难获得农民工的政治信任。个案40梅姐说："上次妇女代表大会执行委员会开会，我作为社会组织的代表也去了，就是举手。流动人口参加的很少，我参会了，也没有发言的权利。上午就听报告，下午就做做插花活动。"

除了参与组织评议难，农民工参与与自身利益密切相关的政策评议更难。当前，国家及地方围绕农民工权益保障、劳动就业、社会保障、教育培训、医疗住房等陆续出台了多项政策。然而，政策从制定到落地，到底实施效果如何，农民工自身的感受如何，地方政府或职能部门却很少为其开放政策评价的通道。

（二）评议中的失序问题

技术革新似乎为农民工参与赋权提供了新的际遇。在政府机构改革及信息化、大数据的潮流影响下，各职能部门和党政机关普遍开通了网络问政的功能。然而，相对于政府大力推广的网络站点、微博、微信和 APP 问政等多种新兴举措，农民工的知晓度和参与度普遍不高。一项研究指出，网络问政对新生代农民工的影响力较弱，主要表

---

① 秦晓蕾：《地方政府绩效评估中的有效公民参与：责任与信任的交换正义——以南京市"万人评议机关"15 年演化历程为例》，《中国行政管理》2017 年第 2 期。

现在，新生代农民工虽有一定的参与意识，但缺乏主动性。① 农民工对于网络问政的参与热情并不高，有调查显示，农民工登录政府网站的目的，66%的农民工只是随便看看，15%的人是查信息，只有12%的人是反映问题。而未登录的农民工中，回答不知道政府有哪些网站的达到89%以上。②

官方主导的政策评议通常"权威有余、参与不足"。网络评议政府实施效果不佳还表现为制度实践对制度理念的背离。③ 底层农民工更倾向于通过网络寻求自我表达，其普及化程度也更高。但由于缺乏正式的评议通道，农民工的意见能否被看见或被采纳存在较大的不确定性。如个案44阿祥，17岁开始外出打工，参与过多种类型的社会组织，曾是义工团队骨干成员、工会会员，他说："现在不是一些人大代表在开会之前都会发微博啊，说是要网友提供一些所需要的东西，他们在会上提。不管他们采不采纳，我都会参与提建议，该写的东西我是会写的。"

底层的网络表达近年来还出现了一种倾向，为扩大舆论影响倒逼政府关注与解决相关问题，不惜采取一些偏激行为，从而扰乱正常的秩序。研究指出，网络传播的复杂性容易导致公民网络政治参与的无序化、极端化，网络信息的集权操纵有可能导致"技术官僚为民做主"的结果。④ 网络评议是公众评议的现代方式，其实施的效果如何仍取决于政府放开的程度。基于网络管理的挑战，政府的谨慎态度有一定的合理性，但如何利用好网络评议的工具，还需要强化接纳公众评判的理念，并在政策程序设计上予以正向引导。

---

① 蒋琳、吕佳、郭晓冬：《新生代农民工参与网络问政的调查与思考》，《电子政务》2016年第9期。

② 周学琴：《农民工电子政务参与的现状与实现路径》，硕士学位论文，华中师范大学，2015年。

③ 颜海娜：《网上公众评议政府：制度实践对制度理念的背离——来自佛山市A区的个案考察》，《行政论坛》2016年第4期。

④ 陈炳、高猛：《网络时代政府与公民社会的沟通问题》，《探索与争鸣》2010年第12期。

第三节　推进农民工参与政策过程的重要举措

衡量一个国家或地区是否进入了社会政策时代，关键在于社会政策是否成为了国家或政府的核心功能，或形成了稳定明确的社会政策模式、构建了相对完备的社会政策体系。① "政策"概念有三大核心要素：体现秩序的系统的和连续的进路，由权威的人物、机关或组织赋予的合法性，以及由专业知识支撑的专家意见。② 将农民工组织起来有序参与政策过程，需要在政策程序、平台建设、组织机制和议政能力方面进行重大改革，既要体现中国特色，同时也应为进一步推进现代社会政策体系构建奠定基础。

一　规范农民工参与政策过程的程序安排

在政策过程中发展对于执行系统的研究，既是农民工"机会公平"的技术保证，也是农民工参与权利的动态呈现。允许压力群体全程参与政策议程将有助于双向建构政策，从而对政策目标与政策实施之间的偏差做出调适。

其一，有关农民工参与的政策设计应贯彻平等的价值理念。阿马蒂亚·森认为，参与性自由是公共政策分析的中心议题。③ H. K. 科尔巴奇也提出，应当将关注焦点由"谁制定政策"拓展到"谁参与了政策过程"。④ "由于政策制定程序的设计通常反映出关于在某个政策领域什么可以做和应该如何做的一套特别的理念，因此理念和制度

---

① 何子英、郁建兴等：《走向社会政策时代》，浙江大学出版社 2012 年版，第 2 页。

② ［英］罗布·巴戈特：《解析医疗卫生政策》，赵万里等译，格致出版社 2012 年版，第 2 页。

③ ［印度］阿马蒂亚·森：《以自由看待发展》，任赜、于真译，中国人民大学出版社 2013 年版，第 16 页。

④ ［英］H. K. 科尔巴奇：《政策》，张毅、韩志明译，吉林人民出版社 2005 年版，第 47 页。

经常是相互强化的。"① 参与为本的政策分析取向十分注重利益相关者的参与。政策制定的程序设计是遵循精英主义、权威主义还是平民主义的理论，将决定农民工的参与是否能落实到各个环节。确保农民工的系统性要求被当作值得处理的议题，政策应赋予农民工参与政策对话的机会、造就充分知情的公民资格。"部分人的对话"通过将拥有不同发言权的人包含在一个公共能量场内，使参与者的注意力集中在"下一步如何发展"的实质性问题上，因而是一种真正有效的政策"对话"②。

其二，有关农民工参与的政策程序应体现正义原则。相对于参与正义，程序正义是一种"看得见的正义"。程序正义更容易获得对象群体的情感认同与信任，有助于消除政策结果的不确定性因素，增强主体对于公正的主观感受。然而，作为反映公平正义感受的公共议程的焦点，"程序正义"和"机会公平"呈现持续的相对下滑，揭示出我国社会政策改革进程中政策议程对公共议程的偏离。③ 由于农民工缺乏参与公共政策和管理的社会权利，一些地方政府有意无意地形成了不能反映农民工群体诉求甚至损害其利益的政策。从程序正义的实践路径来看，循证型政策提供了一种新的思路。强调证据为本的政策分析将实证主义科学研究置于政策制定的中心，要求在问题确认、政策方案选择、政策评估和调整阶段均遵循循证原则。循证决策虽然以专家权威和决策部门为主导，但循证实践却不能不与其对象发生作用。作为受政策影响的利益相关者，农民工参与政策过程是循证原则的具体呈现，有助于反映代表群体的真实诉求，优化社会政策实施的成效。在具体行动和策略上，可以通过焦点小组、社区会议、咨询论坛、政策模拟、听证等多种形式，发动农民工广泛参与政策信息收集与决策

---

① ［美］彼得·霍尔：《政策范式、社会学习和国家：以英国经济政策的制定为例》，《中国公共政策评论》2007 年卷。

② ［美］查尔斯·福克斯、休·米勒：《后现代公共行政——话语指向》，楚艳红等译，中国人民大学出版社 2002 年版，第 7 页。

③ 于君博、陈希聪：《基于公平正义视角的中国社会政策改革效果评价（2003—2012）——一个探索性因子分析》，《复旦公共行政评论》2016 年第 1 期。

过程，表达其政策期待、意见与评价等。政府管理需要由强制服务转向提供公共服务，并改变自然而然成为群众利益代表的意识，农民工群体的利益需要自己通过参与社会管理的正常渠道来表达和维护。①

其三，有关农民工参与的政策制定应反映双向建构思路。政策目标与政策结果之间由于各种现实原因往往存在较大差距。由政策议程设定偏差而引发的决策者判断与公众感受间的对立，会因地区差距的加剧而放大。② 同时，保护农民工的政策在执行过程中还面临诸多挑战，包括政府的管理能力、不同政府层级之间的权责分配、地方政府的相关资源配套等。③ 无疑，政策执行需以时间、地点、条件为转移，根据情势变化调整执行方略。④ 在多层面的政策执行中，并非完全是由高层决策，"高层"的位置可能会发生变化甚至"在基层"⑤。这是因为，由上而下的政策执行通常是含混或模糊的，而在多层面的执行中，问题往往具体而复杂。这要求在执行系统的设计中，加强对政治—行政系统中各层级介入如何合法参与政策建构的研究。这些由下而上的政策变通，有助于更好地执行与完善政策。

二　加强农民工政策参与的平台建设

通过政府与农民工精英和大众之间精心设计的制度性互动，在一定条件下，可以在经济繁荣与社会发展之间维持一种平衡，从而维护社会稳定。⑥

---

① 崔传义：《论中国农民工政策范式的转变》，《中国公共政策评论》2007 年卷。

② 于君博、陈希聪：《基于公平正义视角的中国社会政策改革效果评价（2003—2012）——一个探索性因子分析》，《复旦公共行政评论》2016 年第 1 期。

③ 岳经纶主编：《农民工公共服务——国际经验、本土实践、政策建议》，中山大学出版社 2012 年版，第 184 页。

④ 胡献忠：《21 世纪以来新生代农民工政策供给与现实路径》，《青年探索》2015 年第 1 期。

⑤ ［英］迈克尔·希尔、［荷兰］彼特·休普：《执行公共政策》，黄健荣译，商务印书馆 2011 年版，第 167 页。

⑥ 郎友兴、谢安民：《行政吸纳与农民工政治参与的制度化建设——以浙江省乐清市 L 镇"以外调外"实践为例》，《理论与改革》2017 年第 4 期。

其一，为政社互动搭建社区合作平台架构。社区作为各职能部门的交汇之处，能够满足各类组织下沉到基层的要求，反映了由分散治理到综合治理的趋势变化。以条块结合的方式搭建社区合作平台，需要突破层层壁垒，既要理顺上下组织之间的关系，又要打破横向组织之间的隔阂。尤其要在制度化参与和非制度化参与之间搭建可以融通的桥梁，使农民工入党、入会、维权等基本需求能在社区层面予以落实。

其二，建构容纳身份转换的组织管理网络。农民工参与城市管理之困，既是实践的问题，又是理念的问题。就其本质而言，突破农民工的身份壁垒需要与更宏观的城市管理体制相关联，当农民工的定居成本降低、流动性减弱的时候，基层社区管理会自然而然将其吸纳。在参与形式上，应积极探索农民工参与社区听证会、社区评议会、民情恳谈会等有效形式；在参与内容上，应允许农民工广泛参与政治选举、城市管理、权益维护、志愿活动、文化娱乐等多种领域。

其三，以信息技术拓展网络参与平台。信息技术的发展为底层群体提供了更为畅达的表达空间，似乎有助于克服权利的不对等，在某种程度上改变控制着公共决策的官僚体系。有学者指出，在线信息和服务提供从"以政府为中心"的"单一无序"状态向"以公民为中心"的"全面系统"状态转变。[1] 然而，通过政民互动平台提升公众参与的有效性，还取决于是否加强平台赋权的制度建设和构建议题设置的协商机制等。[2] 无论是网络问政还是其他新兴评议形式，都涉及责任政府的实质推进。"在制度层次上实现政府绩效管理公民参与的法治化，跟踪监督政府绩效改进以及变事后监督为全程监督。"[3] 基

---

① 郑跃平、［美］Hindy L. Schachter：《电子政务到数字治理的转型：政治、行政与全球化——评 Digital Governance：New Technologies for Improving Public Service and Participation》，《公共行政评论》2014 年第 1 期。

② 韩万渠：《政民互动平台推动公众有效参与的运行机制研究——基于平台赋权和议题匹配的比较案例分析》，《探索》2020 年第 2 期。

③ 秦晓蕾：《地方政府绩效评估中的有效公民参与：责任与信任的交换正义——以南京市"万人评议机关"15 年演化历程为例》，《中国行政管理》2017 年第 2 期。

于微时代农民工群体的意愿、"微"参与能力、"扩容参与"的晕轮效应对政治参与质量的影响，国家应着重在微空间综合治理能力、农民工政治参与能力、政治参与个案的实效性等方面施策。①

三　创新农民工参与的组织机制

政策是不同利益集团之间相互作用的产物，其中，组织起来的压力群体如何参与政策过程是重点。组织可以促使被启蒙了的新兴社会群体纳入政治体系。通过为个体或组织化的群体创造目标、身份和团结，身份认同政治就提供了意义和产生持续的社会承诺。② 由于有序的政策参与依赖于良好的组织机制，当前应着重解决农民工组织权缺失和组织授权不足的问题。

其一，为农民工构建多元化的组织参与通道。只有确立集体政治主体的新形象，共享并参与共同性的生产，才能有效完成特定的政治愿景。托克维尔在其经典著作《论美国的民主》中强调了一个多元的、由自发的组织和社团组成的公民社会对于民主政治的重要作用。其原理在于，"组织使意识得到加强，而结构地位则使组织更具政治性"③。亨廷顿指出："一个拥有高度组织化（制度化）的统治机构和程序的社会，能更好地阐明和实现其公共利益。"④ 帕特南（Robert Putnam）认为，公民社团从内、外两个层面为民主政治提供帮助：从内部效应来看，有助于培养成员的团结合作习惯以及公共精神；从外部效应来看，由社会组织构成的密集网络能够增进"利益表达"和

---

① 周柏春、江雪薇：《"微"时代农民工政治参与问题探析》，《黑龙江社会科学》2019 年第 5 期。

② ［美］W. 理查德·斯科特：《制度与组织——思想观念与物质利益》，姚伟等译，中国人民大学出版社 2010 年版，第 87—88 页。

③ ［美］C. 赖特·米尔斯：《白领——美国的中产阶级》，杨小东等译，浙江人民出版社 1987 年版，第 336 页。

④ ［美］塞缪尔·P. 亨廷顿：《变化社会中的政治秩序》，王冠华、刘为、沈宗美译，上海人民出版社 2008 年版，第 19 页。

"利益集结"。① 然而，从东西方的比较来看，公民社团的理论并不完全适用于中国，这主要是因为社会组织的发展背景存在很大的不同。中国政社关系不同于西方的截然分立，学界普遍认为政府主导和"官民二重性"构成了中国公民社会的显著特征。同时，建之于初级关系的传统组织在民间亦发挥着持续的影响，构成多元组织结构中不可或缺的部分。从农民工自组织来看，其联结能力最强但政治性最弱；从半官半民的组织来看，其政治影响力较大，但由于功能缺失而对农民工吸引力不足；从外部中介组织来看，其对农民工的增权赋能可以起到较大作用，但却受到自身资源与能力的限制。

其二，综合"自上而下"与"自下而上"两类组织方式。虽然底层群体很难发展出正式的、组织化的政治活动，但自下而上的组织方式却能吸引更多的参与、满足农民工的组织化诉求。燕继荣认为，应关注自治性社会组织对于推动政治发展、建设社会信用体系的关键作用：作为人际关系的润滑剂、作为公民社会的组织和网络资源、作为社会的黏合剂。② 西方学者同样认为，志愿组织和社区组织的政策角色非常重要，应支持他们成为政策的供应者。③ 缺乏正式组织化，农民工很容易偏离制度化轨道；而缺乏自主性，又难以代表农民工的真实利益。关键是要寻求一种制度化与主体性之间的平衡。无论是对体制内组织还是体制外组织，在"自上而下"与"自下而上"两种组织化路径之间取得平衡或许是一种可行的方式。例如，在工会、共青团、妇联等带有官方背景的社会组织中，可以考虑以购买服务项目的方式适当放权，使农民工能够以会员主体的身份自主参与组织内各项活动，从而实现"自上而下"与"自下而上"的双向建构。

其三，在社会组织化的整体进程中推进农民工的组织化。与农民

---

① ［美］罗伯特·D. 帕特南：《使民主运转起来》，赖海榕译，江西人民出版社 2001 年版，第 102—103 页。

② 燕继荣：《民主：社会资本与中国民间组织的发展》，《学习与探索》2009 年第 1 期。

③ ［英］马丁·鲍威尔：《理解福利混合经济》，钟晓慧译，北京大学出版社 2011 年版，第 107 页。

工相关的社会组织的良性运行离不开社会整体的组织化发展。衡量一个社会组织化程度的高低，有两个方面的评价指标，即组织格局的多元化与社会组织的成熟度。亨廷顿认为，政治发达社会与政治不发达社会的主要区别是各自拥有组织数量、规模和效率的差异。① 社会组织化水平由低到高，意味着组织数量上的增长与质量上的提升。在这一进程中，强化各类组织对农民工的服务功能，应从不同的方向予以引导：对于农民工自组织，更多是规范管理的问题；对于官办组织，重点是去行政化、加强"群众性"；对于专业化的中介组织，更多是加强培育扶持的问题。

四　提升农民工政策参与的政治能力

理性话语的缺失是农民工政策参与的主要障碍。"浓而实"的生活造就了工人群体认知能力的具体性，使其在理解抽象或一般化的问题时存在困难。② "没有人生来就会参与共同体的事业。每个人都必须在某一阶段学习这一点，我们也可称其为'政治教育'。"③ 一方面，要加强农民工政治社会化的训练，允许其进行"合法性的、边际性的参与"；另一方面，要通过提升农民工的议政能力来增强其政策影响力和政治效能感。

其一，在制度化框架内培养农民工的参政能力。政治认知的对象十分复杂，既包括对政治本身的认知，也包括对政治系统、政治输出和输入体系、政治信息以及政治角色的认知。达致政治认知的高级层次，不仅要对政府体系运作和民主权利有深入的认识，而且还能形成自己的判断与评价。农民工的政治认知普遍处于较低层次，提升其议政能力无疑是一个系统工程。农民工一般具有远离政治领域的倾向，

① ［美］塞缪尔·P. 亨廷顿：《变化社会中的政治秩序》，王冠华、刘为、沈宗美译，上海人民出版社 2008 年版，第 24 页。

② ［美］西摩·马丁·李普塞特：《政治人——政治的社会基础》，张绍宗译，商务印书馆 1993 年版，第 90 页。

③ ［德］奥特弗利德·赫费：《经济公民、国家公民和世界公民——全球化时代中的政治伦理学》，沈国琴、尤岚岚、励洁丹译，上海译文出版社 2010 年版，第 77 页。

他们的关注点通常集中于生活日常，对于政治、民主、法治和政治参与之类的抽象问题几乎没有内在的反省。其有限的政治见解多出自习惯驱使的无意识推理结果，很少是经验检验的推理结果。有学者指出，应借助政治体制转型使农民工能够通过"结构性同化"参与到核心社会的主流群体中去。① 政策建构了参与者模式化的行为方式。农民工在正式体系中公民活动的履行，可以视为一种政治社会化的训练。提升农民工的政治参与能力，要求顺应农民工公共政策实践的需求，实现由"赋权"为重点的权益保障范式向"增能"、"促融"为重点的社会投资范式的转换。② 同时，要为农民工提供相应的政治资源，在组织活动框架内引导和帮助农民工获取政治经验，学习如何参与并承担领导责任等。

其二，注重多方位参与对农民工政治素养的叠加效应。虽然并非所有的参与都能提升农民工的政治潜力，如较亲密群体中的政治社会化对于次级政治体系中的公民活动可能是不恰当的训练。但一般而言，不同领域的参与的确具有叠加效应。"当个人属于有着多元目标和多样化成员的'横向'组织时，他们的态度将因为组织内的互动和交互压力而变得温和起来。"③ 公民社团与组织成员之间的互动关系还体现在：团体成员身份扩大了个人政治见解的范围，影响着其政治能力；反过来，加入团体的类型以及个人在组织中活动的强度，都取决于个人的政治态度。④ 此外，正式领域的政治参与机会既是有限的，也是稀缺的，拓宽农民工参与团体决策和社会活动的范围具有更为现实的意义。鼓励农民工在不同领域的参与，既能在不同方向上培

---

① 〔美〕苏黛瑞：《在中国城市中争取公民权》，王春光、单丽卿译，浙江人民出版社2009年版，第316页。

② 冷向明、赵德兴：《新生代农民工融入城镇：政策困境及其变革研究——基于公民身份的视角》，《社会主义研究》2013年第2期。

③ 〔美〕罗伯特·D.帕特南：《使民主运转起来》，赖海榕译，江西人民出版社2001年版，第102—103页。

④ 〔美〕加布里埃尔·A.阿尔蒙德、西德尼·维巴：《公民文化——五个国家的政治态度和民主制》，徐湘林等译，东方出版社2008年版，第280—285页。

养农民工的参与能力，同时也为其掌握复杂的政治系统知识奠定了
基础。

其三，提升农民工的政治效能感以强化其参与行为。参与意愿在
政治效能感与政治参与的关系中具有部分中介作用，两者之间的关系
受到政治信任的调节作用。① 政治系统包括输入与输出，如果公民感
受到政治系统和政府的政治输出，那么他就有可能形成积极的政治输
入意识，并积极参与政治活动。② 只有当农民工认识到自己的作为能
够有效地改变结果时，才会真正介入政治，对政治系统的号召与决策
作出主动回应。

①　郑建君：《政治效能感、参与意愿对中国公民选举参与的影响机制——政治信任的调节作用》，《华中师范大学学报》（人文社会科学版）2019 年第 4 期。
②　李朝祥：《嬗变与整合——公民政治意识和国家意识形态》，世界图书出版广东公司 2013 年版，第 69 页。

第八章　农民工尊严保障与
社会环境的优化

以尊严保障为主旨构建社会政策体系，在当前尤有一个进一步优化社会环境的问题。经济社会发展、城市化、制度环境和社会支持构成了农民工市民化及其城市融入的主要环境变量，尊严保障也就成为了对农民工研究由"生存—经济"叙事模式向"身份—政治"叙事模式转变的核心内容。本章拟从农民工身份转换过程的角度，探讨与农民工尊严保障密切相关的社会环境，包括制度机制、公民文化、社会心理、社会工作等的建设与优化问题。

第一节　制度机制创新与尊严保障

阿马蒂亚·森等指出，要"承认制度的关键作用"，"明智的政策分析必须对好的制度敏感，适合特定的环境"。[①] 制度机制创新的重要性不仅体现于思想家的学术思考中，更会在现实生活中展现出来。农民工尊严保障在实践中存在的诸多问题，不仅由制度之外的因素如政策环境所造成，但更多的还是制度安排本身所导致。要发挥制度机制的保障功能，摆脱制度困境，就必须着力构建公正的制度体系，使农民工能沐浴到制度创新的阳光。

---

① ［印度］阿马蒂亚·森、让·德雷兹：《不确定的荣耀》，唐奇译，中国人民大学出版社 2015 年版，第 30 页。

一　推动人的尊严条款纳入宪法明文

尊严保障离不开社会制度。对于尊严保障，制度有两个基本功能：一是保护个人的尊严，以防止尊严的脆弱性；二是社会制度结构式社会成员相互向承认关系的正式表达，或者说制度是一种结构化了的尊严关系状态。① 基于此，大部分成文宪法国家都有明确的尊严条款，往往是作为一项基本权利而规定，即便是没有尊严条款的国家，一般也会在宪法解释和裁判中，将尊严与某种基本权利联系在一起。② 对人的尊严的保障，以德国基本法的制度建构力最强，《德国基本法》在第 1 条以三款内容对人的尊严作了概括性宣示，将人的尊严视为人权的源泉和基础，规定基于人性尊严的人权的效力及其实现途径。

（一）我国宪法中的尊严条款

我国现行宪法第 38 条规定："中华人民共和国公民的人格尊严不受侵犯。禁止用任何方法对公民进行侮辱、诽谤和诬告陷害。""尊严"字样虽然已进入我国宪法的文本之中，但仅仅以"人格"为限，被限缩在权利的规定之中，也欠缺对整体的人的尊严的维护。③ 以人格和人格发展为理论基础的我国宪法上的尊严条款，虽有助于对公民人格的宪法保护，但对比自然权利、人是目的、价值共识等思想，人格与人格发展作为尊严的唯一理论支撑不仅尚嫌单薄，而且忽视了尊严之于人的价值的多重属性。④ 由此极易产生三个难题：一是形而上学难题，内容过于宽泛难以在实践中遵守；二是能否将之认定为一项基本权利的难题；三是作为理念的尊严如何过渡进入实定法，成为法律规定的内容。⑤

---

① 高兆明：《论尊严：基于权利维度》，《桂海论丛》2016 年第 3 期。
② 王旭：《宪法上的尊严理论及其体系化》，《法学研究》2016 年第 1 期。
③ 胡玉鸿：《我国现行法中关于人的尊严之规定的完善》，《法商研究》2017 年第 1 期。
④ 郑贤君：《宪法"人格尊严"条款的规范地位之辩》，《中国法学》2012 年第 2 期。
⑤ 王晖：《人之尊严的理念与制度化》，《中国法学》2014 年第 4 期。

（二）人的尊严规定应超于实在法

胡玉鸿认为："人的尊严并非是由成文法所创造的基本概念，相反，人的尊严超越于实在法之上，属于不依据实在法而存在的先在规范，是整合法律体系、调整法律位阶的基础规范，也是一种不可由立法机关根据立法程序随意修正的规范。"[①] 这一观念反映在人性尊严的权利属性上，人性尊严更适合作为宪法权利的权利性根源，而不宜作为一项具体的法律权利；在人性尊严的价值属性上，人性尊严更适合作为宪法最高价值原则，而不宜单纯地作为人的内在价值。[②] 王进文则具体建议，人的尊严条款纳入宪法明文，从宪法中人民主权原则、基本权利保障体系以及基本国策中确立人的尊严的根本地位，通过下位法将宪法中规定的人的尊严精神细化为具体的权利保障，使其在具体的司法实践中得以运用。[③]

同时，在宪法或部分法中，应明确区分人的尊严与人格尊严。刘士国提出，主体人格与人格尊严人格相区别是民法的发展趋势，由民法总则规定主体人格，人格权法作为民法典的一组或章调整人格尊严关系。人格尊严具有民事权利属性，是产生其他人格权的本源性权利，隐私权、环境人格权、信息控制权、患者自己决定权和知情权、信用权等人格权的产生和发展，构成人格权法独立的基础。[④] 总的来说，要以人格的自由、健康发展作为人权保障之终极关怀，以社会责任和社会义务约束个人的自由。

二 加强社会保护制度建设

社会保护的概念最早由卡尔·波兰尼提出，他在 1944 年写就的

---

① 胡玉鸿：《人的尊严的法律属性辨析》，《中国社会科学》2016 年第 5 期。

② 韩德强、郝红梅：《论人性尊严在宪法中的内涵、属性及功能》，《临沂师范学院学报》2010 年第 1 期。

③ 王进文：《"人之尊严"义疏：理论溯源、规范实践与本土化构建》，《中国法律评论》2017 年第 2 期。

④ 刘士国：《论主体地位人格与人格尊严人格》，《法律科学》（《西南政法大学学报》）2016 年第 2 期。

《巨变：当代政治与经济的起源》一书中提出，应从经济、社会、文化与自然环境的互动中，探索人类社会可持续发展的社会经济模式。同时，他指出现代社会由两个完全相反的力量的作用所支配，一个要释放市场，另一个要保护社会，"社会保护自己以对抗自律性市场所具有的危害——这就是当代历史的特色"①。社会保护不仅是一种新的表述，而且是一种新的理念。社会保护旨在建立国家社会保护底限（或底线）。

（一）社会保护的历史演进

社会保护概念在最初提出时主要指向社会对弱势群体的保护，但现在已经是强调所有成员的保护；并且也不再是基本生活的保障和最基本权利的保护，而是要提高生活质量，强调平等权、发展权等较高层次的权利。② 或者说，是社会保护称之为"双重维度"：一是水平维度，旨在实现对全体人口无差别的保障，确保全体人口均能够享受最低程度的保护；二是垂直维度，旨在逐步实现保护水平的提高，确保社会保护更公平，更加具有可持续性。③

从整体上看，社会保护的手段可分为四类：（1）提供救济以摆脱"匮乏状态"的供给手段，重在提供社会援助；（2）防止陷入"匮乏状态"的预防手段，直接解决贫困减轻的问题；（3）意在提高收入与能力的促进手段，以提高可持续发展能力；（4）追求关注于社会公正与排斥的变革性手段，以消除社会歧视问题。④ 社会保护是一个比社会保障更宽泛的概念，包括各种各样正式和非正式的保护方式。国际组织所界定的社会保护外延确实较为广泛。如联合国的社会保护分类首先被分为两个独立的功能：健康保障和社会保护，然后社会保

---

① ［英］卡尔·波兰尼：《巨变：当代政治与经济的起源》，黄树民译，社会科学文献出版社 2017 年版，第 132 页。

② 关信平主编：《社会政策概论》，高等教育出版社 2009 年版，第 17 页。

③ 李满奎：《人类命运共同体与可持续发展——以中国的"社会保障底限"实践为核心》，《人权》2017 年第 5 期。

④ 刘璐婵、林闽钢：《全球化下社会保护的兴起与政策定位》，《广西经济管理干部学院学报》2011 年第 2 期。

护又被分成了九类：疾病和伤残保护、老年保护、遗属保护、家庭和儿童保护、失业保护、住房保护、其他未分类的社会排斥保护、社会保护研究和开发，以及其他未分类的社会保护。[1] 社会保护手段作为可持续发展和富有活力战略的关键组成部分以及促进社会正义的工具，已经得到广泛认可和全球发展。特别是欧盟，在社会保护改革进程中采取了一种积极的"社会投资战略"来取代传统的消极性的收入分配政策。欧盟社会保护支出，到 2014 年达到了 28.7%，其中养老金支持占 45.9%，医疗支持占 36.5%，家庭和子女补贴占 8.5%，失业津贴占 5.1%，住房补贴占 4%。[2] 尽管社会保护已经扩展到教育、住房等非社会保障领域，"侵入"到经济领域和政治领域，但在整个发展过程中，"社会保护的具体方式虽然在不断地发展进步，但从未因新的保护手段的出现并逐渐占据优势因而淘汰旧的保护手段"[3]。

（二）我国社会保护体系建设亟待增强

我国社会保护体系尚处在完善阶段，一方面在缩小社会保护的城乡差距、地区差距和体制内外差距；另一方面在建构更有利于社会保护体系完善的新体制和新政策，扩大社会保护的空间，强化政府的相关能力与公平。[4] 社会保护的主要对象是在向市场经济过渡过程中处于不利和弱势状态的不利群体、弱势群体和边缘群体，农民工就属于主要对象之一。

一则调查研究成果表明，城市化进程中存在着社会保护的不平等，通过计算包括农民工、外来市民在内的总体洛伦兹曲线表明，占60% 的低社会保护群体仅拥有 32.05% 的社会保护资源，而占 40% 的高社会保护群体却拥有近 70% 的社会保护资源；从三类群体之间的

---

① 唐钧：《从社会保障到社会保护：社会政策理念的演进》，《社会科学》2014 年第 10 期。

② 孟彤：《欧盟社会保护支出状况》，《中国人力资源社会保障》2017 年第 2 期。

③ 唐钧：《社会保护的历史演进》，《社会科学》2015 年第 8 期。

④ 王春光：《以共享视角探讨中国社会保护体系的变迁和建构》，《中共福建省委党校学报》2017 年第 5 期。

比较来看，农民工的社会保护水平为 0.144，外来市民为 0.207，本地市民为 0.340，本地市民的社会保护水平是农民工的 2.36 倍。[①] 这种状况的存在，与社会保护底线支出具有明显的城镇偏好相关。政府在扩大社会保护底线支出总体规模的同时，应加大对农村的投入力度，不断缩小城乡之间的社会保护底线投入差距。[②] 由于农民工具有城乡两栖特征，仅依靠流入地政府为农民工的社会保护项目筹集资金是不现实的，需要采用新的融资机制。当前尤要增加中央政府的投入，逐步改变社会福利筹资地方化的格局，如果福利移民总量在流入地政府财政能力可接受的范围内，那么即使有少量的福利移民，流入地政府也能从容应对，不会造成过大的社会冲击。[③]

　　社会保护是农民工市民化的关键。基于来自我国 6 个省份 8 个城市的流动人口社会融合专项调查数据分析表明：社会保护对农民工市民化程度的贡献大小为 69.02%，且更多的城市社会保护能力能直接提高农民工的市民化水平；并且，在农民工群体内部，收入水平、文化程度或者职业地位越低，社会保护对其市民化的作用越明显。[④] 概括地说，虽然农民工是具有反思性的能动的社会主体，但他们面对一系列由户籍制度衍生出的制度和政策障碍，毕竟困难繁多，加强对他们的社会保护就显得尤为重要。但农民工社会保护是一个多维的、动态的过程，一方面离不开各主体、各要素之间的协同作用和整体推进；另一方面要对农民工的社会保护工作进行定期评估和动态监测。[⑤]

---

①　石智雷、施念：《城市化进程中的社会保护不平等——农民工、外来市民和本地市民的比较分析》，《经济社会体制比较》2019 年第 2 期。

②　郭小东、付升华：《社会保护底线支出、城镇偏好与城乡居民收入差距》，《社会保障研究》2017 年第 2 期。

③　黄晨曦：《迁流、弱势和社会保护：流动人口社会政策研究》，《劳动经济评论》2013 年卷。

④　石智雷：《中国农民工的社会保护与市民化研究》，中国社会科学出版社 2018 年版，第 354 页。

⑤　叶继红、朱桦：《基于社会保护视角的农民工城市融入研究》，《人口与发展》2013 年第 5 期。

三 增强城乡融合发展制度机制建设

消除城乡二元结构，实现城乡融合发展，是城乡社会现代化的内在要求，是生产力高度发展的必然结果。自改革开放以来，面对长期割裂的城乡关系，我国在城乡关系的认识上，经历了从"统筹城乡发展"到"城乡发展一体化"，再到"城乡融合发展"的变化，体现了中央政府在处理城乡关系的理念和顶层设计上的不断与时俱进，是对马克思主义城乡关系理论的回归。推动城乡融合发展既是破解新时代社会主要矛盾的关键抓手，又是国家现代化的重要标志，具有重大而深远的历史意义。

（一）破除城乡二元结构的必要举措

城乡融合发展的必要前提是资源要素的自由对流，城乡融合发展的主要取向是城乡功能互补互促，城乡融合发展的最终目标是实现人的全面发展和人与自然的和谐相处。概言之，城乡融合发展所强调的是城乡平等发展、共建共享，体现了社会发展规律与人的主观能动性的统一，其核心取向是以人为中心，价值目标是实现人的自由发展。有人将城乡融合发展内涵要义归结为三句话：一是"和而不同"，即在"存异"的基础上实现融合，进而实现城乡交互关系的转变；二是"一视同仁"，就是在"求同"的基础上实现对城乡体制关系的转换，进而推进城乡在融合基础上实现对现代化发展的追求；三是"互利共赢"，在"共赢"的基础上实现城乡利益关系的转轨。[①] 这是颇具见地的。

在讨论农民工尊严保障问题时强调城乡融合发展，这不是小题大做，也不是无病呻吟。农民工的尊严保障，是一个"政治—权利的问题"。所谓政治—权利问题，就是不把农民工问题归结为农民工素质或国家的局部制度，而是将其放置在国家政治发展的总体背景下加以

---

① 翟昕：《新时代城乡融合发展的内涵探析》，《太原理工大学学报》（社会科学版）2020 年第 1 期。

考察。① 应该看到，农民工尊严问题受身份秩序大背景的影响，最深层的原因还是城乡二元结构的作用。城乡关系自改革开放以来有许多改善，但仍存在不少值得深思的问题：第一，如何进一步破除城乡二元体制。自改革开放以来，我们一直强调要破除城乡二元体制，但直至今日，城乡二元结构依然存在。原来我们认为城乡二元体制的根子在户籍制度上，但在户籍制度做了极大改革后为何问题依然存在？症结到底在哪里？是制度创新不够的原因，还是机制建设不到位的缘故？是政策支持不力，还是社会环境（包括文化环境）不够优化？值得我们从制度创新、机制建设、政策支持、环境优化的联动上做深层次思考。第二，如何将城镇化战略与乡村振兴战略有机地统一于城乡融合的进程之中。在中央关于乡村振兴战略推出后，学术界有一种观点就认为乡村振兴战略是对城镇化战略的修正，这种看法是不正确的。实际上，城乡融合脱离不了城镇化的总体框架，乡村振兴应该是坚持新型城镇化战略基础上的振兴。法国曾经创造了在推进城市化的同时又实现"乡村化"的经验，我国如何同样做好协调这两者关系的大文章，值得做进一步的思考。第三，如何更好地发挥政策供给在促进城乡要素双向流动中的作用。在城乡融合发展中，政策供给的作用自不待言，但有一个如何发挥得更好的问题。学术界已经注意到，促进城乡要素双向流动必须构建和完善政策体系，发挥政策的组合效应，这是正确的。但要注意的是，还必须改变目前业已存在的经济政策一马当先、社会政策明显滞后的问题，旨在高扬社会公平旗帜的社会政策如不加快建构，经济政策的效应也会大打折扣。

（二）城乡统筹发展与城乡一体化重叠并行

城乡统筹发展与城乡一体化是重叠并行的，也就是说推进城乡融合发展的实质是推进城乡一体化发展。② 所谓城乡一体化是从系统科

---

① 郭忠华：《农民工公民身份权利的分析框架——本土化创新的尝试》，《人文杂志》2015 年第 2 期。

② 张克俊、林婵：《从城乡统筹、城乡一体化到城乡融合发展：继承与升华》，《农村经济》2019 年第 11 期。

学的角度对城乡社会经济发展状况的一种概括性描述，是城乡社会经济文化发展的一个较高阶段。城乡一体化并不意味着城乡区域由非均质演变为一种彻底的均质空间，也不是城乡的"低层次平衡发展"和"平均主义"，而是"城与乡，不能截然分开；城与乡，同等重要；城与乡，应该结合在一起"。

具体而论，城乡一体化的内容主要体现在五个方面：其一，空间一体化。主要指形成现代城镇化与农村城镇化相互融合的城乡一体的空间形态格局。推进城乡空间一体化，必须以提高城乡经济社会组织化程度为核心，强化城乡空间联系，优化城乡空间结构。其二，人口一体化。主要是指城乡人口实现自由迁徙，相互对流。城乡人口流动趋势包括相辅相成的两个方面：一方面，农民向城镇转移，变农民为市民，实现人口城镇化；另一方面，城市人口根据自身发展的需要，享受乡村田园生活的需要，从城市迁往郊区或乡村。其三，经济一体化。即实现城乡资源配置、城乡产业结构和城乡经济调控的相互融合、协调发展。经济一体化是城乡一体化的基础前提，决定着城乡一体化的发展进程和实现程度。其四，生态一体化。即形成城乡生态环境高度融合互补、经济社会与生态协调发展的格局。推进生态一体化的关键，在于将城市和农村生态环境统一纳入一个大系统中去考虑，全面实行城乡统一的环保标准，彻底改变疏于和忽视农村环境保护的倾向。其五，社会一体化。即形成城乡社会事业协调发展，城乡居民在居住、就业、教育和文化生活等方面享有同等待遇的格局。城乡一体化最本质的意义，就在于最终消除现存的城乡二元结构，最大限度地缩小现存的城乡差别。换言之，社会一体化是城乡一体化发展最重要的价值趋向和理念。推进社会一体化的关键，在于加大农村社会事业发展的力度，实行城乡统一的社会政策。

（三）推动城乡融合发展中的制度机制创新

从农民工尊严保障角度看，现阶段尤应推动城乡融合发展中有关制度机制的创新。

其一，建立城乡要素双向流动制度。这就要破除城乡要素自由流动和平等交换的体制壁垒，实现生产要素在城乡之间的合理配置和优化组合。现阶段尤要依据乡村振兴战略，促进各类要素更多地向乡村流动，在乡村形成人才、土地、资金、产业、信息汇聚的良性循环。特别是要鼓励一批热爱农村、有志于在农村发展的城镇人口向乡村流动，在实现人力资源优化配置的同时，进一步使其所承载的知识、信息、技术、资本等要素也向乡村流动。

其二，健全城乡基本公共服务普惠共享制度。让城乡居民享受均等的公共服务，这是体现城乡居民权利平等、共享发展成果的重要标志。在构建城乡一体化的基本公共服务体系的过程中，特别要注意公共服务均等化与人口流动的有机结合，与城市户籍紧密挂钩的低保、经济适用房、廉租房等，也应逐步覆盖到符合条件的农民工。

其三，加快建设城乡统一的社会保障制度。社会保障制度对于推进新型城镇化的影响，就在于社会保障制度如何解决城乡差别。① 社会保障制度改革的重点，就是城乡居民社会保障的全覆盖以及在此基础上城乡社会保障的一体化，当前尤为注重推进城乡养老保险制度、医疗保险制度的整合。

其四，进一步探索土地制度与户籍制度的良性联动机制。农民工市民化有一个成本分摊的问题，需要发挥政府、企业、个人的积极性。在市场经济条件下，探索农村与城市之间土地指标的流转，从而为农民工实现市民化提供资金保障，这是重点推进的方向。② 通过深入推进土地制度的改革与创新，从制度上彻底摆脱土地对农民人身自由的限制和束缚，让农民真正拥有离开土地的自由裁量权和自由选择权。③ 可探索城乡土地资源一体化模式，城乡建设用地增减挂钩，城乡用地可以置换、流动等。还可考虑通过《物权法》赋予宅基地农

---

① 焦晓云、彭普秀：《推进人的城镇化制度创新路径探析》，《广西社会科学》2018年第11期。

② 傅帅雄、吴磊、韩朋：《新型城镇化农民工市民化成本分担机制研究》，《河北学刊》2019年第3期。

③ 刘国新、王春华：《论新型城镇化的制度创新原则与创新结构》，《渤海大学学报》2018年第4期。

民私有物权的权利，由现在的集体物权向私人物权转化，以必须购买宅基地作为城市人口进入农村的先决条件。①

第二节 公民文化建设与尊严保障

公民身份与尊严有着不可分割的关联，公民文化建设与尊严保障同样有着密切的联系。希特（Derek Heater）指出：“公民身份是人类尊严和世俗道德的基石。”② 施瓦茨（Edwanl Schwartz）认为，公民政治的基础在于“从自我利益的语言中挖掘出以个人尊严为核心的人民利益的具体内容”，但个人尊严，只有通过成为一个靠相互信任联结的社会的受尊敬的成员，才能够获得。公民生活意义上的正义，就是人们通过参与社会、经济、政治生活确保公民的尊严。③ 而公民文化是一个比较复杂的概念，在西方语境中，与“公民政治文化”或“政治文化”的意义大体相同。公民文化在中国文化语境中，更多被看作一种与公民作为社会主体有关的文化，是“基于公民这一政治概念而出现的一种特有的文化具体形态。这种文化形态表现的是现代社会中的公民行动方式、精神特征以及有着制约力量的内在逻辑”④。在中国文化语境中，公民文化也就可以视作一种全新的规范社会关系的文化模式，它表现出来的文化特质包括：（1）个体与国家：权利与责任的互负性，并崇尚以理性的方式表达利益诉求，强调个体在国家社会生命中的平等；（2）自我与他者：权利与责任的互负性，强调自我与他者相互承认的社会关系；（3）倡导法律之上的思维态度；

---

① 童潇：《城乡一体化、城乡人口流动与社会管理创新》，《贵州社会科学》2012 年第 10 期。

② ［英］德里克·希特：《公民身份——世界史、政治学与教育学中公民理想》，郭台辉、余慧元译，吉林出版集团 2010 年版，第 495 页。

③ 参见［美］罗伯特·N. 贝拉等《心灵的习性——美国人生活中的个人主义和公共责任》，周穗明、翁寒松译，中国社会科学出版社 2011 年版，第 286 页。

④ 朱志萍：《现代化转型视域中的积极公民身份培育》，上海人民出版社 2016 年版，第 205 页。

（4）公共生活文化和私人生活文化相分离。①

一 着力培育积极公民

毫无疑问，加强公民文化建设，培育积极公民，对于促进包括农民工在内的尊严保障，有着非常重要的作用，也是一个迫切性颇强的现实问题。

（一）准确把握积极公民的含义

公民身份本身就蕴含着政治的基本范畴，公民性是公民身份内在的本质属性，它是公民在共同体中的角色、身份和品性以及演绎出的公民意识、公共精神和公民美德实践等现代阐释。② 与此同时，作为政治文化的一种理想类型，公民文化是政治制度相互支持和建构的文化，其社会成员通常公开地取向于作为一个整体的系统以及政治的行政结构与过程。在托克维尔对美国政治民主的分析，以及帕特南对意大利 20 年改革进程的研究中，都强调深厚的公民传统是民主制度有效运转的内在原因。公民文化从根本上来讲，是一种积极的政治文化。毫无疑问，政治发展需要的是良性的社会互动模式，培育积极公民正是政治发展和公民文化建设的题中之意。

积极公民身份是与消极公民身份相对立的概念。从参与政治生活或公共生活角度，人们一般以其参与的态度及其程度，作为积极公民与消极公民的区分。对积极公民一般作这样的界定：具有强烈的公民身份意识，认同其所属的共同体，并按照法律规定行使与捍卫公民权利，履行公民义务，在主动承担社会和国家各项事务的实践中推动社会的良睦运行，富有参与精神、公共关怀和公民品德的公民。③ 欧阳景根对积极公民身份做了三个方面的强调：一是公民要积极地参与到

① 李瑞君、焦婷：《论公民文化的意涵及其塑造国家认同的价值》，《中共杭州市委党校学报》2017 年第 4 期。

② 朱艳丽：《积极公民在政治发展中的价值意蕴》，《郑州大学学报》（哲学社会科学版）2014 年第 5 期。

③ 朱志萍：《中国现代化转型视域中的积极公民身份培育研究》，博士学位论文，复旦大学，2016 年。

政治知识与社会核心价值的构筑过程中，以重塑政治话语；二是公民应该通过自身的切实行动，促成以平等参与权利到平等参与本身的转变；三是积极推动社会共识与社会合作。①

（二）积极公民的扩展与社会治理模式的转变

积极公民概念的诞生与扩展，与社会治理模式的转变是分不开的。现代社会在国家治理上业已实现由传统的"统治"模式向"善治"模式转变，迫切需要关注公共生活，具有善德的积极公民的参与。公共性与积极公民具有内在耦合性。对于积极公民而言，政治生活、公共生活即是人作为公共化存在、以公共化生活的家园。对政治生活或公共生活形成必要的责任感，既是维护共同体、守护人类生活公共领域的需要，也是人确证自己公共化存在身份的必然要求。②

现代民主政治的发展是以公民的积极参与为基本前提的。伴随着社会的发展，公民对政治及公共生活的关注度本应逐渐增强，但现实状况恰恰是：公民越来越淡出政治及公共生活的舞台，出现了政治冷漠的常态化。一则全国关于生态文明建设的调查表明，公民参与一是普遍较弱，具有较强的"政府依赖性"特征：70.7%的受访者认为政府和环保部门对生态文明建设应负主要责任；二是企业，同一比例为15.1%，而认为公民个人是责任主体的仅占12.7%。③而政治冷漠的原因，与中国传统沉淀影响下的"公民"缺位或错位、个人主义的蔓延与异化、工具理性与"搭便车"心理等有关。

（三）积极公民的养成

积极公民不是自然生成的，而是要经过养成，体现在两个方面：

第一，实践养成。对公民身份而言最重要的方面在于实践，公民是"做"成的。"参与决策活动的结果是，个人接受了教育而学会区

---

① 欧阳景根：《构建中国的公民身份理论：作为一种内化伦理的积极公民身份的建设》，《晋阳学刊》2008 年第 3 期。

② 许瑞芳、叶方兴：《积极公民：一种公共性的分析理路》，《江西师范大学学报》（哲学社会科学版）2017 年第 5 期。

③ 郭倩倩、秦龙：《政治冷漠与积极公民重塑》，《探索与争鸣》2016 年第 3 期。

分他自己的冲动和欲望，他既学会了如何成为一个私人公民，也学会了如何成为公众人物。"① 即是说，积极的公民不仅取向于政治输入，也取向于输入结构和输入过程。同时，他还应当符合"理性—主动性"的公民模型。这一模型包含了两个向度：一是公民在民主国家中被期待积极地参与政治；二是公民参与更多的是受理性支配而非情感支配。换言之，比较多的公民可以借助社团、志愿者组织、社交俱乐部、工作场所、街头生活等非正式政治领域贴近公共事务，减少对权利的疏离感，培养对公共问题的兴趣，提高自身的政治效能感，从而为塑造积极的、富有知识的、对公共事务具备敏锐兴趣的公民创造条件。②

第二，教育提升。积极公民身份的一个必要条件，就是公民个人必须具备进入公共领域并理性而自主地行动的能力，而这种能力的形成是有条件的，最重要的条件如基本的生活条件、必要的教育等。③至于怎样开展教育也是值得研究的问题。以积极公民为实践目标指向的公民教育在不同的国度仍有其共同的内容，即公民教育是社会通过培养使公民成为依法享有权利和履行义务的责任主体，成为在政治、经济及社会生活中有效成员的过程。为此，公民教育依其目标可分为三种不同的类型与层次：一是"关于公民身份的教育"；二是"通过公民身份的教育"；三是"为了公民身份的教育"。④ 如果公民教育的目标不仅是发展政治素养，而且是激发道德与社会责任感以及社会参与精神，那么它就不仅包括知识与观念的发展，还包括价值观、性

---

① ［美］卡罗尔·佩特曼：《参与和民主理论》，陈尧译，上海人民出版社 2006 年版，第 24 页。

② 万健琳：《积极公民再造：新共和主义的复兴困境及其应对之道》，《公民身份研究》第 3 卷，格致出版社 2018 年版，第 69 页。

③ 王小章、冯婷：《积极公民身份与社会建设》，社会科学文献出版社 2017 年版，第 119 页。

④ 刘丹：《全球化时代的认同问题与公民教育研究——基于公民身份的视角》，北京师范大学出版社 2018 年版，第 39、60—61 页。

格、技能、能力、承诺的发展。① 对农民工来说，则应在公民教育中注重缩小与现代公民在本质上所存在的场域—惯习上的差异，将农民工立足公民场域、获得公民惯习、拥有公民资本定位为市民化的真正内涵。

二　注重增强主体意识

所谓主体，从语义学的本义上来理解，指某种具有自主行动能力的行为体，或者是指事物本来应有的主导状态中处于支配地位的社会事物。根据主体构成规模的大小，至少可分为宏观、中观、微观三个层次，但从终极意义上来说，"人"就是大写的、抽象的主体。从这个意义上来说，主体可界定为独立、主动的人，所谓独立，是对客体而言的相对独立性和不依赖性；所谓主动，则是在独立的前提下可以按自己的意图对客体进行认识或行为。②

（一）主体意识的提升是公民文化建设的重要一环

主体意识就是指人的主人意识或自主活动的意识。它包括相互关联、相辅相成的两个部分：一是自主意识。它要求人们意识到：在同客观世界的关系中，作为主体的人应意识到自己居于主动和主导地位，也必须具有独立的自主人格。二是自由意识，即是指主体的最终目的和最高理想就是要克服主客体之间的对立，实现主体的自由。正因为如此，主体意识是人之为人的本质属性的体现，表征着主体对自己生命活动的自觉认识和自由支配的能力，是实践主体活力的源泉，是实现人与自然、社会和谐，推动社会向前发展的重要保证。③

个人主体地位、主体意识和主体性的确立，是人类从传统社会向现代社会转型的重要标志，而作为主体的人的主体意识的充分发挥，

---

① ［美］马克·霍尔斯特德、马克·派克：《公民身份与道德教育——行动中的价值观》，杨威译，社会科学文献出版社 2017 年版，第 41 页。

② 孙晓飞：《主体、主体性概念析辨》，《社会科学论坛》2019 年第 1 期。

③ 卞桂平：《新生代农民工的精神世界：主体意识及其培养》，《理论导刊》2011 年第 6 期。

人的积极性、主动性和创造性的充分发挥是社会现代化实现的动力之源。正因为主体性与现代性有同构的特点，不少专家把主体意识的提升视作公民文化建设的重要一环。有的将主体意识与公民意识相提并论，提出公民意识就是一种主体意识的外在表现，并具体展示为人格独立、人格进取、人格实现的精神表现。① 有的则认为主体意识是价值观念的核心与灵魂，它决定着主体的价值观念的总体面貌和构成，同时决定着这个主体的规范意识和实践意识，也决定着这个主体的公民素质。英国学者艾辛（Engin Isin）明确指出："之所以从政治主体性的角度来理解公民身份，正是因为认定了主体性与创新性、创造性和自主性之间的关联。"② 这实际上要求在公民文化建设中，围绕反思性主体、能动的主体、平等的主体、目的主体、责任主体的目标要求，提升人们的主体意识。

（二）高扬农民工的主体意识

农民工主体意识的基点是人格意识，他们能从内心深深地认识到，自己与其他社会阶层一样是具有平等社会地位的社会主体。农民工要发挥自觉性、主动性、能动性和创造性，首先就要意识到自己是具有自尊、自强、自爱的独立人格的社会主体，是"社会的主人"。人的发展的主体性因素是人的发展的内在因素，农民的主体意识是农民自我发展的内驱力。农民工只有通过自觉的主体性的深思，认识到自己是和其他社会主体一样应该具有平等的社会地位，才能在社会生活实践中充分发挥自己的主观能动性。③

但农民工的主体意识距社会现代化要求有不小差距，可以用基本缺失甚至缺位来加以界定。由于特殊的生存境遇，农民工主体意识的生成受到制约，势必成为抑制他们健全人格生长及社会和谐发展的因

---

① 张启伦：《主体意识和公民意识》，《求实》2008 年第 2 期。

② ［英］恩靳·艾辛：《创建公民身份》，《公民身份研究》第 4 卷，格致出版社 2019 年版。

③ 丁德昌：《农民发展权法治保障研究》，中国政法大学出版社 2015 年版，第 263—264、267 页。

素。而目前农民工所存在的主体意识困惑的实然样态表现在：一是物化意识凸显；二是自卑心理较强；三是务实精神不足。[①] 一般认为，农民主体意识存在四个"基本缺失"，包括：人格意识薄弱，自主意识不强；民主意识欠缺，法治精神淡薄；公共意识缺失，参与意识不强；发展意识欠缺，创新意识不足。农民主体缺位也是多个方位的，包括：经济主体性缺位，反映在个体发展能力、生产经营主导权等方面；社会主体性缺位，村民自治的空间非常有限；文化主体性缺位，缺乏应有的"文化自觉"[②]。并且，受污名化的影响，进城农民工逐渐生成一种自我隔离的倾向和生存策略，他们在将城市人对象化、本质化之后，开始在隔离中建立另一种主体性，即在物理空间上独处一体，在心理上则是高度隔离。[③] 农民工主体意识不足的影响因素，涉及诸多方面，包括成长环境、教育状况、文化心理、现行体制等，即并非一种或者几种因素使然，而是多重因素作用的结果。唯乎此，提升农民工主体意识，其演变过程还很漫长，尤其是消除体制性屏障的困扰远非一日之功。

当务之急是要让农民工这个主体回归常态，亦即"作为一个平等的主体，作为平等的城市社会一员，参与到所有涉及自身利益的经济社会事务的决策过程之中"[④]。培育主体意识，关键在于个人的自觉与自醒，尤其是能理解自我与社会的现实关系，形成合理的世界观与主体观，并渗透到日常生活和实践行为之中。[⑤] 对农民工来说，既需要结构性制度的松动，更需要行动主体的主观行动的共同努力。从城市社区角度来说，要将社区的横向组织整合网络的发育、"助人自

---

① 卞桂平等：《新生代农民工主体意识问题研究》，《理论探索》2010 年第 3 期。

② 毛安然：《赋权与认同：乡村振兴背景下乡村价值激活农民主体性的路径》，《华东理工大学学报》（社会科学版）2019 年第 2 期。

③ 李向振、李佳浩：《"污名化"与"农民工"主体性的双重建构》，《山西农业大学学报》（社会科学版）2018 年第 6 期。

④ 王道勇：《集体失语的背后——农民工主体缺位与社会合作应对》，中国人民大学出版社 2015 年版，第 191 页。

⑤ 张丽清：《主体意识、价值观念与公民素质》，《学术交流》2011 年第 6 期。

助"的赋权治理理念的引导、治理技术工具的有效选择、协同互动平台的搭建等有机地结合起来。① 从农民工（农民）角度来说，无论是推进农民工市民化，还是实施乡村振兴战略，都应积极且耐心地引导，要充分尊重和保障他们自主选择的权利。

三　不断增进公共精神

公共精神源于公共生活，是对公共生活本质和规律的理性认知。国外学者比较早地对这一问题展开了探讨，并以不同角度对公共精神做了概念界定。美国社会学家帕特南在《使民主运转起来》一书中从公民参与、政治平等、团结、信任和宽容、社团对公民共同体的规范和价值体现展开了讨论，并对公共精神做了一个简短的界定："公共精神既包括平等也包括参与。"② 英国学者保罗·霍普（Paul Hopper）指出：公共精神是一种对待他人的基本观点或态度。公共精神表现为一个人可以不计自己的得失，为了他人的利益能够随时准备参与更多的地方共同体活动。公共精神，既包括思想，也包括行为。③

（一）公共精神的功能

公共精神作为公民文化建设的一个重要组成部分，它在民主政治建设和经济社会发展中有着不可忽视的作用。

首先，社会治理现代化离不开公共精神的培育。无论对公共精神做何具体界定，公共性与公共精神都有着内在的一致性。阿伦特曾指出，公共精神"首先意味着，在公共领域中展现的任何东西都可为人所见、所闻，具有可能最广泛的公共性"④。哈贝马斯则认为："公共

---

① 尹浩、舒晓龙：《新时代城市社区治理中的居民主体性培育路径研究》，《求实》2018 年第 4 期。

② ［美］罗伯特·D. 帕特南：《使民主运转起来》，王列、赖海榕译，江西人民出版社 2001 年版，第 120 页。

③ ［英］保罗·霍普：《个人主义时代之共同体重建》，沈毅译，浙江大学出版社 2010 年版，前言第 7 页。

④ ［美］汉娜·阿伦特：《人的条件》，竺乾威译，上海人民出版社 1999 年版，第 38 页。

性始终都是我们政治制度的一个组织原则。"[1] 而社会治理的现代化，所要求实现的是由一元管理主体向多元治理主体的转变，实际上意味着公共领域的扩大，公共事务更多地向广大公民公开。社会治理实质上是国家与公民间良性互动合作治理，或者说是还政于民的过程。公共精神在社会治理中是不可或缺的。在社会治理实践的推进中，无论是社会制度的制定、民主化进程的展开，还是社会各个阶层利益博弈与协调，都需要每个公民具备公共精神。

其次，和谐社会建设离不开公共精神。一个由公民构建的和谐社会既是经济共同体，也是政治共同体，同时还是文化共同体。既然是共同体，必然有连接人与人的纽带，此纽带即公共精神。[2] 我们正遭遇到现代性扩张的深刻影响，个人主义的蔓延是现代性扩张的一个突出表现。而"公共性"是以个人为基础并以超越极端个人主义即利己主义为旨趣，它是规避极端个人主义的基本路径，个人价值只有在群体互动中才能得到彰显。[3] 重塑社会公共领域和社区公共空间，注重公共精神的倡导与志愿精神的培育，正是消解社会原子化所带来风险的重要举措。保罗·霍普就此强调："一种公共精神文化，由于它可以用来防范任何群体被边缘化与促进人际之间的包容性和互助性，从而有利于恢复或提升公民身份的普遍准则"，"创建这样的一种公共精神文化对于增进人们之间的相互沟通和社会参与是十分必要的，它有助于促进民众的共同价值观和目标"。[4]

（二）我国公民的公共精神状况

对我国公民的公共精神的状况，学界已有一些调查，尽管看法不

---

① ［德］尤尔根·哈贝马斯：《公共领域的结构转型》，曹卫东译，学林出版社 1999 年版，第 4 页。

② 戚万学：《论公共精神的培育》，《教育研究》2017 年第 11 期。

③ 李友梅、肖瑛、黄晓春：《当代中国社会建设的公共性困境及其超越》，《中国社会科学》2012 年第 4 期。

④ ［英］保罗·霍普：《个人主义时代之共同体重建》，沈毅译，浙江大学出版社 2010 年版，第 121—122 页。

一，但从中仍可管窥一二。一则对佛山城区市民公共精神的调查表明，目前市民公共参与意识强烈，但参与程度低，对参与政府行政管理更是缺乏热情，当问及是否参加本市创建全国文明城市时，有87%的受调查者均表示无所谓。[①] 对黑龙江省 H 市市民调查结果表明，在所划分的公共精神五个维度中，公共德性均值最高，为 4.46分（标准为 1—5 分）；公民参与行为次之，为 4.10 分；慈善行为得分偏低，为 3.95 分；法律意识、奉献精神得分更低，分别为 3.59 分和 3.28 分。[②] 总的来看，目前公民尚存在着公共精神不足的问题，如经济层面的公共利益薄弱，政治层面参与表现不佳、文化层面公共价值观淡薄、社会层面公共道德意识不浓，等等。

更为严重的还是面临着公共精神培育的困境。在个体层面存在的公民意识薄弱和公共参与不足，为公共精神的提升留下了一道深沟；在社会层面存在的社会组织不发达，社会自治程度不高，阻滞了国家与社会之间的良性互动；在政府层面存在着政府公共行政精神不足，宗旨意识淡化，直接削弱政府在社会治理中的公共性。[③] 公共精神不足的成因，既与传统社会道德范式的崩解、多种文化大汇聚所形成的冲击有关，也与公共参与的空间太过狭窄、公共生活短缺颇有关联。[④] 更为深层的因素则是：差序格局的当代嬗变与公共性的阙如；社会管理制度的高度技术化及其导致的"碎片化"对公共性的掣肘；国家、民众与知识分子在公共性诉求上存在的张力；等等。[⑤]

（三）切实增进公共精神

增进公民公共精神，既不能把希望寄托在人们的自发弘扬上，也

---

① 周紫玲：《市民公共精神现状调查与培育路径选择》，《中国多媒体与网络教学学报》（中旬刊）2018 年第 6 期。

② 孙俊阳、莫明帅：《东北地区公民公共精神研究——基于黑龙江省 H 市的调查》，《理论观察》2018 年第 2 期。

③ 潘胜楠、陈富国：《我国公共精神的现状、培育困境及对策建议》，《岭南学刊》2017 年第 5 期。

④ 陈岑：《论我国公民公共精神的缺失与反思》，《武夷学院学报》2016 年第 8 期。

⑤ 李友梅、肖瑛、黄晓春：《当代中国社会建设的公共性困境及其超越》，《中国社会科学》2012 年第 4 期。

不能指望人们参加几次志愿活动就可以让公共精神生根，更重要的是要通过共同体建设使更多的人能持续不断地参与到共同体建设中来。尤要加强的几个重点是：

一是注重社会组织建设。早在19世纪，托克维尔就发现了美国公共精神的培育与结社运动密不可分的感人事实。而在"国家—市场—社会"的公共性再生产框架中理解社会组织，更是不难发现，它是交互主体以公共利益为旨归而形成价值共识的一种自组织形态。①这就需要在社会治理体系过程中，大力培育各种合法性社会组织，规范管理各类社会组织，以政府采购的方式鼓励社会组织承担社会服务，从而为公共精神的培育创造出一个良好的社会载体。

二是拓展公共参与空间。公共精神具有理论与实践的双重表征，其生成离不开公民积极参与公共事务与公共生活。要通过参政议政、意见征询、公共义务、慈善募捐、志愿服务活动等方式，搭建一系列公共参与的平台，调动公民参与公共生活的积极性，学会过一种有尊严的公共生活。公共生活就是公共精神的平台。

三是加强"公共性"教育。加强公共性教育是使公民自觉形成、发扬和维护公共精神的有效途径，具体内容包括公民意识教育、社会公德意识教育、公共行政意识教育等。价值观、品质与知识、技能一样，都是培养而来的。在家庭、职业场所等社会化载体的权威有所减弱的背景下，学校应成为公共精神培养的主阵地。

四是突出乡村主阵地。新型城镇化背景下的公共精神的培育需要立足于农村和城市这两个主体，但更重要的是发挥农村的主体作用。培育村民公共精神关键在于加强利益联结，构建公平正义的利益分配和共享机制，从本质上内化村民的公共精神。②

---

① 陈富国、潘胜楠：《公共精神生成的中西比较：现代国家治理视界的观照》，《南昌大学学报》（人文社会科学版）2017年第3期。

② 王慧斌、董江爱：《乡村振兴战略背景下农民公共精神的培育路径研究》，《社会科学论坛》2020年第1期。

第三节　社会心理环境优化与尊严保障

社会心理是指在一段特定的时期内弥漫在社会及其群体中的整个社会心理状态，是整个社会的情绪基调、共识和价值取向的总和。由于社会意识主体不同，分为个体心理和群体心理。社会心理需求的满足与否，会引发个人的社会行为。优化社会心理环境，对于培育自尊理性积极的社会心态，形成良性的维护和保障尊严的社会氛围，是不可或缺的。

一　消极社会心理对农民工身份转换的影响

社会心理反映了个人或群体的情绪、态度、价值观和行为倾向，它对于主体行动具有重要的意义。良性的社会心理能够为农民工市民化提供心理资源和条件，反之，则对农民工身份转换造成障碍，不利于农民工市民化。

（一）城市居民对农民工的偏见和排斥心理

伴随着社会经济的快速发展和科学技术的日新月异，人们的价值观念、思维方式、行为习惯、生活方式等都在发生着变化。然而，部分城市居民却依然抱守着对农民（工）的固有印象与偏见，这可以从"泥腿子"、"乡下人"、"打工仔"、"打工女"等称呼中窥见一二。根据中国青年报社会调查中心对7688人进行的一项在线调查显示，79.5%的受访者坦言当下城市中农民工与城市居民间的区隔依然严重，其中，20.6%的人认为"非常严重"，58.9%的人觉得"比较严重"。城市居民对农民工群体的偏见具体表现为政治偏见、经济偏见、文化偏见和组织偏见等方面。城市居民对农民工群体的偏见，带来了城市社会对农民工的歧视和排斥。农民工难以获得参与城市社区政治选举、公共事务管理和决议的机会，不能平等享有城市公共服务和公共产品，农民工成为城市中的"陌生人"和"过客"。农民工自身合法权益难以得到保障，甚至在城市公共场合受到不公正礼遇和羞辱，如出现了因下班后没有来得及更换着装而被拒载、拒同坐、拒交流的现象。城市居民对农民工的消极心理，使得城市居民和农民工之间筑起一道墙，它将城市居民和农民工群体之间进行区隔和划分。虽然城市居民与农民工两大群体生活在同一空间，表面上发生着经济、工作和生活上的互动，但在心理意识上，城市居民完全将农民工排斥在自己群体之外，与农民工有着高度疏离感。[①]

（二）农民工心理压力和心理危机

城市居民对农民工的偏见和歧视及不公平的现实境遇，加大了农民工群体的心理压力和心理危机。由于远离家乡，原有的社会交往圈子和人际关系网络被空间阻断，需要在新的环境中组建人际关系网络。然而，由于偏见和歧视，城市居民将自身与农民工群体区隔开来，从住房空间布局、消费习惯、衣帽着装、言谈举止等方面有意拉大与农民工群体的差距，并选择不与或尽量减少与农民工群体的交往。这导致农民工在城市里难以重新建立人际关系网络、拓展城市本地的人脉网络，而使得部分农民工不得已转而寻求和组建"老乡"关系网络。农民工难以真正融入城市生活，缺乏心理归属感，容易产生孤独感、悲观和自卑心理，甚至产生轻生念头。有学者对福建、湖南与贵州三省新生代农民工的抽样问卷调查数据分析发现，滋生自杀意念是新生代农民工心理危机的重要表现。[②] 远离家乡熟悉的环境，进入快速涌动变化的陌生城市，农民工内心经历着冲击和挣扎，而城市居民的冷漠态度和歧视行为和老乡熟人关系网络的缺位，让他们成为城市无根的浮萍，当生活或工作的挫折来临，他们脆弱的心理容易受到严重损伤，而产生厌世心理，企图以此逃避现实的压力。况且，城市居民群体和农民工群体的生活境遇明显不同。收入分配的不平等、生活水平上的巨大反差和权利的不平等带给农民工强烈的被剥夺

---

① 胡琳丽：《社会偏见的社会心理学分析——关注农民工群体》，《社会心理科学》2007 年第 Z3 期。

② 罗竖元：《社会网络、身份认同与新生代农民工的心理危机》，《华南农业大学学报》（社会科学版）2018 年第 4 期。

感和不公平感。农民工身份与市民身份张力凸显，农民工群体，尤其是新生代农民工，迫切地希望能够获得市民身份，实现身份转换，从而拥有平等的机会和权利。而当农民工市民化机会被剥夺或途径遭遇阻碍时，容易引发对现实社会的严重不满，产生对立怨恨情绪，甚至爆发极端群体事件。

（三）农民工社会认同的"内卷化"趋势

由于传统观念、利益分配和群体区隔，面对城市居民的偏见与排斥，农民工不得已或是主动转求"农民工"这个特殊群体。因为身份的尴尬和境遇的相似，农民工之间能够获得认可，容易获取情感需求，最终产生农民工社会认同"内卷化"。所谓"内卷化"是指农民工认为自己不属于农村，不属于农民群体，但是他们又缺少被城市群体接纳的机会，而只能认同"农民工"这个特殊的群体。带来的结果是，他们既不能融入城市社会，也不愿意回归乡村，而成为漂泊在城市的"外乡人"。这种"漂泊感"会导致他们认为他们的身份只是一种游民。而一旦形成了"游民化"的社会认同，就意味着他们意识到自己被主流社会排斥在外，进而产生被边缘化的感觉和意识，反过来这会阻碍他们重新回归主流社会的步伐。[①] 而且，心灵的长久漂泊会使人出现心理疲惫、变态，呈现大量的短期行为、颓废行为、无政府行为，以及享乐主义、极端个人主义等种种非理性行为。[②] 社会认同"内卷化"是农民工面对城市居民群体排斥，自我保护和群体权益维护的应对和选择，在某种程度上，它是农民工无奈的选择。社会认同"内卷化"带来了农民工身份困惑和市民化身份转换困境。农民工对自我身份产生质疑和困惑："我是城市人还是乡下人？""我属于城市还是乡村？""我要回到哪里去？"市民化身份的转化也遭遇障碍，在不能享有在就业、医疗、住房、教育、社会保障、福利等方面的平等权利、获得他人的尊重和自身全面发展的机会的背景下，农

---

① 王春光：《新生代农村流动人口的社会认同与城乡融合的关系》，《社会学研究》2001 年第 3 期。

② 叶南客：《边际人——大过渡时代的转型人格》，上海人民出版社 1996 年版，第 25 页。

民工倾向于从内群寻找慰藉和帮助,这将带来农民工群体与城市居民群体间社会距离的进一步加大,甚至产生敌视、对立情绪,使农民工更加难以融入城市社会,最终将对农民工市民化身份转换产生不利。

二 城市居民消极社会心理的成因

社会心理是社会存在和社会意识的中介,它是个人或群体对社会存在(社会现实)的反映。城市居民和农民工消极社会心理受到传统思想观念、群体刻板印象及个人固化思维的影响,也有着收入分配不均、社会不公平、社会风险加剧等结构性因素影响。

(一)传统观念和自利思维影响着城市居民对农民工群体的认知

传统观念中,农民拥有勤劳、朴实、节俭、顺从等优点,但是又有着顽固、自私、守旧、落后的性格弱点。农民群体位于社会底层,受到统治阶级盘剥、遭遇生活的磨难,值得人们悲悯和同情,但是他们目光短浅,思想顽固和狭隘,在政治、文化、经济上都表现出明显缺陷和不足,难以成为社会变革和社会进步的主导力量。究其实质,农民的"污名化"缘于一种发展主义逻辑。通过对传统农业社会、政治基础、小农经济模式、乡村文化进行彻底的否定和批判,以拥抱新的政治、经济、文化观念和行为模式,推进社会现代化进程。在城市居民眼中,农民工"因袭"了传统农民的特质,尤其是思想观念落后、性格怯弱、守旧古板、不知变通等缺陷与不足。而从心理学角度阐释,这属于城市居民优势心理保持和替代性攻击行为。在权利、经济资源、社会地位及其他方面拥有资源优势的城市居民希望自己可以长期保持这种优势地位,然而农民工群体也希望通过各种手段为自己所代表的群体谋得更多的资源,以减少这种资源上的不平等。这两个群体势必会通过竞争有限的资源而引起群体冲突,这样就会导致偏见的产生。[1] 随着市场经济的转型,计划经济时代的"铁饭碗"不再

---

[1] 何欢、肖汉仕:《对农民工偏见形成的社会心理学原因分析》,《法制与社会》2008年第13期。

存在，城市居民下岗再就业危机加剧。大量农民工的涌入，给城市居民再就业增加了巨大压力，生活的挫折让他们对弱势外围群体成员进行替代性攻击，对农民工进行贬低和打击，以发泄被压抑的情绪，保持心理平衡。

（二）收入差距和社会不公平加剧农民工群体心理失衡

公平感是民众对社会公正现状的感知和判断，它将普通民众与社会分配体系联系起来，对社会稳定及和谐发展至关重要。① 公平感包括宏观和微观两个层次，宏观公平感描述人们对社会整体上的资源分配认为是否公平，微观公平感指人们对自己的分配所得认为是否公平，二者并非一致。② 微观公平感主要指涉自己收入的公平判断。农民工主要通过局部范围内的参照比较来得出自己的分配公平感受。当农民工将个人收入与城市居民收入进行对比时，容易产生收入不合理、不公平感受。农民工整体社会公平感为在城市生活体验中，感知与城市居民的社会距离，当社会距离越大，社会不公平感越重。总之，农民工微观公平感主要是经济性权衡的产物，但并非"既得利益原则"的简单映射，而取决于主观收益，特别是与"参照对象"的比较优势。因而这可能产生农民工客观境遇得到改善，而其收入公平感并未发生乐观变化。宏观公平感则除了经济性权衡，还与该群体的日常生活感受和评价息息相关。③ 公平感是决定民众社会心理和行动取向的关键因素。不公平感使得农民工对日益显现和加剧的社会不平等、不公正现象感到不安和不满，他们有可能退回到乡村，寻求心理平衡和安宁，也有可能试图以自杀、罢工及群体性事件等极端行为，表达自己对城市社会不公正待遇的不满和愤怒。

---

① 栗治强、王毅杰：《转型期中国民众公平感的影响因素分析》，《学术论坛》2014年第8期。

② Brickman P., Folger R., Goode E., et al., Microjustice and Macrojustice ［M］. *The Justice Motive in Social Behavior*, New York：Plenum Press, 1981, pp. 173–202.

③ 范艳萍、王毅杰：《农民工的公平感及社会心理后果》，《西北农林科技大学学报》（社会科学版）2017年第5期。

（三）城市社会结构性风险加剧了城市居民和农民工群体心理危机

现代社会的复杂性和风险性日益增加，随着改革开放不断深入及单位制的解体，我国社会个体化趋势不断加强。未来的不可预测、群体支持的削弱及个人力量的微弱，都让城市社会中的个体处于焦虑和恐惧之中。随着计划经济向市场经济的转型，由组织分配工作、单位提供社会保障及福利待遇的"黄金时代"不复存在。在此背景下，城市居民对农民工的怨气和愤懑，实质上是城市居民以此宣泄和疏解因城市社会经济结构转型带来的心理压力和负面情绪。他们担忧农民工的涌入让他们丧失了城市生活的资源优势，而成为城市社会弱者。农民进城是我国社会经济发展和社会结构转型的必然选择，它推动了我国社会经济的改革和快速发展。相较于乡村社会，农民工群体在城市社会中承受着更大强度的压力。他们在城市就业过程中正承受着与农村性质不同但强度与烈度更高的压力，面临着"传统"与"现代"的价值观念的冲突、制度与市场的双重歧视导致的现实与理想的冲突、参照群体的转换滋生强烈的"发展型相对剥夺感"，以及"工厂专制政体"造成的劳动异化程度加剧等方面。[①] 这些都加剧了农民工的心理危机。

三 建设有利于农民工市民化的社会心理环境

良性社会心理的形成，将有助于推动农民工市民化进程。这就需要建构社会心理服务体系，推动农民工的城市心理融入，培养自尊自信、理性平和、积极向上的社会心态，从而为农民工市民化提供心理资源和条件。

（一）构建社会心理服务体系

党的十八届五中全会明确提出要"健全社会心理服务体系和疏导

---

① 罗竖元：《社会网络、身份认同与新生代农民工的心理危机》，《华南农业大学学报》（社会科学版）2018年第4期。

机制、危机干预机制"。党的十九大报告进一步强调要"加强社会心理服务体系建设，培育自尊自信、理性平和、积极向上的社会心态"。2018 年中央十部委联合印发了《全国社会心理服务体系建设试点工作方案》，明确提出"逐步建立健全社会心理服务体系，将心理健康服务融入社会治理体系、精神文明建设"的工作目标。社会心理服务体系建设也是"不断满足人民日益增长的美好生活需要"，业已成为国民追求更高生活质量的迫切需求。从心理疏导到社会心理服务，是我国社会治理体系的一个重大创新。任何一种形式的国家治理模式都离不开特定的社会心理基石，有研究者将其称为"元身份"的逻辑，亦即社会心理作为一种以个体自我认知为起点的意义系统，承载着国家、社会及个体之间的意义关联和持续互动。[1] 社会心理服务最为引人注目之处，就在于直接指向社会治理中人的心理和情感维度，对人的精神世界加以特别关照。社会心理服务具有多个层次：从个体层面上，包括正确的社会态度服务和健康的社会情绪服务；从人际层面上，包括客观的社会认知服务和健全的社会影响服务；从群体层面上，包括积极的社会行为服务和公平的社会公共服务。[2]

　　社会心理服务体系必须秉持社会治理的多方参与精神。首先，需要明确谁是服务提供者。政府作为公共服务提供者，理应为社会心理服务供给主体，为其建设提供资金支持。与之同时，政府需加强与相关部门的合作，建立以政府为主导，卫健、综治、民政、公安、人社和残联等多部门共同参与的社会心理服务疏导工作格局。其次，需要明确社会心理服务的对象和服务内容。在服务对象上，可划分为"三级心理服务"系统：一级心理服务对象是已经产生消极社会行为的社会成员，主要是通过指导和救助"由心"来解决出现的行为问题；二级心理服务对象是不同的社会群体，注重在不同的社会群体中引导

---

　　[1]　袁年兴：《构建国家治理的社会心理基石：元身份的逻辑》，《社会科学战线》2018 年第 1 期。

　　[2]　俞国良：《社会转型：社会心理服务与社会心理建设》，《心理与行为研究》2017 年第 4 期。

和培养良好的社会心态;三级心理服务对象是面向全体社会成员的社会心理服务,突出宣传和普及,提供针对性、多元化的心理服务内容。[①] 在服务内容上,目标要指向社会心理问题的解决,建立起具备社会心理的监测、引导、化解和危机应急在内的四种常备子系统,即利用心理测验和现代信息技术对个体与群体内在心理活动进行测量与评价;利用社会心理专业技术对个体与群体心理倾向进行符合社会积极价值观念方向的教育与引导;通过心理健康服务对个体异常心理与群体偏差心理进行调适与矫正;通过专门的社会心理应急组织对突发性个体心理危机与群体心理危机进行及时的心理干预。[②] 社会心理服务建设有助于减少心理矛盾的发生、对易发问题进行及时有效干预、营造友好互助的人际关系和积极向上的社会心态。

(二)重视农民工的城市心理融入

学术界普遍认为农民工对城市社会的心理适应是城市适应的最高等级,是真正融入城市的标志。崔岩认为,心理融入是对个人社会身份的归属感和认同感,真正意义的社会融入必然是建立在外来人口对迁入地高度的心理认同之上的。[③] 但实际情况是,农民工对融入城市社会有着很高的主动性,但未能完全在城市中寻找到归属感,在心灵上是"漂泊的一代"。无论是城市居民还是农民工都应该从意识上、从内心深处真正地做到彼此接纳与认同,农民工身份的认同才能得以真正的完成。[④] 心理融合是指农民工群体在心理和情感上对自己的社会成员的身份和归属的认同上发生变化的现象。心理适应是农民工真正融入城市的标志,不仅有着强烈的城市归属感和幸福感,而且在心

---

① 葛明贵、高函青:《中国特色社会心理服务体系建设的路径分析》,《心理科学》2020 年第 1 期。

② 卢俊、陈宇舟:《社会心理服务体系建设:理论意义与实践路径》,《红旗文稿》2019 年第 24 期。

③ 崔岩:《流动人口心理层面的社会融入和身份认同问题研究》,《社会学研究》2012 年第 5 期。

④ 秦海霞:《从社会认同到自我认同——农民工主体意识变化研究》,《党政干部学刊》2009 年第 11 期。

理上认同自己是城市生活的一分子，在情感上找到寄托和归宿。要达到心理上的融合，这意味着农民工要逐渐地在生活上自觉地或不自觉地融入迁入地社会的主流文化和价值观。"若移民群体在心理和感情上对迁入地社会还没有认同感和归属感的话，即使他们在文化融合和社会经济融合方面的融合水平再好，也不能说明他们已经完全地与迁入地社会实现融合。"①

心理融入是一个多维的概念，推动农民工的城市心理融入有一个如何把握好心理融入的标准与测量的问题。美国学者西蒙从心理融入良好的角度，提出了心理融入的七条标准，即统一性、自我成熟、接受现实、具备表达情感和控制情绪的能力、具有相互信任的社会关系和人际关系、对自我负责和有自我控制能力、身体健康。② 池子华等人根据我国流动人口的实际情况，以流动人口对城市文化的接受、认同、适应程度作为心理融入标准的制定依据，提出心理融入的 4 条标准：能围绕工作关系建立新的人际关系网络；能在一定时间解决所遇到的问题和困扰；对城市和城市人有正确的认知和评价；适度的自我评价，没有强烈的自卑感和被排斥感。③ 推动农民工的城市心理融入，必须一方面提升积极心理成本来增强城市获得感，另一方面则通过削弱消极心理成本来减少城市剥夺感。④ 农民工作为社会弱势群体，长期处于自卑、压抑的心理状态，相对剥夺感强烈，特别需要将其纳为社会心理服务关注的重点群体。⑤ 为此，应着重从三个方面努力：一是切实加强宣传工作。应大力宣传党和国家关于农民工工作的方针政

①　悦中山、李树茁、〔美〕弗尔德曼：《农民工社会融合的概念建构与实证分析》，《当代经济科学》2012 年第 1 期。

②　参见胡维芳《流动人口的心理融入研究现状及其对社区教育的启示》，《青海社会科学》2018 年第 4 期。

③　池子华、田晓明、关铁钧：《苏州市劳动密集型企业民工的心理融入调查》，《心理科学》2008 年第 1 期。

④　曾维希、李媛、许传新：《城市新移民的心理资本对城市融入的影响研究》，《西南大学学报》（社会科学版）2018 年第 4 期。

⑤　伍麟、刘天元：《社会心理服务体系建设的现实困境与推进路径》，《中州学刊》2019 年第 7 期。

策及农民工所做的重大贡献,倡导农民工和市民一家亲,营造全社会关心、尊重和爱护农民工的良好社会氛围。二是加强教育培训。在准确把握农民工的思想动态与心理现状的基础上,加大对他们的心理关怀和心理疏导。特别是要充分发挥社区教育的重要作用,增强社区社会工作者帮扶、引导作用,完善社区教育机制。① 三是促进农民工与市民的社会交往。要在引导农民工的社区参与中增进农民工与市民的了解与认同,在培养共同体意识与城市认同感的过程中加快城市心理融入。②

(三) 培育良好的社会心态

社会心态是人们在特定环境中形成的心理状态,反映了人们对所处社会环境的认知和态度。学界普遍认为社会心态结构主要由社会认知、社会情绪、社会价值观和社会行为倾向四个核心要素构成,其中社会认知是社会心态的逻辑起点,社会情绪是社会心态的动力基础,社会价值观是社会心态的内在灵魂,社会行为倾向是社会心态的转化中介。③ 社会心态作为透视和观察社会状况的"晴雨表"和"风向标",成为了近年来我国党和政府高度重视的一个重大问题。目标就是要培育以"自尊自信"主体独立精神为基础,以"理性平和"的理性精神为保证,以"积极向上"的进取精神为路径趋势的现代文明心态。④

社会心态的一个突出特征,就是不仅各结构要素是相互影响和相互调节的,而且个体的社会心态通过与他人、社会的互动汇集为整个社会的心态。⑤ 我国民众的社会心态虽然呈整体向好趋势,主流是积

---

① 胡维芳:《流动人口的心理融入研究现状及其对社区教育的启示》,《青海社会科学》2018 年第 4 期。

② 田北海、耿宇瀚:《农民工与市民的社会交往及其对农民工心理融入的影响研究》,《学习与实践》2013 年第 7 期。

③ 许佳佳:《论社会心态的几个理论问题:概念、结构与维度》,《潍坊工业学院学报》2019 年第 1 期。

④ 夏从亚、王月琴:《新时代社会心态的应然范畴及其中国传统文化内蕴》,《广西社会科学》2018 年第 4 期。

⑤ 石向实等:《新生代农民工社会心态调研报告》,浙江大学出版社 2015 年版,第 11 页。

极向上的，但仍存在着许多值得关注的问题。有研究者将其归纳为民众的异质思维趋于分化和多元、社会心理预期明显增强、群际关系呈现交互与冲突等精神特质，反映出社会情绪化被动、民众利益需求获得感不强、社会共享价值缺乏等一系列问题心态。① 对于农民工群体而言，极易在"差异化"生存格局中滋生出"个体心态的反市民化"和"生活方式的流民化"的双向社会心态。②

　　培育良好的社会心态，不是某一领域、某一部门的工作，而是一个全民参与的艰巨工程。从总体上说，要把维护国家制度的公平正义、保护和谐社会的繁荣稳定、发挥优秀文化的引领作用、建构理性平和的现代心灵秩序有机地结合起来。从当前重点来说，应突出两个方面：一是社会舆论引导。社会舆论产生于社会心理，又对社会心理具有引领作用，两者互为因果关系。只有通过理性的社会舆论引导，才能促进社会心理的有序变迁。③ 要把增强社会主义核心价值观的主导地位作用作为舆论引导的重要内容，并充分发挥新闻媒体以及新兴媒体的正确引导作用，严格监管为"赚眼球"而片面乃至错误刻画农民工形象的新闻报道。二是社会心理疏导。政府要拓宽社情民意表达渠道，建立多路径的民众利益表达机制，尤其对于文化程度较低、表达能力欠佳的农民工给予更多的机会表达心理诉求；以专业方式和技巧积极疏导民众的不良社会心理，培养其以积极心理和心态去应对新情境、新问题。

第四节　社会工作拓展与尊严保障

　　社会工作关注和关爱弱势群体，以为社会有需要的人提供社会支持和社会保护作为专业的崇高使命，它基于公平、公正、平等和参与

---

① 袁建勤、田鸽：《社会转型期民众社会心态问题分析及对策》，《江西科技师范大学学报》2018 年第 2 期。

② 刘博：《新生代农民工"差异化生存"与双向社会心态》，《当代经济科学》2015 年第 9 期。

③ 俞国良、王浩：《社会转型：社会心理变迁影响社会舆论引导》，《西北师范大学学报》（社会科学版）2017 年第 4 期。

价值观与服务理念，为农民工群体提供最基本的社会服务，保障他们在城市有尊严地生活。不同于传统"慈善"和"帮扶"活动，社会工作坚持"助人自助"的专业理念，通过为农民工提供专业服务，重建他们生活的信心，提升其发展能力。在专业工作方法上，社会工作打破传统的单一、生硬、僵化、静态式服务，实现服务的专业化、系统化、动态化和人性化，同时根据服务对象特质，进行服务"本土化"创新，提升服务的匹配度和满意度。

一 社会工作介入农民工的领域与功能

实践已经证明，社会工作在社会救助与贫困帮扶、劳动就业与社会保障、心理健康教育、子女教育、社会融入、政策咨询等方面为农民工提供有效的社会服务。

（一）社会工作介入农民工服务领域

1. 社会救助与贫困帮扶。保障农民工在城市的生存权利是社会工作最基本、最首要的职责和义务。当农民工在城市生活中遇到严重困难时，社会工作者可发挥"第一社会支持"功能，为处于严重困境的农民工提供应急性的救助和服务。社会工作能密切关注处于生活困境的农民工家庭，为陷入困境的农民工疏通救助渠道，帮助他们找到合适的解决问题的途径，特别是从政府、企业、社区层面入手，建立全方位社会救助网络系统，降低他们在城市的生存和生活风险。

2. 劳动就业与权益保障。就业是农民工驻足城市的"根"，获得更高收入和工作机会是农民工立足并融入城市的基本前提。社会工作机构和社会工作者可积极介入，帮助农民工解决就业困境，提升其就业权益保障，包括积极为农民工提供就业信息，帮助其获得就业渠道；为农民工提供职业技能培训，提升其就业能力；积极与企业沟通，提升农民工工资待遇和工作环境；帮助农民工提高安全生产意识和知识，保护其生命安全。

3. 心理健康干预。社会工作者能为农民工提供心理健康干预和支持，包括危机干预、个案辅导、以小组活动的方式帮助农民工疏解心理压力、获取同伴支持、重建生活信心，让他们以积极、乐观的心态面对新生活、新环境。特别是当农民工遭受权益侵害事件后，可对受害者进行个案辅导，释放其情绪压力、弥补心理创伤，同时让受害者感受到情感关怀和社会支持，重建其对他人、对社会的信任。

4. 子女教育。面对农民工子女教育问题，社会工作者可与当地政府、教育主管部门、学校进行积极协调，促使农民工子女能够在当地获得平等入学的权利。同时，为了提升农民工子女的学习动机和学习成绩，社会工作者可一方面就学生情况与学校领导、任教老师进行沟通，让他们能够获得学校和老师的关注，为农民工子女提供良好的学习支持系统；另一方面社会工作者通过个案和小组方法，激发农民工子女的学习动机，提升其学习主动性。

5. 社会融入。为了让农民工群体能够融入生活社区，社会工作者一方面可促进农民工与当地居民的社会交往，通过小组工作、社区宣传、社区活动的方式增加农民工和城市居民相互接触、深入了解的机会，化解彼此的误解和刻板印象；另一方面可帮助农民工确立"社区居民意识"，形成适合现代城市社会生活的行为，促进他们参与社区的选举和公共事务。

6. 法律维权和政策咨询。农民工维权服务是社会工作重要的服务内容。一方面，社会工作通过法律意识和法律知识普及的教育培训，帮助农民工增强权利和义务的意识，让他们学会以法律正当途径维护自我权益；另一方面，在农民工遇到侵权时，社会工作者积极介入协助其维护自身权益。在为农民工提供维权服务的同时，社会工作者还为他们提供政策咨询服务。

（二）社会工作服务农民工的角色定位

1. 服务提供者。基于注重公平、平等和参与的价值观，社会工作者既可为农民工提供最基本的社会服务，又可自下而上地开拓新的服务空间以满足农民工深层次、多元化需求。社会工作者主要通过个案工作、小组工作和社区工作方法，包括以个案辅导方法对农民工进行危机干预、心理疏导和情感支持，以及调节其家庭矛盾、维护其权益；以小组的方法促进农民工建立同伴支持小组，增强同伴网络支持系统，为农民工城市生活提供物质和精神支持；以社区工作方法开展社区关怀活动、社区融合性服务活动、社区照顾及教育倡导等，为农民工社会融入提供良好的社会环境。

2. 资源链接者。社会工作者在推动社区服务的同时，还注重动员和整合社会资源，为农民工建构资源支持系统。社会工作者应努力打破以户籍为基准的公共服务资源配置困局，建立以社区实际服务需要为导向的公共服务资源配置体系。包括：通过农民工权益倡导，积极与政府进行沟通，促进农民工能够平等地享受社区公共服务；动员企事业单位、社会组织、社区居民、社会公众，促进其社会资源向农民工群体倾斜；同时，在帮助农民工链接资源的同时，注重开发农民工自身的能动性，提升其获取社会资源的能力。

3. 增能者。社会工作者的最终目标是实现农民工能力的提升，即所谓"授人以鱼不如授人以渔"。社会工作的"增能者"角色定位，要求在服务过程中，强调农民工自主性和能力可塑性，注重赋权理念的应用，提升他们全面发展和自我服务的能力，帮助农民工开发其潜力和资源，鼓励他们能够自我解决问题。社会工作者可通过职业教育培训，提升农民工的文化技术素质和就业能力，让他们在劳动力市场中获得竞争优势和就业机会；对农民工沟通表达和社会交往技能进行训练，提升农民工与他人进行交往的信心和能力，促进农民工的社会融合；还通过"新市民培训"、"成长小组"等小组活动，通过鼓励农民工结合自身打工经验，开展实用知识、自我成长经验的分享等，提升农民工自我服务意识。

二 社会工作由服务提供到政策倡导的拓展

增能是实现农民工从"无权"到"增权"的转变，涉及个人、人际和政治三个层面。正如罗伯特·亚当斯（Robert Adams）所言，赋权实践必须与民众所生活的社会维度、政治维度以及个体维度相结合，以便让赋权实践与包容、参与以及社会正义相结合。① 社会工作者对农民工的赋权不仅需要从个体和人际层面进行介入，更为重要的是触及农民工制度和政策这一"根本"，为农民工增权提供良好的制度环境和政策保障。

（一）社会工作需要发挥政策倡导的功能

社会工作实践的"个人"和"社会"取向起源于瑞奇蒙（Richmond）和亚当斯两位社会工作开山巨擘。瑞奇蒙注重借鉴精神病学和心理学的知识来推动社会工作的专业化，亚当斯则更加关注社区和社会层面的变革，从而分别形塑了社会工作的"个人改变"与"社会变革"传统。② 美国社会工作者协会伦理守则明确提出，社会正义是社会工作的核心价值之一，规定社会工作者要遵守挑战社会不公平的伦理原则，尤其是要同弱势与受压迫个人及群体一道并代表他们追求社会变革。③可见社会工作的高级目标在于促进社会变革，为身处社会系统的各群体提供公平公正的社会环境，以促进其成长。社会政策的干预便是社会工作立足于服务对象"社会性"的一面，从宏观角度转变服务对象的社会系统，为服务对象创造更加公平公正的社会环境，促进其权能的增加和自身发展。具体而言，社会工作服务是在既定的政策框架下展开，社会工作是社会政策实施过程中的重要构成，并通过服务过程充当社会政策的"验证者"，从而反过来推动社会政策的改进。④

社会政策倡导是社会工作干预社会政策的直接方式和主要手段，它是社会工作的职能之一，对于推动社会政策的制定与完善，促进社会公平公正具有重大的现实意义。⑤ 政策倡导（实践）不同于把焦点放在改

---

① ［英］罗伯特·亚当斯：《赋权、参与和社会工作》，汪冬冬译，华东理工大学出版社 2013 年版，第 201 页。

② 赵万林：《社会工作干预社会政策的路径与方法——政策实践、社会重建与影像发声》，《社会政策研究》2017 年第 3 期。

③ "Code of Ethics of the National Association of Social Workers", http：//www. Social workers. org/pubs/code/code. asp.

④ 王思斌：《社会政策实施与社会工作的发展》，《江苏社会科学》2006 年第 2 期。

⑤ 白洁：《社会工作者政策倡导面临的困难与对策研究》，《产业与科技论坛》2019 年第 12 期。

变个人的个案工作、小组工作等微观或直接的社会工作实践，它着眼于改变社会政策。盖尔和韦斯（Gal and Weiss）将政策倡导界定为一种旨在影响社会政策的社会工作介入。[①] 罗恰（Rocha）认为政策倡导是以社区、地方、州和联邦政府、机构和法院等为目标，在多个系统层次上改变方案和政策的一种改变取向。[②] 政策倡导主要是指个人或组织通过一定的行动策略，向社会公众或政府部门营销特定理念，以影响公共政策的制定、执行或促成社会体系的变迁。[③] 社会工作者在政策倡导中扮演着政策专家、外部工作环境的改变代理者、内部工作环境的改变代理者（政策改变焦点是其受雇机构内部）、政策管道等角色。[④] 社会工作者在不同的场合和层次，扮演不同的角色，通过不同的活动影响社会政策。这些政策实践活动可以从两个角度加以考察。从纵向的、动态的角度，詹森（Jansson）提出社会工作者在政策实践中可从事六项活动：一是设定议程；二是界定问题；三是提出建议；四是促进政策立项；五是执行政策；六是评估政策。[⑤] 循着横向的、静态的角度，学界提出了四项政策实践活动：政策分析；政策改变倡导；建立联盟；发起运动。如同其他社会工作实践方法一样，政策实践也需要应用技巧。

近年来国家和政府围绕农民工出台了保障农民工工资、建立农民工社会养老保险、完善农民工医疗保障、改善农民工居住条件等一系列制度政策文件，而这其中最重要的是，围绕户籍制度改革制定的相关政策文件。特别是 2014 年国务院发布《关于进一步推进户籍制度改革的意见》之后，我国户籍制度改革取得重要进展，取消了"农业户口"和

① Gal J., Weiss I., "Policy-practice in Social Work and Social Work Education in Israel", *Social Work Education*, Vol. 19, No. 5, 2000, pp. 485–499.

② Rocha, *Cynthia J. Essentials of Social Work Policy Practice*, New Jersey: John Wiley&Sons, Inc., 2007, p. 1.

③ Edwards A. B., "Advocacy Organizations in the U. S. Political Process", *Annual Review of Sociology*, Vol. 30, 2004, pp. 479–506.

④ Wyers N. L., Policy-Practice in Social Work: Models and Issues, *Journal of Social Work Education*, Vol. 27, No. 3, 1991, pp. 241–250.

⑤ Jansson, Bruce S., *Social Welfare Policy: From Theory to Practice*, California: Wadsworth, Publishing Company, 1990.

"非农业户口"，实现了城乡统一登记的居民户口制度。但是附着在户籍制度上的公共服务和福利制度仍然存在，原城乡人口在最低生活保障、住房保障、社会保险、征兵、退伍兵安置、优抚对象的抚恤优待甚至交通事故赔偿上的待遇差别问题，尚未得到根本解决。农民工落户的前置条件还很多，农民工难以真正在城市（尤其是特大城市、大城市）落户。[①]因而，农民工社会工作不能停留在微观服务领域，还必须介入社会政策等宏观层面：一是社会工作人才需要充分发挥教育者、协调者的作用，将社会政策有效传递到基层社区与农民工中，并在服务中推动政策的切实执行；二是社会工作人才在具体服务中要注重农民工的参与性，鼓励其理性表达需求，积极参与社会公共事务；三是以社会工作专业视角开展相关社会政策法规的调研工作，了解农民工群体的利益诉求和意见建议，并真实地将之反映到相关部门；四是在公共政策决策中，作为农民工利益代表者，努力为之发声，不断促使城市化进程中相关法律法规、制度政策的改革完善，为农民工市民化与发展营造良好的社会环境。

（二）社会工作政策倡导的难题

1. 社会工作政策倡导意识不足。我国传统社会存在安老扶孤、济贫救困的优良传统，对鳏寡孤独、老弱病残妇幼，或对遭受天灾人祸的贫困群体进行济贫、赈灾、抚恤等社会服务，而从事这些慈善活动的组织形式大致为善会善堂、族田义庄、会馆公所等。[②]但缺乏对社会困难弱势群体进行政策倡导，即某一利益阶层、社会团体通过表达弱势群体利益诉求，以直接或间接方式影响国家政策的制定，从而从根本上改变其生存环境。这在一定程度上影响了中国社会工作专业教育，高校社会工作教育在教材和教学内容等方面一直沿用个案工作、小组工作和社区工作的思路，对社会工作直接服务方法强调较

---

　　① 侯云春、韩俊、蒋省三、何宇、金三林：《"十二五"时期推进农民工市民化的政策要点》，《发展研究》2011年第6期。

　　② 葛亮：《社会服务抑或政策倡导——中美语境下的"慈善"内涵比较》，《长春市委党校学报》2015年第4期。

多，而对间接服务方法却不太重视。高校在培养专业人才的过程中，更重视实务的理论和方法，对于政策倡导方面的教育重视度不高，导致社会工作者缺乏政策倡导的意识和相关知识，同时在专业实践环节中，机构也缺乏对学生政策倡导能力的培养意识，这造成了社会工作者将自身定位为提供社会服务者。

2. 农民工参与主动性和积极性不够。社会工作政策倡导不仅包括以社会工作者为主体进行立法倡导、诉讼改革、政策分析活动，更为重要的需要让服务对象参与该过程，如此，政策倡导才能取得显著成效。但公共政策的制定为自上而下的模式，从制定到实施为一个封闭的环，外界社会力量难以对其产生影响。由此也影响到农民工公民意识的培育，在公共政策制定过程中，绝大多数农民工参与的热情和积极性不高，他们认为公共政策的制定是政府和社会精英阶层的工作，而自己缺乏权利、资源及机会，不具备干预公共政策的能力，因而，他们选择被动等待政策的覆盖。近年来，随着新生代农民工的成长，他们的权利意识和参与意愿不断加强，这一格局有所改变，但尚未真正影响到政策制定的基本程序。

3. 社会工作机构的公信力与倡导能力不足。近年来，社会工作者以专业的服务不断获得政府的认可，政府将社会工作作为"拾遗补缺"的帮手，多采取项目制方式将社区公共服务承包给社会工作机构，这为社会工作机构的快速成长提供了资源，但也带来了社会工作机构对政府的依赖。政府购买服务是其生存的重要基础，社会工作机构的这种处境就导致其在政策倡导方面处于尴尬境地。一方面，民众对于社会工作者提供服务是普遍持欢迎态度的；另一方面，民众对社会工作者政策倡导者的身份和能力是心存疑虑的。① 农民工认为社会工作机构作为政府的"帮手"，断然不会为了自己的利益与政府"作对"。而部分社会工作机构为了获得政府的支持，以政府需求而非服

---

① 白洁：《社会工作者政策倡导面临的困难与对策研究》，《产业与科技论坛》2019年第12期。

务对象需求为服务导向，或以追求组织利益或个人利益而非服务对象利益或公共利益最大化为导向，这也加剧了社会工作机构的公信力危机。总体而言，社会工作机构以组织方式进行政策倡导极其有限，它们更多地以零星、个别的方式进行农民工政策倡导，制度化的倡导方式并不成熟。

4. 社会组织政策倡导制度环境不健全。为了进一步推动社会组织公共决策功能的发挥，党的十九大报告提出，"要推动协商民主广泛、多层、制度化发展，统筹推进政党协商、人大协商、政府协商、政协协商、人民团体协商、基层协商以及社会组织协商"。社会组织协商是协商民主的重要组成部分，与政党协商、人大协商、政府协商等其他协商渠道相比，它具有社会性、公共性和专业性强等独特优势，是其他协商民主渠道的重要补充。2012 年，广东省第十二届人民代表大会优化代表结构，将代表按行业分成 15 个大类 32 个小类，其中增加社会组织作为一大类，分配全省社会组织类代表名额 9 个，占全体代表的 1.1%，实现社会组织首次正式作为一个类别被列入省级人代会代表类别。从全国范围来看，社会组织在政治协商、政策协商、社区协商、行业协商等领域发挥越来越重要的作用。然而，社会工作在与政府合作中，需要以平等的伙伴关系，即一种对等的关系，否则，社会工作机构难以发挥政策主体的作用。同时，在基层社会治理中，由于对社会组织政策倡导功能可能产生的集体行动风险的畏惧，基层政府一方面希望社会工作在社区公共服务中发挥作用，另一方面又极力规避其政策倡导功能的发挥。

三　社会工作政策倡导路径选择

我国社会工作者在政策倡导中具体扮演什么角色，开展活动的流程和策略，政策倡导的技巧都需要立足于本国国情，在实践中不断提升和完善。

（一）加强社会工作专业教育

在高校的课程设置中，应增加政策倡导的相关课程，让学生意识到政策倡导作为社会工作的重要职能，能够从宏观层面转变服务对象的社会系统，促进服务对象创造更加公平公正的社会环境，促进其权能的增加和自身发展。同时还要注重对学生实践能力的培养。在社会工作机构的业务培训中，同样要提高对政策倡导的重视，让学生在学习实践中提升其政策倡导能力，包括接触技巧、评估技巧、沟通技巧、问题解决和谈判技巧以及联网和协作技巧。① 第一，接触技巧是指社会工作者与案主建立起信任关系。社会工作者需要以真诚之心与服务对象进行接触，以诚实、直接的方式呈现事实和信息，对服务对象的想法和意见进行接纳，以此来获取服务对象的信任。第二，评估技巧是指社会工作者对服务对象的问题、优势、资源及其环境进行评估，同时辨认政策倡导的基础的优势，以及对资源和介入机会的需求。评估技巧被用来理解问题、分析所提出的解决方案的适切性、开发执行计划。第三，沟通技巧是指社会工作者在与服务对象、政府相关职能部门、社区机构（组织）、企业、社区居民交流和对话中，能够运用明晰的表达、有效的倾听和及时的反馈，进行有效的沟通。第四，问题解决和谈判技巧。政策倡导的目的在于解决问题，在对话过程中，社会工作者必须找到对话的途径，并找到共同基础。第五，联网和协作技巧，即把案主和所需要的资源连接起来。

（二）促进农民工权能提升和意识觉醒

政策倡导的过程离不开服务对象的参与。社会工作者要让农民工相信自己拥有突破现有困境以及实现自我价值的潜能，他们是自己生活的专家。社会工作者可以在社区层面，通过宣传和教育等手段，让服务对象了解到社会工作者具有政策倡导的职能和改变社会政策的能力。同时还要努力发动农民工群体参与政策倡导，并以认可、肯定、激励、欣赏的态度和方式与农民工展开合作，增强对政策倡导的信心，同时要让服务对象认识到，积极参与政策倡导是在维护自身利

---

① Cummins, Linda K., Byers, Katharine V., et al., *Policy Practice for Social Workers: New Strategies for a New Era (Updated Edition)*, Boston: Allyn & Bacon, 2011.

益，促进服务对象对政策倡导的认可。另外，社会工作者还需要努力提升农民工参与政策倡导的能力，帮助农民工了解政策倡导的过程，培训相关知识和技巧，其中自我表达和协商技巧尤为重要。

（三）提升社会工作机构公信力与倡导能力

社会机构公信力对于与服务对象建立信任关系，提升社会机构政策倡导的号召力具有重要的意义。必须强调，社会政策倡导一定要坚持公共利益最大化原则，即政策倡导的目的不是为追求机构或个人利益，而是农民工群体利益，同时也不能为了农民工群体的利益而损害到其他群体的利益。社会工作机构可在内部设置政策倡导部门，培育政策倡导的专业人才。在政策倡导过程中，尤要注重"两网"建设：一是充分利用互联网技术。以互联网新型媒体宣传政策建议，能够快速地聚集公众对相关议题的关注，取得事半功倍的效果。社会工作机构还可以利用自己的网站、简报等进行倡导宣传，公布政策建议，发布倡导信息，实时更新倡导行动进程，以提高公众对倡导的关注度。二是建立政策倡导网络联盟。社会工作机构相互之间进行联盟，以整合相关资源，提升政策倡导的社会影响力；同时，还要整合正式和非正式渠道，加强与政府、企事业单位、社区组织、公众建立合作联盟。需要注意的是，社会工作机构应坚持通过制度化方式进行倡导，主要形式可包括：（1）向各级人大、政协递交提案；（2）向各级党委、政府提出政策建议；（3）接受政府委托，参与政策调研和起草；（4）通过听证会、座谈会、茶话会、调研会等传递政策主张；（5）向社会公开政策征集建议。除上述途径外，召开研讨会或论坛、组织专家论证会、联合专门机构或专家发表报告、私人接触等也是行业组织常用的倡导方式。①

（四）完善社会组织政策倡导制度

社会工作机构与政府在公共服务供给、社区治理等方面的合作，

---

① 周俊：《行业组织政策倡导：现状、问题与机制建设》，《中国行政管理》2009 年第 9 期。

需要建立在地位平等的基础之上。党的十九大报告也提出，激发社会活力，需要正确处理政府和社会关系，要加快实施政社分开，推进社会组织明确权责、依法自治、发挥作用。为此，要加快制定社会组织基本法，规定社会组织的权利义务、社会职能、法律地位和社会责任，使得社会组织真正有条件参与社会治理，具备参与社会治理的机会。与此同时，要转变政府对社会组织政策倡导职能的认识，把社会工作倡导作为政府了解民生的一种有效方式。在此基础上，政府要以法律的形式，赋予社会工作机构政策倡导的权利，并对倡导的范围和程序作出明确的规定，提高政策倡导过程的可操作性。

参考文献

一 中文译著

［澳］柯文·M. 布朗、苏珊·珂尼、布雷恩·特纳：《福利的措辞：不确定性、选择和志愿结社》，王小章、范晓光译，浙江大学出版社 2010 年版。

［比］保罗·沃黑赫：《身份》，张朝霞译，花城出版社 2018 年版。

［丹麦］哥斯塔·埃斯平－安德森：《福利资本主义的三个世界》，苗正民、滕玉英译，商务印书馆 2010 年版。

［丹麦］哥斯塔·艾斯平－安德森：《转型中的福利国家》，杨刚译，商务印书馆 2010 年版。

［德］阿克塞尔·霍耐特：《为承认而斗争》，胡继华译，上海人民出版社 2005 年版。

［德］弗里德利希·席勒：《秀美与尊严——席勒艺术和美学文集》，张玉能译，文化艺术出版社 1996 年版。

［德］汉斯·察赫：《福利社会的欧洲设计——察赫社会法文集》，刘冬梅、张一帆译，北京大学出版社 2014 年版。

［德］卡尔·曼海姆：《重建时代的人与社会》，张旅平译，生活·读书·新知三联书店 2002 年版。

［德］克劳斯·奥菲：《福利国家的矛盾》，郭忠华等译，吉林人民出版社 2011 年版。

［德］鲁道夫·冯·耶林：《为权利而斗争》，胡宝海译，法律出版社

2012 年版。

［德］马克斯·舍勒：《道德意识中的怨恨与羞感》，林克译，北京师范大学出版社 2014 年版。

［德］马克斯·韦伯：《经济与社会》（第 1、2 卷），阎克文译，上海人民出版社 2010 年版。

［德］马克斯·韦伯：《马克斯·韦伯社会学文集》，汉斯·格特、赖特·米尔斯编，阎克文译，人民出版社 2010 年版。

［德］施瓦德勒：《论人的尊严——人格的本源与生命的文化》，贺念译，人民出版社 2017 年版。

［德］威尔福莱德·亨氏：《被证明的不平等——社会正义的原则》，王晓升译，中国社会科学出版社 2008 年版。

［德］乌尔里希·贝克、约翰内斯·威尔姆斯：《自由与资本主义》，路国林译，浙江人民出版社 2001 年版。

［德］乌尔里希·贝克等：《全球化与政治》，王学东、柴方国等译，中央编译出版社 2000 年版。

［德］伊曼努尔·康德：《道德形而上学》（注释本），张荣、李秋零译注，中国人民大学出版社 2013 年版。

［德］伊曼努尔·康德：《道德形而上学的奠基》（注释本），李秋零译注，中国人民大学出版社 2013 年版。

［德］尤尔根·哈贝马斯：《关于欧洲宪法的思考》，伍慧萍、朱苗苗译，上海人民出版社 2013 年版。

［德］尤尔根·哈贝马斯：《在事实与规范之间——关于法律和民主法治国的商谈理论》，童世骏译，生活·读书·新知三联书店 2003 年版。

［德］尤尔根·哈贝马斯：《在自然主义与宗教之间》，郁喆隽译，上海人民出版社 2013 年版。

［法］阿尔弗雷德·格罗塞：《身份认同的困境》，王鲲译，社会科学文献出版社 2010 年版。

［法］米歇尔·福柯：《生命政治的诞生》，莫伟民、赵伟译，上海人民出版社 2011 年版。

［法］皮埃尔·勒鲁：《论平等》，王允道译，商务印书馆1988年版。

［韩］朴炳铉：《社会福利与文化——用文化解析社会福利的发展》，高春兰、金炳彻译，商务印书馆2012年版。

［加］R. 米什拉：《社会政策与福利政策》，郑秉文译，中国劳动社会保障出版社2009年版。

［加］查尔斯·泰勒：《自我的根源：现代认同的形成》，韩震译，译林出版社2012年版。

［加］莱斯利·雅各布斯：《寻求平等机会——平等主义正义的理论与实践》，刘宏斌、方秋明译，江苏人民出版社2018年版。

［加］威尔·金里卡：《多元文化公民权》，杨立峰译，上海译文出版社2009年版。

［美］阿瑟·奥肯：《平等与效率》，王奔洲等译，华夏出版社1999年版。

［美］爱德华·W. 萨义德：《东方学》，王宇根译，生活·读书·新知三联书店2007年版。

［美］爱德华·希尔斯：《社会的构建》，杨竹山、张文浩、杨琴译，南京大学出版社2017年版。

［美］彼得·布劳：《不平等和异质性》，王春光、谢圣赞译，中国社会科学出版社1991年版。

［美］查尔斯·蒂利：《身份、边界与社会联系》，谢岳译，上海人民出版社2008年版。

［美］查尔斯·林德布洛姆：《政策制定过程》，朱国斌译，华夏出版社1988年版。

［美］弗朗西斯·福山：《我们的后人类未来——生物技术革命的后果》，黄立志译，广西师范大学出版社2017年版。

［美］哈罗德·R. 克博：《社会分层与不平等》，蒋超等译，上海人民出版社2012年版。

［美］基思·福克斯：《公民身份》，郭忠华译，吉林出版集团2009年版。

［美］卡尔·威尔曼：《真正的权利》，刘振宇、孟永恒等译，商务印

书馆 2015 年版。

[美] 拉雷·N. 格斯顿：《公共政策的制定——程序和原理》，朱子
文译，重庆出版社 2001 年版。

[美] 理查德·C. 博克斯：《公民治理：引领 21 世纪的美国社区》，
孙柏瑛等译，中国人民大学出版社 2014 年版。

[美] 罗伯特·W. 福勒：《尊严的提升》，张关林译，上海人民出版
社 2008 年版。

[美] 罗伯特·达尔：《论政治平等》，谢岳译，上海人民出版社 2014
年版。

[美] 罗伯特·海涅曼等：《政策分析师的世界——理论、价值观念
和政治》，李玲玲译，北京大学出版社 2011 年版。

[美] 罗纳德·德沃金：《刺猬的正义》，周望、徐宗立译，中国政法
大学出版社 2016 年版。

[美] 罗纳德·德沃金：《认真对待权利》，信春鹰、吴玉章译，上海
三联书店 2008 年版。

[美] 罗纳德·德沃金：《至上的美德——平等的理论与实践》，冯克
利译，江苏人民出版社 2012 年版。

[美] 玛莎·C. 纳斯鲍姆：《寻求有尊严的生活——正义的能力理
论》，田雷译，中国人民大学出版社 2016 年版。

[美] 玛莎·C. 纳斯鲍姆：《正义的前沿》，朱慧玲、谢惠媛、陈文
娟译，中国人民大学出版社 2016 年版。

[美] 迈克尔·桑德尔：《公正：该如何做是好?》，朱慧玲译，中信
出版社 2011 年版。

[美] 迈克尔·沃尔泽：《正义诸领域——为多元主义与平等一辩》，
褚松燕译，译林出版社 2009 年版。

[美] 迈克尔·谢若登：《资产与穷人——一项新的美国福利政策》，
高鉴国译，商务印书馆 2005 年版。

[美] 曼纽尔·卡斯特：《认同的力量》，夏铸九、黄丽玲等译，社会
科学文献出版社 2003 年版。

［美］南茜·弗雷泽:《正义的尺度——全球化世界中政治空间的再认识》,欧阳英译,上海人民出版社 2009 年版。

［美］南茜·弗雷泽:《正义的中断——对"后社会主义"状况的批判性反思》,于海青译,上海人民出版社 2009 年版。

［美］尼尔·吉尔伯特、保罗·特雷尔:《社会福利政策引论》,沈黎译,华东理工大学出版社 2013 年版。

［美］乔治·阿克洛夫、瑞秋·克兰顿:《身份经济学——身份如何影响我们的工作、薪酬和幸福感》,颜超凡、汪潇潇译,中信出版社 2013 年版。

［美］唐娜·希克斯:《尊严》,叶继英译,中国人民大学出版社 2016 年版。

［美］托马斯·内格尔:《平等与偏倚性》,谭安奎译,商务印书馆 2016 年版。

［美］托马斯·雅诺斯基:《公民与文明社会》,柯雄译,辽宁教育出版社 2000 年版。

［美］威廉·杰克·鲍莫尔:《福利经济及国家理论》,郭家麟、郑孝齐译,商务印书馆 2013 年版。

［美］亚历克斯·卡利尼卡斯:《平等》,徐朝友译,江苏人民出版社 2003 年版。

［美］约翰·克莱顿·托马斯:《公共决策中的公民参与》,孙柏瑛等译,中国人民大学出版社 2014 年版。

［美］约翰·罗尔斯:《正义论》,何怀宏、何包钢、廖申白译,中国社会科学出版社 2009 年版。

［美］约瑟夫·费西金:《瓶颈:新的机会平等理论》,徐曦白译,社会科学文献出版社 2015 年版。

［美］詹姆斯·米奇利:《社会发展——社会福利视角下的发展观》,苗正民译,格致出版社 2009 年版。

［美］茱迪·史珂拉:《美国公民权:寻求接纳》,刘满贵译,上海人民出版社 2006 年版。

［日］武川正吾：《福利国家的社会学——全球化、个体化与社会政策》，李莲花、李永晶、朱珉译，商务印书馆 2011 年版。

［日］岩崎允胤主编：《人的尊严、价值及自我实现》，刘奔译，当代中国出版社 1993 年版。

［瑞典］博·罗思坦：《正义的制度：全民福利国家的道德和政治逻辑》，靳继东、丁浩译，中国人民大学出版社 2017 年版。

［意］皮科·米兰多拉：《论人的尊严》，顾超一、梵虹谷译，北京大学出版社 2010 年版。

［印度］阿马蒂亚·森：《惯于争鸣的印度人》，刘建译，上海三联书店 2007 年版。

［印度］阿马蒂亚·森：《论经济不平等》，王利文、于占杰译，中国人民大学出版社 2015 年版。

［印度］阿马蒂亚·森：《身份与暴力——命运的幻象》，李风华译，中国人民大学出版社 2013 年版。

［印度］阿马蒂亚·森：《以自由看待发展》，任赜、于真译，中国人民大学出版社 2013 年版。

［印度］阿马蒂亚·森：《再论不平等》，王利文、于占杰译，中国人民大学出版社 2016 年版。

［印度］阿马蒂亚·森：《正义的理念》，王磊、李航译，中国人民大学出版社 2013 年版。

［英］G. A. 柯亨：《如果你是平等主义者，为何如此富有?》，霍政欣译，北京大学出版社 2009 年版。

［英］H. K. 科尔巴奇：《政策》，张毅、韩志明译，吉林人民出版社 2005 年版。

［英］阿兰·德波顿：《身份的焦虑》，陈广兴、南治国译，上海译文出版社 2009 年版。

［英］阿诺德·约瑟夫·汤因比、［日］池田大作：《展望 21 世纪——汤因比与池田大作对话录》，荀春生、朱继征、陈国梁译，国际文化出版社 1997 年版。

［英］艾伦·迪肯：《福利视角——思潮、意识形态及政策争论》，周薇等译，上海人民出版社 2011 年版。

［英］安东尼·哈尔、詹姆斯·梅志里：《发展型社会政策》，罗敏译，社会科学文献出版社 2006 年版。

［英］安东尼·吉登斯：《第三条道路：社会民主主义的复兴》，郑戈译，北京大学出版社 2000 年版。

［英］安东尼·吉登斯：《全球时代的欧洲》，潘华凌译，上海译文出版社 2015 年版。

［英］奥德丽·奥斯勒、休·斯塔基：《变革中的公民身份——教育中的民主与包容》，王啸、黄玮珊译，教育科学出版社 2012 年版。

［英］保罗·皮尔逊：《福利制度的新政治学》，汪淳波、苗正民译，商务印书馆 2004 年版。

［英］彼得·德怀尔：《理解社会公民身份——政策与实践的主题和视角》，蒋晓阳译，北京大学出版社 2011 年版。

［英］彼得·泰勒·顾柏：《重构社会公民权》，郭烁译，中国劳动社会保障出版社 2010 年版。

［英］布莱恩·巴利：《社会正义论》，曹海军译，江苏人民出版社 2008 年版。

［英］布莱恩·巴利：《作为公道的正义》，曹海军、允春喜译，江苏人民出版社 2008 年版。

［英］布赖恩·特纳等：《公民身份与社会理论》，郭忠华、蒋红军译，吉林出版集团 2007 年版。

［英］德里克·希特：《公民身份——世界史、政治学与教育学中公民理想》，郭台辉、余慧元译，吉林出版集团 2010 年版。

［英］德里克·希特：《何谓公民身份》，郭忠华译，吉林出版集团 2007 年版。

［英］恩靳·伊辛、布雷恩·特纳：《公民权研究手册》，王小章译，浙江人民出版社 2007 年版。

［英］哈特利·迪恩：《社会政策学十讲》，岳经纶、温卓毅、庄文嘉

译，格致出版社 2009 年版。

［英］亨利·萨姆那·梅因：《古代法》，沈景一译，商务印书馆 2009 年版。

［英］霍华德·格伦内斯特：《英国社会政策论文集》，苗正民译，商务印书馆 2003 年版。

［英］贾森·安奈兹、亚历克斯·劳、华莱士·麦克尼希：《解析社会福利运动》，王星译，格致出版社 2011 年版。

［英］简·米勒：《解析社会保障》，郑飞北、杨慧译，格致出版社 2012 年版。

［英］卡尔·波兰尼：《大转型：我们时代的政治与经济起源》，刘阳、冯钢译，浙江人民出版社 2007 年版。

［英］莱恩·多亚尔、伊恩·高夫：《人的需要理论》，汪淳波、张宝莹译，商务印书馆 2008 年版。

［英］理查德·蒂特马斯：《蒂特马斯社会政策十讲》，江绍康译，吉林出版集团 2011 年版。

［英］理查德·威尔金森、凯特·皮克特：《不平等的痛苦》，安鹏译，新华出版社 2010 年版。

［英］罗伯特·亚当斯：《赋权、参与和社会工作》，汪冬冬译，华东理工大学出版社 2013 年版。

［英］马丁·鲍威尔：《理解福利混合经济》，钟晓慧译，北京大学出版社 2011 年版。

［英］马克·霍尔斯特德、马克·派克：《公民身份与道德教育——行动中的价值观》，杨威译，社会科学文献出版社 2017 年版。

［英］迈克尔·罗森：《尊严——历史和意义》，石可译，法律出版社 2015 年版。

［英］迈克尔·希尔、彼特·休普：《执行公共政策》，黄健荣译，商务印书馆 2011 年版。

［英］迈克尔·希尔：《理解社会政策》，刘升华译，商务印书馆 2003 年版。

［英］莫里斯·罗奇：《重新思考公民身份》，郭忠华、黄冬娅、郭韵等译，吉林出版集团 2010 年版。

［英］尼克·史蒂文森：《文化与公民身份》，陈志杰译，吉林出版集团 2007 年版。

［英］诺尔曼·金斯伯格：《福利分化——比较社会政策批判导论》，姚俊、张丽译，浙江大学出版社 2010 年版。

［英］诺曼·巴里：《福利》，储建国译，吉林人民出版社 2005 年版。

［英］齐格蒙特·鲍曼：《工作、消费、新穷人》，仇子明、李兰译，吉林出版集团 2010 年版。

［英］齐格蒙特·鲍曼：《流动的生活》，徐朝友译，江苏人民出版社 2012 年版。

［英］齐格蒙特·鲍曼：《门口的陌生人》，姚伟等译，中国人民大学出版社 2018 年版。

［英］斯图亚特·霍尔、保罗·杜盖伊：《文化身份问题研究》，庞璃译，河南大学出版社 2010 年版。

［英］约翰·菲尼斯：《意图与身份》，徐航、王志勇、杨茜译，中国政法大学出版社 2018 年版。

［英］约瑟夫·拉兹：《价值、尊重和依系》，蔡蓁译，商务印书馆 2016 年版。

二 中文专著

陈少峰：《正义的公平》，人民出版社 2009 年版。

慈继伟：《正义的两面》，生活·读书·新知三联书店 2014 年版。

刁瑷辉：《当代公民身份理论研究》，复旦大学出版社 2014 年版。

方巍：《社会排斥及其发展性对策——杭州市农民工劳动社会保障个案研究》，格致出版社 2009 年版。

高瑞泉：《平等观念史论略》，上海人民出版社 2018 年版。

葛四友：《正义与运气——自由与平等的统一》，中国社会科学出版社 2007 年版。

葛笑如：《农民工公民资格研究》，中山大学出版社 2010 年版。

葛忠明：《他者的身份——农民和残疾人的社会建构》，山东人民出版社 2015 年版。

贡森、葛延风等：《福利体制和社会政策的国际比较》，中国发展出版社 2012 年版。

关信平主编：《社会政策概论》，高等教育出版社 2009 年版。

郭台辉：《历史中的公民概念》，天津人民出版社 2013 年版。

郭星华等：《漂泊与寻根——流动人口的社会认同研究》，中国人民大学出版社 2011 年版。

郭玉锦：《中国身份制及其潜功能研究——一个国企的实证分析》，黑龙江人民出版社 2002 年版。

郭忠华、刘训练编：《公民身份与社会阶级》，江苏人民出版社 2007 年版。

郭忠华：《变动社会中的公民身份》，广东人民出版社 2011 年版。

郭忠华：《公民身份的核心问题》，中央编译出版社 2016 年版。

郭忠华主编：《中国公民身份——历史发展与当代实践》，上海人民出版社 2014 年版。

韩德强：《论人的尊严——法学视角下人的尊严理论的诠释》，法律出版社 2009 年版。

何子英、郁建兴等：《走向社会政策时代》，浙江大学出版社 2012 年版。

蒋红军：《城市化进程中农民身份转换研究》，中国社会科学出版社 2015 年版。

金维刚、石秀印主编：《中国农民工政策研究》，社会科学文献出版社 2016 年版。

景天魁：《建设中国特色福利社会》，中国社会科学出版社 2016 年版。

景天魁等：《社会公正理论与政策》，社会科学文献出版社 2004 年版。

雷开春：《城市新移民的社会认同——感性依恋与理性策略》，上海社会科学出版社 2011 年版。

李丁：《跳出农门——农民子女的职业非农化与身份市民化》，社会科学文献出版社 2017 年版。

李金海：《身份政治——国家整合中的身份建构》，中国社会科学出版社 2011 年版。

李炜、高和荣：《提升社会质量的社会政策建设》，社会科学文献出版社 2016 年版。

李迎生：《社会政策城乡统筹发展研究》，人民出版社 2016 年版。

李迎生等：《中国社会政策的改革与创新》，中国人民大学出版社 2015 年版。

林火旺：《正义与公民》，吉林出版集团 2008 年版。

林卡、张佳华：《社会政策与社会建设——北欧经验》，中国人民大学出版社 2015 年版。

刘丹：《全球化时代的认同问题与公民教育研究——基于公民身份的视角》，北京师范大学出版社 2013 年版。

刘建娥：《农民工融入城市的困境、政策及实务研究》，社会科学文献出版社 2015 年版。

刘娟：《人格尊严及其实现——道德与法的双重考量》，中国政法大学出版社 2014 年版。

刘茜、杜海峰：《城市融入视角下的农民工权利研究》，社会科学文献出版社 2017 年版。

刘睿：《康德尊严学说及其现实启迪》，中国社会科学出版社 2013 年版。

刘小年：《农民工市民化的政策研究——主体的视角》，湖南人民出版社 2010 年版。

吕寿伟：《从排斥到承认——通往有尊严的教育伦理生活》，教育科学出版社 2015 年版。

莫道明、祁冬涛、刘骥编：《社会发展与社会政策——国际经验与中国改革》，东方出版社 2014 年版。

莫家豪、岳经纶、黄耿华：《变迁中的社会政策》，社会科学文献出版社 2013 年版。

彭华民等：《西方社会福利理论前沿——论国家、社会、体制与政策》，中国社会出版社 2009 年版。

秦燕：《公民身份语境中的社会权利》，人民日报出版社 2015 年版。

尚继征：《揭开身份的面纱——私法上的身份和身份权利研究》，法律出版社 2014 年版。

社会发展研究部课题组：《社会政策重点领域改革研究》，中国发展出版社 2016 年版。

石向实等：《新生代农民工社会心态调研报告》，浙江大学出版社 2015 年版。

宋建丽：《公民资格与正义》，人民出版社 2010 年版。

苏昕：《中国城市新移民的公民权研究》，社会科学文献出版社 2013 年版。

童列春：《身份权研究》，法律出版社 2018 年版。

王福玲：《康德尊严思想研究》，中国社会科学出版社 2014 年版。

王列军：《完善城镇化进程中的社会政策》，中国发展出版社 2013 年版。

王小章：《积极公民身份与社会建设》，社会科学文献出版社 2017 年版。

王小章：《走向承认——浙江省城市农民工公民权发展的社会学研究》，浙江大学出版社 2010 年版。

吴忠民：《社会公正论》，山东人民出版社 2004 年版。

夏勇：《走向权利的时代——中国公民权利发展研究》，中国政法大学出版社 1999 年版。

肖滨、郭忠华、郭台辉：《现代政治中的公民身份》，上海人民出版社 2010 年版。

熊光清：《中国流动人口中的政治排斥问题研究》，中国人民大学出版社 2009 年版。

熊跃根：《社会政策——理论与分析方法》，中国人民大学出版社
  2009 年版。

杨团等：《中国社会政策研究十年》，社会科学文献出版社 2009
  年版。

叶鹏飞：《农民工的城市认同与定居意愿研究》，光明日报出版社
  2013 年版。

余彬：《主权和移民——东南亚华人契约性身份政治研究》，暨南大学
  出版社 2014 年版。

俞可平主编：《幸福与尊严》，中央编译出版社 2012 年版。

袁靖华：《边缘身份融入——符号与传播》，浙江大学出版社 2015 年版。

岳经纶、邓智平：《社会政策与社会治理》，中央编译出版社 2017 年版。

岳经纶：《社会政策与"社会中国"》，社会科学文献出版社 2014 年版。

张静主编：《身份认同研究》，上海人民出版社 2006 年版。

张敏杰：《社会政策论——转型中国与社会政策》，北京大学出版社
  2015 年版。

张千帆：《为了人的尊严——中国古典政治哲学批判与重构》，中国民
  主法制出版社 2012 年版。

张向东：《农民工的认同与适应》，新华出版社 2006 年版。

张秀兰：《中国发展型社会政策论纲》，中国劳动社会保障出版社
  2007 年版。

赵德雷：《农民工社会地位认同研究——以建筑装饰业为视角》，知识
  产权出版社 2015 年版。

郑青：《社会变革中的福利政治发展研究》，中国社会科学出版社
  2016 年版。

郑庆杰：《身份认同与生产政治——国企变迁中的劳动关系研究》，中
  国社会科学出版社 2015 年版。

郑文换：《社会政策引论》，北京大学出版社 2016 年版。

周沛：《社会福利体系研究》，中国劳动社会保障出版社 2007 年版。

附表　访谈调查对象的基本概况

编号	访谈对象	年龄	性别	受教育程度	婚姻状况	籍贯	打工与家庭背景
1	老王	56	男	初中	已婚	湖南	建筑工人。
2	王某	51	男	初中	已婚	湖南	长沙某工厂工人。
3	杨某	33	男	中专	已婚	湖南	在广州市某地开小广告公司。
4	罗某	34	男	初中	已婚	湖南	在东莞、深圳、广州从事过不同职业。
5	陈某	28	女	初中	已婚	湖南	曾做过销售工作，现为小卖部店主。
6	杨某	19	女	初中	未婚	湖南	在长沙某连锁蛋糕店当店员。
7	冯某	20	男	大专	未婚	江苏	从事室内装修工作。
8	吴某	40	女	初中	已婚	湖南	在上海宝山与丈夫一起开装修店。
9	曾某	23	女	高中	未婚	湖南	在岳阳某服装店工作。
10	李某	45	女	高中	已婚	湖南	在天津市滨海新区天津港工作。
11	郭某	49	男	高中	已婚	湖南	在天津市滨海新区某公司担任技术员。
12	朱某	50	男	初中	已婚	湖南	在长沙某印刷厂工作。
13	刘某	32	男	中专	已婚	江西	浙江温州某建筑工地水电工。
14	卜某	25	女	初中	未婚	湖南	在长沙某物流公司工作。

编号	访谈对象	年龄	性别	受教育程度	婚姻状况	籍贯	打工与家庭背景
15	刘某	35	男	高中	已婚	湖南	在长沙做滴滴司机。
16	张某	48	女	初中	已婚	湖南	在长沙摆摊擦鞋。
17	叶某	36	男	大本	未婚	安徽	在上海某建筑工地做装潢工作。
18	李某	45	男	大专	已婚	安徽	在上海某建筑行业工作。
19	崔某	25	男	大专	未婚	江苏	在苏州昆山某建筑工地工作。
20	李某	41	男	初中	已婚	江苏	在湖北武汉某小型私人企业工作。
21	洪某	35	男	高中	已婚	安徽	在南京某建筑工地工作。
22	刘某	46	男	初中	已婚	湖南	在广东开店。
23	吴某	39	女	初中	已婚	湖南	在长沙某快递公司工作。
24	蒋某	40	男	小学	已婚	湖南	在广东某建筑工地工作。
25	潘某	49	男	高中	已婚	湖南	在长沙某塑料公司工作。
26	陈某	47	男	高中	已婚	湖南	衡阳某县级市开书店。
27	杨某	47	男	初中	已婚	江西	在上海南汇某镇开店面。
28	刘某	36	女	高中	已婚	湖南	在长沙开小餐馆。
29	易某	27	女	初中	已婚	湖南	长沙某打字复印店店主。
30	覃某	28	男	高中	已婚	湖南	常德某小区餐饮店店主。
31	杨某	31	男	高中	已婚	湖南	在长沙市某企业当领班。
32	谭某	26	男	高中	未婚	湖南	长沙某电脑城销售。
33	晏某	25	男	大专	未婚	湖南	在长沙一家电子公司上班。
34	李某	28	女	高中	未婚	湖南	衡阳市某餐馆服务员。
35	谈某	25	男	高中	未婚	湖南	永州市某理发店剪发师。
36	王某	64	男	初中	已婚	湖南	原在城市建筑工地当副工，现已返乡。

续表

编号	访谈对象	年龄	性别	受教育程度	婚姻状况	籍贯	打工与家庭背景
37	马某	38	男	高中	已婚	湖南	在长沙从事房地产中介工作。
38	武某	40	男	高中	已婚	湖南	长沙市直某事业单位聘任小车司机。
39	张某	45	男	高中	已婚	湖南	在长沙带着大儿子收废品。
40	梅姐	45	女	大专在读	已婚	湖南	在社会组织中开展外来工服务。
41	刘生	41	男	高中	已婚	湖南	发起成立首个外来务工人员组织。
42	冯某	32	男	高中	未婚	湖南	东莞Z镇某工厂模具设计员。
43	小兵	32	男	初中	未婚	湖南	在广东务工。
44	阿祥	40	男	初中	已婚	湖南	在广东务工。
45	李大姐	52	女	初中	已婚	湖南	在长沙做小生意。
46	夏姐	47	女	大专	已婚	湖南	乡村教师，丈夫在县城务工。
47	老万	42	男	高中	已婚	湖南	在长沙租门面经营小文具店。
48	黄辉	35	男	高中	已婚	湖南	在长沙美发连锁旗舰店任设计师。
49	小梅	30	女	高中	已婚	湖南	在长沙市某政府机关做打字员。

后　记

本书是国家社科基金重点项目"身份秩序视阈中农民工的尊严诉求与社会政策建构研究"（14ASH009）的结项成果，2020年结项。

本书的研究主旨是：农民工市民化的进程，不仅要求其逐步实现社会身份的转变、与城市市民的和谐共生，更为关键的是获得公民权、通向体面工作和有尊严的生活。高度重视农民工从寻求生存到实现权利、保障尊严的诉求转变，不断完善农民工社会政策体系，进而实现经济—政治—社会—文化政策的有机结合，不仅关系到农民工市民化的质量提升和内涵式城市化发展道路的实现，也是政府实现"让人民生活得更有尊严"承诺的必然要求。

本书在研究过程中，注重在以下四个方面有所突破和创新：一是在研究视角上，注重从身份秩序的视阈来探寻维护和保障农民工尊严保障的社会政策建构问题，力求拓展尊严与社会政策研究的理论空间，从历史与现实交织的层面来揭示身份、尊严、政策之间的内在关联；二是在研究内容上，从制度—结构和主观选择的双重角度探讨身份秩序、尊严保障、政策建构的内在关联，从人本和融入双重角度探讨农民工社会政策体系构建的价值选择和模式演进，将农民工对政策过程的参与、社会政策体系的构建、尊严保障与社会政策的社会环境联结起来进行探讨；三是在研究方法上，既坚持定性研究与定量研究、理论与实证研究的有机结合，同时在综合运用多学科研究成果的基础上注意突出社会学的研究，特别注重分析社会身份、社会地位、社会公正、社会权利、社会参与、社会环境、社会政策等与尊严保障的复杂关系；四是在实际应用层面，注意通过揭示城市身份格局中农民工群体的尊严诉求与政策期待，为政策体系的健全和政策过程的合理化提供理论框架和操作模式，以促进政策需求与政策供给的有效对接。

由于本书所涉及的研究内容甚多，逻辑关联比较复杂，并涉及多个学科，有可能并未完全达到研究初衷，还望读者诸君不吝指正。

全书由方向新负责策划、组织、协调、统稿，各章初稿的撰写人为：第一章为方向新；第二章为方向新、秦阿琳；第三章为方向新、王立娜；第四章为方向新、李敏芳；第五章为刘艳文；第六章为方向新；第七章为秦阿琳；第八章为方向新、陈静。在出版前，方向新对全书进行了较大程度的删改，进一步统一了全书的观点和风格。

在课题的研究过程中，以胡艳辉、彭成根、陈伟、伍丽为主担负了《农民工的尊严诉求与政策期盼的调查及其对策研究报告》的撰写任务，因篇幅所限未能收入本书，但基本数据及结论多为本书所引证，在此特予说明。

从课题的申报、立项、调研、结项，到本书的撰写、修改，得到了各个方面的支持和帮助。特别要感谢湖南省社科规划办的关心，感谢项目结项匿名评审专家提出的宝贵意见，感谢湖南省社会科学院的支持，感谢中国社会科学出版社责任编辑刘艳女士为本书出版所倾注的大量心血。

方向新

2021 年 10 月 30 日